Claudia E. Enkelmann

●

Einfach mehr Charisma

Claudia E. Enkelmann

Einfach mehr Charisma

Was uns wirklich beeindruckt. Wie Sie auf andere wirken.

Linde
international

Bibliografische Information Der Deutschen Bibliothek

Die Deutsche Bibliothek verzeichnet diese Publikation in der Deutschen Nationalbibliografie; detaillierte bibliografische Daten sind im Internet über http://dnb.d-nb.de abrufbar.

ISBN 978-3-7093-0317-7

1210 Wien, Scheydgasse 24, Tel.: 01/24 630
www.lindeverlag.at
www.lindeverlag.de

Umschlag: buero8 und
einfach[creativ] grafikdesign,
Manuela Askamp,
www.einfachcreativ.de

Druck: Hans Jentzsch u Co. Ges.m.b.H.
1210 Wien, Scheydgasse 31
1

Inhalt

1 Einleitung: Yes You Can!

Gegen Worte kann man sich wehren,
gegen Ausstrahlung nicht.

Nikolaus B. Enkelmann

Ein Mensch hat uns in den vergangenen Jahren wohl alle beeindruckt: Barack Obama. Wenn man die Menschen nach ihrer Meinung zu ihm fragt, sagen sie spontan: „Oh, der ist unglaublich sympathisch, ich mag ihn, er hat eine tolle Ausstrahlung, dieser Mann hat echt Charisma." Wenn Sie dann weiter fragen, was diesen Menschen denn so unglaublich sympathisch macht, dann wird es für eine Weile ruhig. Ein typisches Zeichen, dass wir eigentlich keine Ahnung haben, was uns so an diesem Menschen fasziniert, und meist erst jetzt nach einer möglichen Erklärung suchen. Lassen Sie uns mit diesem Buch gemeinsam kluge Antworten auf das Geheimnis seines Charismas finden. Mehr noch: Sie werden auf diesem Weg entdecken, wie Sie selbst ganz einfach noch mehr Anziehungskraft entwickeln!

Doch beginnen wir ganz am Anfang: Als Barack Obama am 27. Juli 2004 auf dem Nominierungsparteitag der Demokratischen Partei seine erste große Rede hielt, setzte er zu einem Siegeszug an, der ihn schlussendlich bis ins Weiße Haus führte. Dort wurde er am 20. Januar 2009 als 44. Präsident der Vereinigten Staaten von Amerika vereidigt. Nicht einmal fünf Jahre hat er für diesen Weg gebraucht, vom „kleinen" Senator von Illinois zum Präsidenten und – man darf es nicht unerwähnt lassen – zum Träger des Friedensnobelpreises 2009. Dabei gibt es in der Lebensgeschichte von Barack Obama einige Faktoren, die bei den meisten Menschen schon einzeln gewaltige Hürden darstellen, eine Karriere zu machen, geschweige denn dazu beitragen, zum einflussreichsten Staatsoberhaupt auf dem Planeten zu werden:

- seine Hautfarbe;
- seine Herkunft und seine Familiensituation: Der Vater ist Kenianer, die Eltern ließen sich 1964 scheiden;
- sein zweiter Vorname „Hussein".

Diese Punkte konnten seinen Aufstieg nicht verhindern, denn es gibt zahlreiche andere Faktoren, die diese Hürden sogar in Vorteile verwandelt haben, wie seine Bildung und sein frühes Engagement im sozialen Bereich.

Barack Obamas Weg, seine Person, sein Auftreten und seine Strategien bergen im Grunde genommen keine Geheimnisse. Man muss nur genau hinschauen. Dank zahlreicher Bücher von ihm und über ihn, dank unzähliger Analysen in Zeitungen und Zeitschriften, dank Internet, das uns mit Informationen, Filmen, mit täglichen News und Bildern aus dem Oval Office versorgt, können wir uns wie nie bei einem Politiker zuvor über alle Aspekte seiner Erscheinung informieren.

Nicht nur Menschen, die in der Öffentlichkeit stehen, wie Politiker oder Manager, können von Obama lernen, sondern jeder Mensch, der wirklich erfolgreich sein möchte, kann und sollte von ihm lernen:

- Wie man Menschen beeindruckt
- Wie man eine positive Wirkung erzeugt
- Wie man kommuniziert
- Wie man eine gewinnende Ausstrahlung aufbaut

Barack Obama erreicht in all diesen Faktoren eine Exzellenz, mit der er sich von seinen Mitstreitern auf der globalen politischen Bühne sehr stark abhebt. Seine Erfolgsprinzipien sind dabei aber so universell einsetzbar, dass jeder, der seine Wirkung auf andere verbessern will, davon profitieren kann. Diese Erfolgsprinzipien sind die Grundlage für eine positive Wirkung und eine gewinnende Ausstrahlung, sie sind *die* Charisma-Faktoren:

- Er strahlt eine unglaubliche Sicherheit und Lebensfreude aus.
- Er weiß um die Macht der Bilder und der Körpersprache.
- Er zeigt Mitgefühl und Empathie, die wirklich von Herzen kommen.
- Er bedankt sich immer wieder bei allen, die ihn unterstützen und ihm zuhören.
- Er hat eine klare Botschaft.
- Er weiß um die herausragende Wirkung des gesprochenen Wortes.
- Er spricht zu den Herzen der Menschen, macht Mut und weckt Hoffnung.

Nun kann man natürlich sagen, Politik sei eine Bühne und vieles davon ist inszeniert. Seine Auftritte seien von einem riesigen Team von Beratern, Kommunikationsexperten und Technikern aller Art sekundengenau gesteuert, der Teleprompter sein ständiger Begleiter und jeder Besuch eines Restaurants mit seiner Frau Michelle gezieltes Futter für die Regenbogenpresse. Manche Kritiker mögen durchaus richtig liegen, es handelt sich um Inszenierungen vor den Augen einer milliardengroßen Öffentlichkeit, um politische Interessen durchzusetzen und um letztendlich Macht auszuüben. Doch wenn man die Inszenierung nicht als manipulierende Theateraufführung versteht, sondern als professionelles Marketing in Zeiten globaler Echtzeitkommunikation, immer kürzer werdender Aufmerksamkeitsspannen und einer grundlegenden Sehnsucht der Menschen nach glaubwürdigen Führungskräften, die entschieden zu handeln in der Lage sind, dann kann man ganz anders an die Sache herangehen, nämlich mit der Frage:

- Was bringt mir das, wenn ich mich mit so erfolgreichen Menschen beschäftige?
- Was kann ich mir davon abschauen?
- Wie verändert das meine Wirkung auf andere?
- Womit fange ich am besten an?

Wenn Sie sich diese vier Fragen stellen, dann haben Sie schon den ersten Schritt hin zu einer gewinnenden Ausstrahlung, zu positiver Wirkung auf andere, zu mehr Charisma gemacht.

Und ich darf vorwegnehmen: Alle diese Faktoren und noch viel mehr können Sie in Ihrem Leben umsetzen – Sie sollen es sogar! Und zwar wie Barack Obama: gut gelaunt, mit einem Lächeln auf den Lippen und mit viel Spaß.

Dabei kommt es mir nicht darauf an, dass Sie sich gerade Barack Obama oder seine Frau Michelle als Vorbild nehmen – obwohl gerade diese beiden natürlich für einen Einstieg in die zeitgemäße und zukunftssichere Charisma-Forschung das beste Objekt der Betrachtung darstellen. Sie werden viele weitere Personen kennenlernen, die Sie sich zum Vorbild nehmen können. Allerdings ragt Obama insofern heraus, als seine Äußerungen permanent auf zahlreichen Kanälen sehr zeitnah verfolgt werden können und weil er für nahezu alle Faktoren, die eine gewinnende Ausstrahlung und eine positive Wirkung ausmachen, so vorbildlich ist. Und deswegen werde ich auch immer wieder auf ihn zurückkommen, wenn es sich anbietet. Denn wenn es um positive Ausstrahlung, gewinnende Wirkung und die Beeinflussung von Menschen geht, dann ist Barack Obama eines der strahlendsten Vorbilder, die uns derzeit zur Verfügung stehen.

Der Zauber von Charisma

Wie kommt es, dass Menschen wie Barack Obama, Nelson Mandela, Bill Clinton, Arnold Schwarzenegger, Mutter Teresa, Heidi Klum oder Oprah Winfrey die Aufmerksamkeit der Menschen auf sich ziehen, ihre öffentlichen Auftritte die Massen begeistern, man ihnen gespannt zuhört und zusieht? Sie sind von einer Aura umgeben, die ihnen Autorität und Strahlkraft verleiht. Das Zauberwort heißt „Charisma". Diese Menschen haben Charisma in seiner positivsten Form, sie bezaubern ihre Mitmenschen durch ihre positive Ausstrahlung und ihre gewinnende Wirkung. Diese Wirkung führt dazu, dass

- diese Menschen Aufmerksamkeit auf sich ziehen,
- man diesen Menschen zuhört,
- uns diese Menschen in Erinnerung bleiben,
- wir diese Menschen mit einer bestimmten Botschaft verbinden,
- die Namen dieser Menschen zu einer Marke werden,
- diese Menschen Einfluss auf uns gewinnen
- wir bereit sind, diese Menschen zu unterstützen.

Charisma ist die Kraft der Wirkung auf andere. Diese Wirkung setzt sich aus vielen Faktoren zusammen, und sie ist immer von der Wahrnehmung durch andere abhängig, daher spricht man auch von einem Zuschreibungsphänomen. Das heißt, ein Mensch ist in den Augen des Betrachters charismatisch. Seine Wirkung kann nur in der Interaktion mit anderen eintreten, sie setzt sich aus der äußeren Erscheinung, aus Körpersprache, Stimme, Mimik und dem rechten Wort zur rechten Zeit zusammen.

Ob Popstar oder Kindergärtner, ob Rechtsanwältin oder Imbissbudenverkäufer, ob Minister oder Taxifahrerin, jeder Mensch hat eine Wirkung auf andere, ob er oder sie will oder nicht. Diese Wirkung ist nichts, was sich langsam entfaltet, sondern sie entsteht unglaublich schnell. Es dauert weniger als eine Zehntelsekunde, bis wir entschieden haben, ob wir einen Menschen sympathisch oder unsympathisch finden. Schon bei der ersten Begegnung, beim ersten Eindruck, den wir von einem Menschen erhalten, kommt die Wirkung in geballter Form zum Einsatz. In Bruchteilen einer Sekunde ist man also schon „abgestempelt". Sympathisch, unsympathisch, vertrauenswürdig, furchteinflößend, interessant, langweilig: Die Schublade für das erste Urteil ist rasch gefunden, das geht ganz ohne Nachdenken. Umso nachhaltiger allerdings hält diese Wirkung an. Mehr noch werden alle weiteren Informationen, die wir über einen Menschen bekommen, diesem ersten Eindruck angepasst.

Die erwähnten charismatischen Persönlichkeiten haben es geschafft, sich bei uns auf eine ganze bestimmte, hoffentlich positive, Weise in Erinnerung zu halten. Mit zunehmender Bekanntheit kumuliert die Wirkung sogar noch. Das heißt, je bekannter ein Mensch ist, umso vertrauter, sympathischer und charismatischer wird er oder sie in den Augen der anderen. Schon allein ihre Namen lösen in uns etwas aus, sie wirken auf unsere Gefühle. Und so ist es auch bei Ihnen: Ihr Auftreten, Ihre Erscheinung löst bei anderen etwas aus. Wie das funktioniert, welche Folgen das hat und wie Sie das steuern können, werde ich Ihnen in diesem Buch zeigen.

Warum ist es wichtig, auf sein Auftreten zu achten und möglichst eine positive Wirkung zu erzielen? Warum ist eine gewinnende Ausstrahlung der Schüssel zum Erfolg?

Wer andere durch seine Ausstrahlung gewinnt, wird im Beruf wie im Privatleben mehr erreichen. Erfolg und Charisma sind untrennbar miteinander verbunden. Es ist unerlässlich, sich über seine Wirkung Gedanken zu machen, wenn man im Leben und im Beruf weiterkommen will. Die Menschen haben in ihrem beruflichen Alltag, über das Internet und über die Medien unglaublich viele mehr oder weniger enge, aber vor allem schnelle und kurze Kontakte mit anderen. Daher ist es wichtig, in sehr kurzen Zeitspannen die Aufmerksamkeit zu gewinnen, unmittelbar einen positiven Eindruck zu hinterlassen und das Gegenüber zu „verzaubern". Und dann gilt es, diese Wirkung zu festigen und andere Menschen immer wieder von Neuem zu begeistern, zu verzaubern und zu überzeugen.

So wie Werbebotschaften auf eine bestimmte Art und Weise aufbereitet werden müssen, um wahrgenommen zu werden, sollte jeder Mensch jene Faktoren kennen und beachten, die zu einer positiven Wirkung führen. Diese positive Wirkung, das Charisma, das jemand ausstrahlt, ist nichts, was nur wenigen Auserwählten in die Wiege gelegt wird. Selbst die charismatischsten Menschen sind nicht als die strahlenden Persönlichkeiten, als die sie uns heute bekannt sind, geboren worden. Sie haben oft hart an sich gearbeitet, ihre Wirkung entwickelt und trainiert, sie entwickeln sich ständig weiter, lernen immer dazu und verbessern sich ihr Leben lang.

Selbstverständlich haben Kandidaten für die Präsidentschaftswahl in den Vereinigten Staaten Berater, Coachs und Trainer, nichts wird dem Zufall überlassen, von der Kleidung bis zum Gesichtsausdruck. Doch die Prinzipien, nach denen diese Ausstrahlung funktioniert, sind immer dieselben, die Merkmale charismatischer Menschen lassen sich systematisieren, die Entwicklungsstufen verfolgen. Und dank Internet, Youtube und Co. kann man diese Personen „live" studieren und sich von ihnen etwas abschauen.

In diesem Buch erfahren Sie, wie Sie Ihre Wirkung entwickeln und verstärken, wie Sie sich von den charismatischsten Menschen dieser Welt etwas abschauen können und wie Sie Ihre eigenen Stärken weiterentwickeln und auf das Wesentliche fokussieren. Was erwartet Sie?

- Sofort umsetzbarer Input, mit eigenen Beobachtungen zu beginnen und damit unmittelbar in den Lernprozess einzusteigen

- Eine Anleitung, wie Sie sich von erfolgreichen, charismatischen Menschen etwas abschauen können, wie Sie lernen, deren Verhalten systematisch zu beobachten und Ihre Beobachtungen für sich zu nützen
- Viele Tipps, die im Alltag sofort angewendet werden können
- Spaß an Ihrer persönlichen Weiterentwicklung

Nützen Sie dieses Wissen!

Sie werden in diesem Buch die Geheimnisse der positiven Ausstrahlung kennenlernen und erfahren, wie Sie Ihre Ausstrahlung gezielt verstärken können. Sie erfahren, wie Sie sich die unbewussten Wahrnehmungsprozesse, die in jedem von uns ablaufen, zunutze machen, wie Sie persönlich wirken und mit Persönlichkeit wirken. Zugleich ist dieses Charisma-Training auch ein hocheffektives Persönlichkeitstraining, denn wenn Sie an der Entfaltung Ihrer charismatischen Begabung arbeiten, verstärkt dies ganz automatisch alle Aspekte, die eine außergewöhnliche Persönlichkeit ausmachen.

Erstaunlich wenige Menschen kennen und nützen dieses Wissen. Kaum jemand befasst sich mit seiner Wirkung auf andere. Mehr noch können wir es kaum ertragen, uns selbst auf Tonband zu hören oder auf einem Video anschauen zu müssen. Plötzlich werden wir zu Meistern im negativen Denken und starren voller Inbrunst auf unsere Fehler. Wir haben Angst vor uns selbst und verdrängen die Begegnung mit der eigenen Wirkung, wo es nur geht. Viele Menschen denken leider immer noch, man kann an der eigenen Ausstrahlung ohnehin nichts ändern, man hat sie oder man hat sie nicht. Man sollte zum Beispiel annehmen, dass Politiker, Spitzenmanager und andere Personen des öffentlichen Lebens samt ihren PR-Beratern und Kommunikationscoachs von Barack Obama und den Strategien, die zu seinem Aufstieg geführt haben, gelernt hätten – der tägliche Blick in Nachrichtensendungen und Talkshows zeigt uns, dass das leider nicht der Fall ist. Es scheint, als hätten die Menschen eine unbegründete Furcht davor, besser zu werden. Mit Argumenten wie „Ich will so bleiben, wie ich bin“ lehnen sie jede, ja selbst minimale, Veränderungs- beziehungsweise Verbesserungschance ab und sind dann zutiefst gekränkt, wenn das Leben sie dafür bestraft. Ein gutes Beispiel dafür ist Gesine Schwan, die sowohl 2004 als auch 2009 deutsche Bundespräsidentin werden wollte. Auffällig war auf den ersten Blick schon 2004 ihre merkwürdige Frisur. Eine Lockenmähne, die irgendwie auf dem Kopf kunstvoll zusammengesteckt war und doch sehr an ein Vogelnest erinnerte. Diese Frisur war so befremdlich, dass immer wieder in den Medien darauf hingewiesen wurde. Doch anstatt eine für ihren Typ passendere und zeitgemäßere Frisur zu finden, galt für sie das Motto: „Augen zu und durch. Ist mir doch egal, ob das den Wählern gefällt.“ Es wird Sie nicht wundern, dass sie in beiden Wahlen deutlich unterlag. Die Menschen möchten an der Spitze ihres Landes kein „Vogelnest“, sondern eine repräsentative Erscheinung, für die sie sich nicht schämen oder gar bei jeder Gelegenheit rechtfertigen müssen. Es ist doch eigentlich das Natürlichste der Welt, dass man sich entwickelt und sich dies im Laufe einer Karriere auch im Äußeren widerspiegelt. Ein gutes Beispiel dafür ist Joschka Fischer, der seine Karriere als Taxifahrer in Frankfurt begann und schließlich ein unglaublich beliebter Außenminister wurde. Noch in Jeans und Turnschuhen zog er in den hessischen Landtag ein, doch als Außenminister für Deutschland trug er, dem Amt angemessen, einen Anzug mit Krawatte.

Für Ihre persönliche Karriere, für Ihren Erfolg im Beruf wie im Privatleben stehen die Chancen sehr gut, mit gezielter Arbeit an Ihrer positiven Wirkung rasch merkbare Veränderungen zu erleben, umgehend positiv aufzufallen und zu beeindrucken.

Mehr Charisma bekommt man durch das richtige Know-how und durch Training. Daher sind im Buch auch immer wieder Hinweise und Übungen zu finden, wie Sie jeden Tag, bei vielen Gelegenheiten und Anlässen Ihre Ausstrahlung, Ihre Wirkung, Ihre Fähigkeit, andere zu bezaubern, zu beeindrucken und zu beeinflussen, vermehren können.

2 Charisma: Das Geheimnis der positiven Wirkung

Charisma ist die Fähigkeit, Aufmerksamkeit auf sich zu lenken und sie festzuhalten.

Nikolaus B. Enkelmann

Wir sehen einen Menschen und er fasziniert uns. Wir hören einem Redner wie gebannt zu und seine Worte hinterlassen in uns ein gutes Gefühl. Wir lesen oder hören den Namen einer Person und etwas klingt in uns an. Woher kommt die Erinnerung, die Faszination, die Begeisterung? Was ist das Geheimnis der positiven Wirkung?

Aufgabe

Wer beeindruckt Sie?

Die Analyse der Wirkung charismatischer Menschen ist eine der besten Methoden, um mehr über das Geheimnis der positiven Wirkung zu erfahren. Wir werden auf die Ergebnisse dieser Aufgabe später noch öfter zurückkommen, halten Sie sie also bitte schriftlich fest.

- Zählen Sie drei charismatische Menschen auf, die Sie persönlich kennen.
- Zählen Sie fünf charismatische Menschen aus Politik, Wirtschaft, Kunst, Kultur, Film etc. auf.
- Was ist das Besondere an diesen Menschen?
- Nennen Sie zu jeder Person drei bis fünf Eigenschaften, die Ihnen an dieser Person auffallen.
- Welche dieser Eigenschaften besitzen Sie selbst bereits?
- Welche dieser Eigenschaften würden Sie gern besitzen?

Von der Person zur Persönlichkeit

Wir alle sind an sich einzigartige Menschen. Und wir alle haben ungeahnte Talente, Fähigkeiten und Stärken. Dennoch lassen die meisten Menschen sich treiben, nehmen, was kommt, und leben ihr Leben ohne besondere Weiterentwicklung. Ständig und überall begegnen wir solchen orientierungslosen Personen, die uns weder emotional berühren noch uns in Erinnerung bleiben. Sie sind unscheinbar und werden kaum beachtet. Manche Menschen aber nützen ihre Fähigkeiten, sie bauen auf ihren Talenten auf, entwickeln sich weiter, entfalten sich. Aus der Person wird eine Persönlichkeit. Eine Persönlichkeit ist jemand, der seine Veranlagungen nutzt, seine Stärken ausbaut, sich emotional weiterentwickelt, seine Wünsche, Träume und Ideale lebt, sie zur Wirklichkeit macht. Doch das ist es nicht allein: Zur Entwicklung der Persönlichkeit gehört die Interaktion, die Kommunikation mit anderen. So entsteht Wirkung, so entsteht Charisma.

Dabei kann die Persönlichkeit ganz unterschiedlich wirken, je nachdem, was jemand darstellt und was er als seine Aufgabe betrachtet. Drei markante Typen in der heutigen Zeit sind zum Beispiel der Entertainer, der Informant und der Motivator und Anführer. Thomas Gottschalk oder Mario Barth sind einfach zuzuordnen, sie sind Entertainer in Reinkultur, sie können die Massen unterhalten, sie für ein paar Stunden den Alltag vergessen lassen, sie zum Lachen bringen. Angela Merkel zeigt ihre Persönlichkeit auf einem ganz anderen Gebiet, sie ist eine Informantin, ihre Wirkung beruht auf ihrer sachlichen Kompetenz. Das gilt auch für Nachrichtensprecher und Journalisten. Ganz anders Barack Obama: Er ist ein Motivator und Anführer, er hat eine Botschaft, eine Vision, und seine Persönlichkeit drückt diese mit jeder Faser aus. Bevor Sie sich für eine Richtung Ihrer Persönlichkeitsentwicklung entscheiden, ist es daher wichtig, sich zu fragen:

- Wollen Sie die Menschen unterhalten?
- Wollen Sie die Menschen belehren?
- Wollen Sie die Menschen führen und motivieren?

Wenn Sie die Richtung nicht entsprechend festlegen, kommt ein widersprüchliches Erscheinungsbild heraus und Sie werden die Menschen eher verwirren als gewinnen. Wobei es nicht ausgeschlossen ist, mit Elementen der Unterhaltung belehrende Inhalte zu vermitteln, wie zum Beispiel die Auftritte des britischen Starkochs Jamie Oliver zeigen, der mit seinen Kochshows auf großen Bühnen tausenden Menschen ein Bewusstsein für gesunde Ernährung und Spaß am Kochen vermitteln will. Es kommt immer darauf an, wie man eine Botschaft verpackt – und wer die Geheimnisse der positiven Wirkung kennt, wird die richtigen Inhalte und die richtige Verpackung wählen. Macht, wirkliche Macht haben Sie jedoch nur, wenn Sie Menschen nicht nur unterhalten, sondern wenn es Ihnen gelingt, Menschen nachhaltig zu motivieren – denn keiner von uns kann große Ziele alleine erreichen.

Warum sollen Sie an Ihrer Wirkung arbeiten?

Wenn es uns nicht gelingt, andere zu beeindrucken, werden wir übersehen, unterschätzt und auch bei der nächsten Beförderung wieder übergangen. Wer nicht an der Entfaltung seiner einzigartigen Persönlichkeit arbeitet, wird den Zug in die Zukunft verpassen. Wenn wir nicht als starke Persönlichkeit wirken, wird sich auch das Charisma auf Dauer nicht entfalten. Doch wenn wir uns von einer Person zu einer Persönlichkeit entwickeln, dann übertragen wir unsere positive Wirkung auf andere, wir stecken sie mit unserer Wirkung an, unser Charisma lässt uns zu einer gewinnenden, faszinierenden Persönlichkeit werden.

Der erfolgreiche Produzent von Gameshows im US-amerikanischen Fernsehen Mark Goodson wurde einmal gefragt, worauf er bei der Auswahl der Menschen achte, die er für seine Shows auswählte. Seine Antwort: „Wir schauen auf drei Merkmale: Persönlichkeit, Persönlichkeit und Persönlichkeit." Dieses Charakteristikum ist aber nicht nur im Showbusiness wichtig. Eine Umfrage des Instituts CRF (2009) unter 105 Unternehmen zum Thema Personalauswahl brachte ein interessantes Ergebnis: In 88 Prozent der befragten Unternehmen ist „Persönlichkeit" das wichtigste Einstellungskriterium! Es folgen Kommunikationsfähigkeit (73%), praktische Erfahrungen (51%), Hochschulart/-standort (43%), Sprachkenntnisse (27%), Auslandserfahrung (16%), Kreativität (14%), außeruniversitäres Engagement (11%), Schul-/Abschlussnoten (10%) und Studiendauer (3%). Dieses Ergebnis zeigt, was erfolgreiche Menschen schon lange wissen: Es zählt die persönliche Wirkung, die Ausstrahlung, die Anziehungskraft eines Menschen. Und dies weit vor seinem Fachwissen und seinem Studienabschluss.

Das erstaunt Sie? Blicken Sie sich um, achten Sie sowohl im Kollegenkreis, bei Ihren Bekannten als auch bei Personen des öffentlichen Lebens und in den Medien einmal gezielt darauf, woraus diese Menschen ihren Erfolg ziehen. Ist es wirklich immer die durch Zeugnisse und Diplome verbriefte Kompetenz oder ist es etwas anderes, was diese Menschen auf der Karriereleiter nach oben gebracht, ihnen zu einem interessanten Lebenspartner und zu einem erfolgreichen Leben in Wohlstand und Sicherheit verholfen hat? Was ist dieses gewisse Etwas? Und wäre es nicht schön, es auch zu haben?

Die Persönlichkeit eines Menschen spielt eine wesentlich wichtigere Rolle als sein Wissen. Der Eindruck, den ein Mensch hinterlässt, ist viel bedeutender für seinen Erfolg als Fachwissen. Denken Sie einmal nach, wie oft Sie über einen Kollegen im Stillen dachten „Was für ein Phrasendrescher" – und genau der dann auf der Überholspur die nächste Führungsebene erreichte. Hier sollte es nun „Klick!" machen und Sie sollten sich das Verhalten und das Auftreten dieses Kollegen einmal aus der professionellen Distanz eines Charisma-Forschers anschauen: Was hat er, was andere nicht haben? Machen Sie Notizen zu Ihren Beobachtungen; spätestens im Kapitel 4, in dem wir uns die wichtigsten Charisma-Faktoren anschauen, werden Sie Augen machen.

Dieser wichtige Punkt wird von vielen klugen Leuten unterschätzt. Die Folge davon ist, dass besonders Menschen, die sehr viel Fachwissen haben, sich oft unglaublich schlecht „verkaufen". Es ist erschreckend, was man erleben muss, wenn man auf internationale Fachkongresse geht. Da halten

Wissenschaftler aus aller Welt Vorträge und stellen ihre neuesten Erkenntnisse vor, nur leider sind die Vorträge der deutschen Forscher meist fürchterlich langweilig, während die amerikanischen Kollegen das Publikum faszinieren. Obgleich die deutschen Forscher ganz hervorragende, qualitativ hochwertige Arbeiten vorstellen, gelingt es ihnen nicht, die Menschen zu überzeugen. Das Ergebnis spricht für sich: Weltweite Anerkennung, Auszeichnungen, Preise und Forschungsgelder gehen in Folge nicht an den besten Forscher, sondern an die, die sich am besten darstellen können. Und das passiert tagtäglich in allen Bereichen. Menschen, die davon ausgehen, dass das Gegenüber schon erkennen wird, wie gescheit und gelehrt sie sind, kommen als graue Mäuse zum Vorstellungsgespräch oder vernachlässigen den Aspekt des ersten Eindrucks bei jeder sich bietenden Gelegenheit. Und wundern sich dann, wenn sie bei Beförderungen und Gehaltserhöhungen übergangen werden. Übergangen, weil übersehen?

Es ist aber nun mal eine Tatsache, dass wir Menschen uns heutzutage selbst vermarkten müssen, wir müssen PR für unsere Aktivitäten machen, wir müssen unsere Fähigkeiten ins rechte Licht rücken, für uns trommeln und so die Aufmerksamkeit von Entscheidern, Kunden – oder dem Traumpartner! – auf uns lenken. Denn innere Werte kann keiner auf den ersten Blick erkennen. Es gibt also zahlreiche Gründe, warum es wichtig ist, an seiner Ausstrahlung zu arbeiten:

- Charisma und Persönlichkeit sind untrennbar miteinander verbunden.
- Wer einen guten Eindruck hinterlässt, wird immer als kompetenter beurteilt.
- Mit Charisma ist das Leben schöner und vieles fällt leichter.
- Charisma öffnet Herzen – und Türen! Das Knüpfen von Kontakten wird einfacher und man schafft echte Beziehungen.
- Charisma und Erfolg gehören zusammen und es entsteht eine Wechselwirkung.

„Bescheidenheit ist eine Zier, doch weiter kommt man ohne ihr" – dieses geflügelte Wort war nie wahrer als heute, wo wir ständig unter Konkurrenzdruck stehen und uns behaupten müssen. Zurückhaltende Menschen und Frauen sind besonders gefährdet, aus lauter Bescheidenheit ständig anderen den Vortritt zu lassen – und wundern sich dann, wenn die männlichen Kollegen auf Überholkurs sind und die besten Stellen wie von selbst erreichen. Doch auch meinen männlichen Lesern lege ich ans Herz, sich darüber Gedanken zu machen, ob sie ihre Talente und Fähigkeiten nicht noch besser nützen könnten – zum Wohle aller, die davon profitieren können.

Mit den Werkzeugen, die ich Ihnen in diesem Buch vorstelle, bekommen Sie die Mittel, die Ihnen Ihr Leben lang helfen werden, Ihre Ausstrahlung, Ihre Wirkung immer mehr zu verbessern, und ich werde Ihnen die Charisma-Faktoren vorstellen, die jeder Mensch mit einer gewinnenden Ausstrahlung mitbringt – auch Sie. Vorab aber werde ich Ihnen die Geheimnisse der positiven Ausstrahlung verraten, die die Grundlage dafür sind, von der Person zur Persönlichkeit zu werden.

Geheimnis Nr. 1: Ihre Erfolgsorientierung

Erfolg ist die Gewohnheit, sich auf dem richtigen Weg zu befinden, bis man seine Ziele erreicht hat.

Nikolaus B. Enkelmann

Eine gewinnende Ausstrahlung zu haben, eine positive Wirkung zu verbreiten steht jedem Menschen offen. Eine wichtige Bedingung ist jedoch, sich eine positive Einstellung zum Gewinnen, zum Siegen und zum Wettkampf zu eigen zu machen. Ohne Erfolge gibt es keinen Fortschritt. Wir brauchen noch viel mehr erfolgreiche Menschen als jemals zuvor. Daher steht am Anfang einer erfolgreichen Karriere auch, zu wissen, wer man ist und was man will, und sich Ziele zu setzen, dies zu erreichen.

- Was wollen Sie ausstrahlen?
- Wozu wollen Sie dies ausstrahlen?

- Wie wollen Sie gesehen werden?
- Woran kann man erkennen, dass Sie eine wertvolle Persönlichkeit sind?

Eine gewinnende Wirkung und eine positive Ausstrahlung ist in jedem Beruf, aber auch im Privatleben von großer Wichtigkeit, weil man nur so einfach mehr erreicht. Verspüren Sie den Wunsch, etwas Besonderes sein zu wollen? Wenn ja, dann fragen Sie sich, wie Sie es sich am leichtesten machen können!

Ein charismatischer Mensch hat eine ganz besondere Beziehung zu seinen Erfolgen. Er kennt sie, weiß, was er selbst dazu beigetragen hat. Es gibt eine Wechselwirkung zwischen Erfolg und Charisma. Sehr erfolgreiche Menschen sind zumeist auch charismatische Menschen, und Charisma verhilft zu mehr Erfolg.

Die Gefahr: Bleiben die Erfolge aus, wird auch das Charisma geschwächt. Das ist ein Risiko, das einen Charismatiker immer begleitet. Bei nahezu religiös verehrten Personen wie Barack Obama kann man gut sehen, wie die Euphorie in Ablehnung, ja sogar Feindseligkeit umschlagen kann, wenn sie die Erwartungen enttäuschen. Als Projektionsfläche für die Hoffnungen vieler ist der Präsident nahezu übermenschlichen Erwartungen ausgesetzt. Und diese Idealisierung eines Politikers ist gleichzeitig die Bruchstelle, so der Psychologe Hans-Jürgen Wirth, Autor des Buches *Narzißmus und Macht*. Dieses Risiko tragen aber nicht nur charismatische Politiker, sondern auch Spitzenmanager, Sportler oder Filmstars und andere Persönlichkeiten, die in der Öffentlichkeit stehen. Misswirtschaft, Konkurse und Eskapaden mit leichtbekleideten Damen oder anderer Art haben schon so manchen „Mann des Jahres“ schnell von der Bildfläche verschwinden lassen, und sein Charisma verschwand mit ihm. Schauspieler und Musiker verlieren durch Drogen- und Alkoholprobleme oder durch Ehekrisen und spektakuläre Scheidungen Charismapunkte. Denken Sie nur an Tiger Woods. Und Sportler, die mit Doping in Verbindung gebracht werden, erleiden immer einen Imageschaden, der sie die Karriere und ihre Existenz kosten kann.

Viele stehen auch wieder auf und zeigen sich geläutert. Doch nur, wenn sie öffentlich zu ihren Fehlern stehen, nicht nach Schuldigen und Ausreden suchen, haben sie überhaupt die Chance auf ein späteres Comeback. Nach ihrer nächtlichen Promillefahrt ist im Frühjahr 2010 die evangelische Bischöfin Margot Käßmann von ihrem Amt als Ratsvorsitzende der Evangelischen Kirche in Deutschland zurückgetreten. Für ihren mutigen und konsequenten Rücktritt hat sie in der Öffentlichkeit sehr viel Sympathiepunkte gewonnen, und nicht ohne Grund kam ihr Buch auf die Bestsellerlisten. Sie hat so schnell und klug reagiert, dass ich mir sicher bin, dass wir von ihr in Zukunft noch sehr viel hören werden. Manche finden während einer Auszeit zu ihrer wahren Bestimmung und entwickeln ihre Persönlichkeit auf Basis ihrer Erfahrungen neu und stellen sich neuen Aufgaben und Herausforderungen.

Wo Licht ist, ist also auch immer Schatten. Nicht alles gelingt, nicht jedes Ziel wird erreicht, es gibt Rückschläge, selbst der Erfolgreichste erleidet mal eine Schlappe. Haben aber nicht gerade die charismatischsten aller Persönlichkeiten oft weite Wege hinter sich gebracht, um zu dem zu werden, der sie waren oder sind? Viele Erfolge sind auf einer Kette von Misserfolgen aufgebaut, von Versuchen und Irrtümern, und wenn man sich die Lebensgeschichten vieler Charisma-Ikonen anschaut, wird man feststellen: Diese Biografien sind oft voller Brüche, Entbehrungen, Rückschläge und Neuanfänge. Viele müssen zahlreiche Widerstände überwinden, sich aus einem problematischen familiären Umfeld heraus neu erfinden, machen Durststrecken und Pleiten durch. Doch oft sind gerade jene Persönlichkeiten mit dem größten Charisma gesegnet, die sich mit den Widrigkeiten des Lebens aktiv auseinandergesetzt haben.

Es bedarf des Mutes, sich manchen Herausforderungen zu stellen. Doch charismatische Menschen stellen sich und gehen die Dinge an, suchen nach Lösungen für Probleme, finden wertvolle Verbündete und packen unangenehme Aufgaben an. Die heutige Zeit braucht Menschen, die diese Fähigkeit haben, die sich Herausforderungen stellen und sich von der Möglichkeit, zu scheitern, nicht abschrecken lassen. Von der Person zur Persönlichkeit ist demnach nicht immer ein geradliniger oder gar leichter Weg, aber immer ein lohnender.

Was bedeutet für Sie Erfolg?

Erfolg ist nur ein anderes Wort für Leben.

Nikolaus B. Enkelmann

Um von einer Person zu einer Persönlichkeit, zu einer charismatischen Persönlichkeit zu werden, ist es wichtig, sich selbst gut zu kennen. Nur so werden Sie Ziele ins Auge fassen und ansteuern können. Und um messen zu können, ob man Erfolg hat oder nicht, muss man wissen, was man überhaupt erreichen will.

- Was also ist für Sie Erfolg?
- Was möchten Sie erreichen?
- Was hat Ihr Umfeld davon, wenn Sie noch erfolgreicher werden?
- Wie wird sich Ihr Leben verändern, wenn Sie noch erfolgreicher sind?
- Und: Wollen Sie überhaupt erfolgreich sein?

Die letzte Frage ist gar nicht so abwegig, wie Sie vielleicht denken. Viele Menschen reden zwar gern darüber, was sie gern machen würden oder was sie gern hätten, aber sie tun nichts, um diesem Ziel näher zu kommen. Sie fürchten sich vor der Verantwortung, die mit dem Erreichen des Zieles verbunden ist, oder sie wollen sich nicht der Kritik ihrer Mitmenschen aussetzen oder sie fürchten sich vor dem Scheitern, um nur einige Gründe zu nennen. Dabei wächst der Mensch nur an der Aufgabe, die er sich zu eigen macht. Es gibt per se keine großen Menschen, sondern nur Menschen mit großen Zielen. Erst die Aufgabe, erst das Ziel und die Vision motivieren, aus sich und dem Leben das Beste zu machen. Charismatische Persönlichkeiten handeln. Sie setzen einen Schritt nach dem anderen, um ihrem Ziel näher zu kommen, und wenn sie es erreicht haben, setzen sie sich neue Ziele und setzen ihren Weg fort.

Um Erfolg zu haben, ist es wichtig, zu wissen, wofür Sie sich begeistern können, wofür Sie sich brennend interessieren, also das Gebiet zu finden, auf dem Sie zum Problemlöser werden können, in dem Sie Ihre Aufgabe und Ihren Lebenssinn finden. Dort können Sie herausragende Leistungen bringen, Spitze sein, erfolgreich sein. Ein Geheimnis charismatischer Wirkung ist es, zunächst nur in einem Bereich so top, so herausragend gut zu sein, dass Ihr Name für alle Menschen mit diesem Thema verbunden wird. Dort können Sie Ihre Fähigkeiten richtig zum Einsatz bringen, sich von der Masse abheben und Ihre Einmaligkeit immer wieder aufs Neue unter Beweis stellen.

Aufgabe

Was ist für Sie Erfolg?

Beantworten Sie die folgenden Fragen bzw. Aufgaben:

- Was verstehen Sie persönlich unter Erfolg?
- Seit wann haben Sie diese Vorstellung von Erfolg?
- Wer hat Sie zu diesem Bild von Erfolg inspiriert?
- Hat sich Ihr Bild von Erfolg im Laufe der Zeit verändert?
- Was war Ihr letztes Erfolgserlebnis?
- Listen Sie einige Ihrer Erfolge auf.
- Nennen Sie einige Menschen, die Sie als erfolgreich bezeichnen. Worin liegt deren Erfolg?
- Welche Eigenschaften zeichnen erfolgreiche Menschen aus Ihrer Sicht aus?
- Welche Erfolgseigenschaften haben Sie?
- Was hat einen durchschlagenden Erfolg bisher verhindert?

Erfolg hat nichts mit Zufall zu tun. Erfolg passiert nicht von allein, man kann und muss dafür arbeiten. Wenn sich der Erfolg jedoch erst einmal einstellt, ergibt sich daraus meist eine positive Kettenreaktion. Erfolg ist immer die Folge von etwas. Ein Mensch, der viele gute Gewohnheiten hat, hat es viel leichter, erfolgreich zu sein. Eine positive, gewinnende Ausstrahlung ist, gepaart mit fachlicher Kompetenz, die optimale Voraussetzung für Erfolg. Denn solch einem Menschen vertraut man gern. Ohne eine gewinnende Ausstrahlung muss man immer wieder gegen Windmühlen kämpfen.

Doch man muss dafür etwas tun. Denn auch eine gewinnende Ausstrahlung ist das Ergebnis von Gewohnheiten. Die Körpersprache, der Klang der Stimme und der Augenkontakt sind trainierbar und können zur positiven Gewohnheit werden. Selbst die Art und Weise, wie wir Ereignisse in Gedanken interpretieren, und welche Worte wir bevorzugt verwenden, sind eine Gewohnheit. Daher brauchen wir genau solche guten Gewohnheiten, die unsere Wirkung positiv beeinflussen. Denn langfristiger Erfolg im Beruf und ein glückliches Privatleben sind ohne eine positive Wirkung auf andere undenkbar.

Aufgabe

Führen Sie ein Erfolgstagebuch

Erfolge aufzuschreiben, sich bewusst vor Augen halten, was man gut gemacht hat, was gut gelungen ist, ist die wohl beste Methode, um das eigene Selbstvertrauen zu steigern. Denn mit jedem Erfolgserlebnis, das Ihnen bewusst wird, steigt der Glaube an die eigenen Stärken und Fähigkeiten. Mehr noch wächst mit jedem Erfolgserlebnis der Mut, sich noch größeren Herausforderungen zu stellen. Werden Sie ein Meister im Lösen von Problemen und springen Sie noch öfter über Ihren eigenen Schatten. Schreiben Sie täglich auf, was Ihnen gut gelungen ist, fangen Sie an, Ihre großen und kleine Erfolgserlebnisse zu sammeln. Erst durch das Aufschreiben wird Ihnen wirklich bewusst, was Sie geleistet haben, und es entsteht ein ganz neues Erfolgsbewusstsein.

Lassen Sie sich auf Ihrem Weg nicht von negativen und abwertenden Äußerungen anderer beirren. Wer seine eingefahrenen Bahnen verlässt, weil er sich dort nicht mehr wohlfühlt und aktiv etwas daran ändern möchte, muss damit rechnen, dass sich Widerstände regen. Meist kommen diese von Menschen, die mit sich selbst nicht zufrieden sind und lieber jammern, als daran etwas zu ändern. Von anderen erfolgreichen Menschen, die ein positives Selbstbild haben, werden Sie solche Sätze nicht zu hören bekommen, sondern man wird Sie in Ihrem Weg bestärken und Sie unterstützen. Sie haben keinen Grund, Ihr Licht unter den Scheffel zu stellen oder als Mauerblümchen zu vertrocknen, sondern Sie werden Erfolg haben und glücklich sein, wenn Ihnen etwas besonders gut gelingt. Lassen Sie sich also von solchen Energieräubern nicht aufhalten, suchen Sie sich lieber ein förderndes Umfeld, das an Ihrem Wachstum interessiert ist.

Geheimnis Nr. 2: Ihre Ziele

Der Langsamste, der sein Ziel nicht aus den Augen verliert, geht noch immer geschwinder als jener, der ohne Ziel umherirrt.

Gotthold Ephraim Lessing

Um wirklich erfolgreich zu sein, müssen Sie Klarheit darüber haben, wohin Sie wollen. Ohne Ziele kein Erfolg. Doch nicht andere sollen über Sie und Ihr Leben bestimmen, sondern Sie selbst. Nicht Zufälle, Umstände, das Schicksal, Glück oder Unglück sollten Ihre bestimmenden Erfolgsfaktoren sein, sonst ist Ihr Leben vergleichbar mit einer Nussschale, die auf dem großen, weiten Ozean herumgetrieben wird. Sie brauchen Ziele, ein Ziel, das klar ausformuliert ist und an dessen Erreichung Sie ablesen können, ob und wann Sie erfolgreich sind. Menschen auf Dauer zu faszinieren wird Ihnen nur gelingen, wenn Sie Ziele haben, und zwar möglichst solche, die den Menschen Nutzen bringen.

Es gibt unterschiedliche Arten von Zielen: kurzfristige, langfristige Ziele, Lebensziele, Ziele im beruflichen und Ziele im privaten Bereich. Nicht alle Ziele sind gleich wichtig oder wertvoll. Und sich auf maximal drei sehr wertvolle Ziele zu konzentrieren ist die Voraussetzung für Erfolg und damit für Ihre positive Wirkung.

Aufgabe

Hinterfragen Sie Ihre Ziele und Ihre Zielorientiertheit

- Welche Ziele haben Sie?
- Was tun Sie, um Ihre Ziele zu erreichen?
- Welche Ziele haben Sie in letzter Zeit erreicht? Beschreiben Sie diese!
- Was hindert Sie daran, Ihre Ziele zu erreichen?
- Was können Sie verändern, um diese Widerstände zu beseitigen?
- Wer hilft Ihnen dabei, Ihre Ziele zu erreichen?

Bei der Formulierung von Zielen kommt es nicht auf die Quantität an – also lieber nicht zu viel auf einmal! –, sondern auf die Qualität. Eine Million Euro im Jahr zu verdienen mag auf den ersten Blick erstrebenswert sein, und wer das erreicht, darf mit Recht stolz darauf sein, aber Geld ist auf Dauer kein motivierendes Ziel. Geld ist in der Regel ein angenehmer Nebeneffekt, wenn man seine Aufgabe liebt. Eine Million verdienen zu wollen, weil man damit soziale Projekte unterstützen, Arbeitsplätze schaffen oder Initiativen ins Leben rufen möchte, mit denen Sinnvolles bewirkt werden soll, kann allerdings sehr wohl ein lohnendes Ziel sein.

Große Ziele sind wie Berge, man kann sie nicht an einem Tag erklimmen. In Etappen geht alles leichter – und Sie vermeiden Frust. Auch sollten Sie nicht mehrere Berge auf einmal besteigen, das führt auf jeden Fall zu Misserfolgen. Übernehmen Sie sich nicht, sondern wählen Sie das wichtigste Ziel aus. Dann legen Sie Teilziele fest, die Sie sicher zum Hauptziel führen, und einen Zeitraum, bis wann Sie diese jeweils erreicht haben wollen.

Dies hat mehrere Vorteile: In kleinen Schritten kommen Sie schneller und sicherer voran, und zugleich wird der Weg zum Hauptziel mit Erfolgserlebnissen gepflastert. Und nichts beflügelt mehr als Erfolgserlebnisse! Denken Sie immer daran: Erst Ihr Traum macht Sie groß!

Geheimnis Nr. 3: Ihre Träume

Man wirft den Menschen immer vor, dass sie ihre Mängel nicht erkennen. Noch weniger aber kennen sie ihre Stärken. Sie sind wie das Erdreich: In vielen Grundstücken sind Schätze verborgen, aber der Besitzer weiß nichts von ihnen.

Jonathan Swift

Der Weg zu einer gewinnenden Ausstrahlung, zu Einfluss und Erfolg ist immer ein individueller und sollte sich an den persönlichen Zielen ausrichten. Die eigene Botschaft, die Vision, die man verkörpert, ist die Grundlage für diesen Weg. Doch wie findet man zu einer Botschaft, wie entwickelt man die eigene Vision, an der man sein Leben ausrichtet? Und wie formuliert man anhand dieser Vision seine Ziele, um diese Vision, die Botschaft Wirklichkeit werden zu lassen? Ihre Träume sagen es Ihnen.

Welchen Traum haben Sie? Ich meine das ganz wörtlich: Wovon träumen Sie? Welche Tagträume haben Sie, wovon träumen Sie nachts? Welche Träume kehren immer wieder? Viele Menschen, denen ich diese Fragen stelle, winken ab. Sie hätten keine Träume, und wenn, dann könnten sie sich beim Aufwachen nicht mehr daran erinnern. Träume, das sind doch Schäume! Träume haben doch mit der Realität nichts zu tun und überhaupt, ein erwachsener Mensch, was sollte der mit Träumen, mit irrealen Vorstellungen und Fantasiegebilden? Im Leben geht es doch um andere Dinge als darum, zu träumen.

„I Have a Dream" – die berühmten Worte von Martin Luther King vor dem Lincoln Memorial in Washington, D.C., gehören zu den berühmtesten Reden, die je gehalten wurden, und bis heute hat diese Rede nichts von ihrer Motivationskraft verloren. Der Traum von Martin Luther King führte zu großen Veränderungen im Zusammenleben der Menschen in den Vereinigten Staaten und auf der ganzen Welt. Welche Strahlkraft dieser Traum, diese Worte hatten, sieht man nicht zuletzt daran, dass Barack Obama zum Präsidenten gewählt werden konnte – vor wenigen Jahren noch unvorstellbar, und 1963, als Martin Luther King diese Rede hielt, völlig utopisch.

Alle großen Veränderer, Entdecker, Erfinder hatten und haben Träume. Vom Frieden, von der Gleichberechtigung, von der Entdeckung neuer Kontinente, vom Fahren, vom Fliegen, davon, auf dem Mond zu landen, davon, 10.000 Musikstücke auf einem millimetergroßen Chip zu speichern. Wenn jeder dieser Träumer und und jede dieser Träumerinnen auf ihre Träume verzichtet hätten, wie sähe unsere Welt heute aus? Wenn diese vielen Menschen ihre Träume nicht zu Visionen und zu Botschaften gemacht und ihre Ziele verfolgt hätten, wären wir um viele Errungenschaften ärmer.

Menschen, die ihre Träume negieren oder verleugnen, sind innerlich leer. Sie haben keine Verbindung zu ihrem innersten Wesen und verschließen sich damit den Möglichkeiten, ein erfolgreiches, glückliches Leben zu führen. Träume und Wünsche kommen aus der Tiefe der Seele und offenbaren unsere Stärken und Fähigkeiten. Diese Stärken und Fähigkeiten kennen wir oft gar nicht. Die Träume enthüllen unsere Sehnsüchte und geben Hinweise, was in uns steckt. Sie führen uns in die tiefen Schichten unseres Unterbewusstseins und offenbaren die Geheimnisse unseres Wesens. Ihre Träume verraten Ihnen viel über sich selbst. Lassen Sie sie zu und verdrängen Sie sie nicht. Denn wenn Sie Ihre Träume und Wünsche verdrängen, dann verdrängen Sie Ihre Einzigartigkeit.

Aufgabe

Wovon träumen Sie?

Führen Sie ab jetzt ein Traumtagebuch und gönnen Sie sich jeden Tag eine kleine „Traumzeit", spüren Sie Ihren Tagträumen und Ihren Wünschen nach und schreiben Sie sie auf.

- Was würden Sie tun, wenn Sie drei Wünsche frei hätten?
- Was würden Sie tun, wenn Sie sicher sein können, nicht zu scheitern?
- Was wollten Sie werden, als Sie ein Kind waren?
- Wie haben Sie sich als Kind, als Jugendlicher, mit 30 oder später Ihr Leben vorgestellt?
- Was würden Sie tun, wenn Sie heute 50 Millionen im Lotto gewinnen würden?
- Wollten Sie jemals berühmt werden?
- Welche Träume haben Sie realisiert?
- Welche Träumen haben Sie nicht realisiert und warum nicht?
- Welche Wünsche möchten Sie sich noch erfüllen?

Notieren Sie Ihre Träume und schreiben Sie auch auf, welche Teile davon Sie möglicherweise realisiert haben. Indem Sie Ihre Träume und Wünsche aufschreiben, fangen diese an zu wirken.

Wer sind Sie?

Für die Arbeit am eigenen Charisma, an der Wirkung und Ausstrahlung ist es wichtig, sich zuallererst mit den eigenen Lebensträumen und Wünschen und den daraus resultierenden Zielen zu beschäftigen. Selbsterkenntnis ist der erste Schritt auf dem Weg zu mehr Charisma – sich selbst zu kennen, die eigene Ausgangsposition zu definieren ist wichtig, um Ihre Einzigartigkeit herauszuarbeiten und an dem Bild zu arbeiten, das Sie in anderen hervorrufen möchten.

Kennen Sie Ihre Stärken, werden Sie auch Ihre Wirkung verstärken können. Dabei geht es nicht darum, sich grundlegend zu verändern, sondern darum, das Beste aus sich herauszuholen, Ihre Stärken richtig einzusetzen. Alles andere wäre unecht und würde zu einer unstimmigen Ausstrahlung führen, Sie wären auf Dauer nicht glaubwürdig, und Ihr Charisma wäre nur schwach. Wir werden also nun herausfinden, wer Sie sind, was Sie können, was Ihnen wichtig ist, wofür Ihr Herz schlägt. So gerüstet können Sie dann Ihre Ziele ansteuern, ohne Zeit und Energie auf einem falschen Weg zu vergeuden.

Unabhängig davon, wie alt Sie sind, ob Sie im Berufsleben stehen, vor dem Einstieg oder Umstieg, ob Sie es bereits sehr weit gebracht haben oder ob Sie Ihren Weg zum Erfolg erst neu beschreiten, die folgenden Fragen sollten Sie sich immer wieder stellen. So können Sie Ihre Fortschritte überprüfen, können nachsehen, ob Ihr Kurs noch der richtige ist oder ob sich Veränderungen ergeben haben, die einer neuen Orientierung bedürfen. Die wichtigste Frage zu Beginn:

Aufgabe

„Wer bin ich?“

Diese Frage klingt so einfach, hat es aber in sich. Kaum jemand kann sie auf Anhieb beantworten. Der Name allein reicht jedenfalls nicht aus, um diese Frage zu beantworten.

Wer sind Sie? Was macht Ihre Persönlichkeit aus? Worauf sind Sie stolz? Was finden Sie an sich nicht so gut? Schreiben Sie Antworten auf und beginnen Sie jeden Satz mit Ihrem Namen:

- Ich bin Markus Hofmann und ich bin Geschäftsstellenleiter.
- Ich bin Sabine Maurer und mache derzeit eine Weiterbildung zur Bilanzbuchhalterin.

- Ich kann .... besonders gut.
- Was mich von anderen unterscheidet, ist ....
- Ich werde von anderen für .... gelobt.
- Ich bin .... und engagiere mich für ....
- Ich bin .... und bringe meine Stärken ...... bei ...... ein.

Schreiben Sie die Aussagen über sich auf und lesen Sie sie laut vor. Welche Gefühle löst dies in Ihnen aus? Bei welchen Beschreibungen fühlen Sie sich gut, welche Statements wecken Zweifel in Ihnen? Gehen Sie besonders den Aussagen nach, bei denen Sie sich unsicher fühlen. Fragen Sie nach, warum Sie daran zweifeln, gehen Sie weiter in die Tiefe, um herauszufinden, warum Sie diese Gefühle haben. Wie würde es sich anfühlen, wenn Sie Ihr größtes Ziel schon erreicht hätten?

Viele Menschen sind es nicht gewohnt, sich Zeit dafür zu nehmen, sich solche Fragen zu stellen. Nehmen Sie sich die Zeit, es ist wichtig, dass Sie herausfinden, wer Sie sind. Nur so können Sie künftig Ihre Wirkung auf andere verbessern. Betrachten Sie die Zeit, die Sie mit Ihrer Selbsterforschung verbringen, als Investition in Ihre künftigen Erfolge. Sie müssen Ihren Sehnsüchten, Vorlieben, Bedürfnissen und Ängsten auf den Grund gehen, um Ihre Ziele zu erreichen. Folgende Fragen werden Sie dabei unterstützen, sich noch besser kennenzulernen.

Aufgabe

Lernen Sie sich noch besser kennen

Beantworten Sie diese Fragen:

- Was besitzen Sie, worum andere Sie beneiden? (z. B. Aussehen, Gesundheit)
- Welche Eigenschaften bewundern andere an Ihnen? (z. B. Mut, Risikobereitschaft, Kreativität)
- Was fasziniert andere an Ihnen?

- Was mögen andere an Ihnen?
- Welche Komplimente bekommen Sie von anderen?
- Was loben andere an Ihnen?
- Können Sie andere gut loben?
- Wann haben Sie eine besonders positive Ausstrahlung?
- Wirken Sie glücklich?
- Wann geben Sie Menschen das Gefühl der Geborgenheit?
- Sind Sie gefühls- oder verstandesbetont?
- Sind Sie eher introvertiert oder extrovertiert?
- Sind Sie selbstbewusst oder unsicher?
- Sind Sie schüchtern oder forsch?
- Sind Sie zuverlässig oder gehen Sie manches eher locker an?
- Sind Sie konservativ oder progressiv?
- Wie kommen Sie mit Ihren Mitmenschen aus?
- Welche Menschen mögen Sie? Schreiben Sie fünf Namen von Menschen auf, die Ihnen sehr sympathisch sind.
- Wie wichtig ist Ihnen Harmonie? Schreiben Sie fünf Namen von Menschen auf, mit denen Sie sehr gut auskommen. Warum ist das so?
- Gehen Sie Auseinandersetzungen eher aus dem Weg oder lassen Sie sie zu? Notieren Sie, bei welchen Gelegenheiten Sie mit wem einen Konflikt, einen Streit oder eine Disharmonie hatten, und schreiben Sie die Gründe dafür auf.
- Äußern Sie Ihre Meinung oder lassen Sie lieber andere reden?
- Ist Ihnen Ihr Privatleben wichtig oder gehen Sie ganz in Ihrer Arbeit auf?
- Welche Hobbys haben Sie?
- Brauchen Sie immer Menschen um sich oder kommen Sie auch gut allein zurecht?
- Was müsste passieren, damit Sie etwas tun, das Sie schon lange aufschieben?

- Sind Sie schnell von einer Sache begeistert, setzen Ihr Vorhaben aber dann doch nicht um?
- Kommen Sie gut mit Ihrer Zeitplanung zurecht oder sind Sie ständig im Stress?
- Welche Tätigkeiten führen Sie am liebsten aus und was tun Sie ungern?
- Was ist Ihnen an anderen Menschen wichtig?
- Sind Sie eher ein Macher, ein „Häuptling", oder eher ein Zuschauer?
- Arbeiten Sie lieber allein oder im Team?
- Sind Sie eitel, arrogant, zu nachgiebig ...?
- Was soll man anlässlich Ihres 100. Geburtstages über Sie sagen?

Und nun zu Ihren Leidenschaften, Ihren Passionen, wofür Sie sich begeistern:

- Was sind Ihre Leidenschaften?
- Setzen Sie sich leidenschaftlich für etwas ein?
- Wofür können Sie sich begeistern?
- Betreiben Sie leidenschaftlich einen Sport oder ein Hobby?
- Wofür schlägt Ihr Herz?
- Was tun Sie am liebsten?
- Wofür haben Sie sich schon immer interessiert?
- Was haben Sie schon immer gern getan?
- Was haben Sie schon immer ungern getan?
- Welches waren die ungeliebtesten Aufgaben, die Sie je übernehmen mussten?

Die Beschäftigung mit diesen Fragen wird Ihnen den Weg zu Ihrer Persönlichkeit weisen und Sie darauf vorbereiten, an Ihren Stärken und Fähigkeiten zu arbeiten, die Sie zu einem Menschen mit positiver Wirkung und Strahlkraft machen.

Geheimnis Nr. 4: Das Wechselspiel von Geben und Nehmen

Das Geben ist eine Kunst und das Nehmen ist eine Kunst.

Peter Max Boppel

Wer wirklich erfolgreich sein will, wer seine Ziele erreichen will, wird dies mit der Hilfe und der Unterstützung anderer wesentlich besser schaffen als allein. Viele Menschen scheuen davor zurück, andere um Hilfe zu bitten, weil sie fürchten, sich damit eine Blöße zu geben. Doch das Gegenteil ist der Fall: Wer andere um etwas bittet, der zeigt, dass er über seine Stärken Bescheid weiß und Dinge, die er nicht so gut kann, jenen überlässt, die dies besser können.

Ein charismatischer Mensch weiß, dass er nicht allein für seine Erfolge verantwortlich ist, und versteht es, sich bei jenen, die dazu beigetragen haben, zu bedanken. Denken Sie zum Beispiel an die Oscarverleihung – die Dankesreden sind ein wichtiges Element dieses größten Ereignisses der internationalen Filmbranche und sie erzeugen eine gewaltige emotionale Kraft, bewegen das Auditorium und Millionen von TV-Sehern auf der ganzen Welt. Dank öffnet – wie Lob – die Herzen und lässt andere buchstäblich dahinschmelzen. Wer sich bedankt, zeigt, dass er den anderen schätzt und seinen Beitrag nicht als Selbstverständlichkeit betrachtet. Mehr noch, nur ein dankbarer Mensch wird andere an sich binden und kann sich ihrer bedingungslosen Loyalität sicher sein.

Aufgabe

Bedanken Sie sich?

- Wann und bei wem haben Sie sich das letzte Mal bedankt?
- Überlegen Sie, bei wem Sie sich schon längst einmal bedanken sollten und wie Sie das tun könnten.

Was tun Sie, um anderen zum Erfolg zu verhelfen? Dieser Punkt ist ein weiterer Aspekt einer charismatischen Wirkung auf andere Menschen: Charismatische Persönlichkeiten nehmen die Hilfe und Unterstützung anderer an, und sie helfen anderen dabei, erfolgreich zu sein. Dies kann auf unterschiedliche Weise erfolgen. Von Tipps und Hinweisen, die Sie weitergeben, bis hin zu einer regelmäßigen Unterstützung, zum Beispiel in Form von Mentoring, bei dem Sie andere von einem Karriereschritt zum nächsten begleiten und so Ihr Wissen weitergeben. Kontakte herstellen, Netzwerke bilden, anderen Ressourcen zur Verfügung stellen – es gibt sehr viele Möglichkeiten, anderen zu helfen.

Aufgabe

Was tun Sie für andere?

- Unterstützen Sie andere?
- Was könnten Sie tun, um andere noch besser zu unterstützen?

Geheimnis Nr. 5: Das Zusammenspiel von Mensch, Botschaft und Publikum

Das Wort verändert den Menschen,
der es hört, und den, der es spricht.

Nikolaus B. Enkelmann

Ronald E. Riggio, Sozial- und Organisationspsychologe am Claremont McKenna College in Kalifornien, stellte im Rahmen seiner Forschungen fest, dass Menschen mit Charisma eine hohe emotionale Ausdrucksfähigkeit auszeichnet. Er entwickelte das „Social Skills Inventory“, kurz „SSI“, einen psychologischen Test mit 90 Fragen, mit dem die verbalen und nonverbalen sozialen Fähigkeiten einer Person festgestellt werden können. Charismatiker, so Riggio, stechen bei den SSI-Tests insofern hervor, als sie ihre Gefühle und Einstellungen allein durch Gestik und Mimik dermaßen überzeugend ausdrücken, dass andere Menschen von ihren Emotionen mitgerissen werden. Ungeachtet dessen, ob man dies per Fragebogen abtesten kann oder ob es sich nicht um eine subjektive Selbsteinschätzung handelt: Charismatiker wirken durch ihre Körpersprache, durch nonverbale Signale, mit denen sie ihre Gefühle ausdrücken, auf die Menschen. Unterstützt wird diese Wirkung durch die Sprache und die Worte, die sie wählen, um direkt in die Herzen der Menschen zu zielen.

In den Reden großer Charismatiker geht es oft um große Gefühle wie Stolz und Liebe, um Werte und um positive Visionen. Mit ihrer ausgeprägten Fähigkeit, sich in die Menschen einzufühlen, stellen sie sich bei der Wahl ihrer sprachlichen Mittel perfekt auf ihr Publikum ein. Denken Sie nur an die berühmten Reden von John F. Kennedy („Ich bin ein Berliner"), Martin Luther King („I Have a Dream ...") und an Barack Obamas „Yes We Can" oder die Schlüsselaussage bei seiner ersten Rede als Präsidentschaftskandidat Ende August 2008 vor 80.000 Zuhörern im Fußballstadion von Denver und Millionen an den Fernsehschirmen. Mit dem Satz „Amerika, wir sind besser als diese letzten acht Jahre" drückte er die Empfindungen vieler Amerikaner aus, die sich nach den Jahren der Bush-Regierung nach einem grundlegenden Change sehnten.

„Charisma ist wie ein Feuer", so die Charismaforscher Katherine J. Klein und Robert J. House von der Wharton School of Business der Universität von Pennsylvania. Die beiden Professoren für Management haben herausgefunden, dass Zuhörer und Zeitgeist maßgeblich am Erfolg eines charismatischen Menschen beteiligt sind. Besonders Krisen wirken wie Sauerstoff, der die „Flamme" Charisma lodern lässt. Und gerade in Krisen schlägt die Stunde der Führungspersonen, die sagen, wo es langgeht. Das Zusammenspiel von Mensch, Botschaft und Publikum schafft magische Momente, die keiner, der sie miterlebt hat, je wieder vergisst.

Dies ist insofern interessant und berücksichtigenswert, als Wirkung ja tatsächlich nur stattfinden kann, wenn jemand anderer diese Wirkung wahrnimmt. Ohne Interaktion und Kommunikation, in welcher Form auch immer, kann diese Wirkung also nicht eintreten.

Aufgabe

Spüren Sie das Feuer von Charisma

Sehen Sie sich Auftritte von charismatischen Personen an, zum Beispiel im Internet, im Fernsehen oder bei öffentlichen Ereignissen, bei denen diese auftreten, wie Reden oder Konzerte vor größerem Publikum.

- Was machen die Persönlichkeiten, um das Feuer zu entfachen?
- Wie ist ihre Körpersprache, ihr Gesichtsausdruck, ihre Stimme?
- Wie reagiert das Publikum?
- Was empfinden Sie, wenn Sie sich solche Auftritte ansehen oder selbst mit dabei sind?
- Erinnern Sie sich an Begebenheiten, wo diese Wirkung besonders stark war? Was war der Grund für diese Intensität?

Geheimnis Nr. 6: Der Nutzen

Das einzig Wichtige im Leben sind die Spuren der Liebe, die wir hinterlassen, wenn wir gehen.

Albert Schweitzer

Die Wirkung, Ausstrahlung, Anziehungskraft und Faszination charismatischer Menschen entsteht nicht, weil diese ihre Persönlichkeit in den Mittelpunkt stellen, sondern weil sie das, was sie bewirken und verändern, den Menschen geben. Was die großen Charismatiker der Weltgeschichte den Menschen geben wollten und wollen, lässt sich oft mit umfassenden

Begriffen wie Freiheit, Gleichberechtigung, Frieden, Sicherheit, Wohlstand, Fortschritt und Ähnlichem umschreiben. Das sind die Errungenschaften, an die wir denken, wenn wir die Namen von Nelson Mandela, Mahatma Gandhi, Mutter Teresa, Michail Gorbatschow oder Barack Obama hören. Doch nicht nur diese großen Persönlichkeiten ziehen ihr Charisma aus dem gesellschaftlichen Nutzen, den sie gebracht haben und bringen. Ein Arzt, der Krankheiten bekämpft, ein Lehrer, der für Bildung kämpft, jeder Unternehmer, der mit innovativen Produkten den Menschen das Leben erleichtert, eine Schauspielerin, die uns unterhält, bringt einen gesellschaftlichen Nutzen. Sehr beeindruckend ist es, wenn der Nutzen über die Lebenszeit der Person hinaus weiterwirkt, in Form einer grundlegenden gesellschaftlichen Veränderung, die von einer breiten Masse getragen wird, oder in Form einer Institution oder Stiftung, die die Botschaft des „Stifters" weiterträgt und weiterhin umsetzt. Oder es bleibt ein Werk, das überdauert und das die Menschen auch nach Jahren und Jahrzehnten in ihren Bann zieht wie die Arien von Maria Callas, die Bilder von Pablo Picasso, die Romane von Ernest Hemingway oder die Filme von Clark Gable ebenso wie die Röntgentechnologie von Wilhelm Conrad Röntgen, die Motoren von Carl Benz und der humanitäre Einsatz von Albert Schweitzer.

Aufgabe

Erkennen Sie den Nutzen

Gehen Sie die Liste der charismatischen Persönlichkeiten durch, die Sie am Beginn des zweiten Kapitels angelegt haben:

- Welchen Nutzen bringen diese für die Gesellschaft?
- Überlegen Sie: Welchen Nutzen bringen Sie oder können Sie bringen?
- Welche gesellschaftlichen Probleme könnten Sie für die Menschen lösen?

Geheimnis Nr. 7: Ihre innere Haltung

Die größte Entscheidung deines Lebens liegt darin, dass du dein Leben ändern kannst, indem du deine Geisteshaltung änderst.

Albert Schweitzer

Selbstbewusste Menschen wissen, was ihnen wichtig ist. Sie strahlen innere Ruhe und Zufriedenheit aus, sie betrachten ihre Umwelt positiv und erwarten von sich und anderen keine Perfektion. Selbstbewusste, ausgeglichene Menschen haben kein Problem damit, andere zu loben, während unzufriedene Menschen sich nur selten positiv über andere äußern. Selbstbewusste Menschen können sich mit anderen über ihre Erfolge freuen, sie können andere motivieren und begeistern.

Eine positive Wirkung, eine faszinierende Ausstrahlung werden wir als unzufriedene Menschen nicht haben können, deshalb ist es wichtig, die innere Haltung bewusst positiv zu gestalten und uns das von außen zu holen, was wir dafür brauchen. Nur wenn wir selbst wissen, was uns gut tut, und dafür sorgen, dass wir genügend davon in unserem Leben haben, können wir aus unserem Inneren heraus strahlen. Das gilt auch für Ereignisse, die in der Zukunft liegen und auf die wir uns freuen. Ausgeglichenheit, Optimismus und Lebensfreude können dann entstehen, wenn wir ein Gefühl dafür entwickeln, was unsere Kraftquellen sind und welche großen und kleinen Dinge beziehungsweise Ereignisse uns glücklich machen.

Menschliche Energieräuber beeinflussen den eigenen Energiehaushalt. Jammerer, Negativdenker, Menschen, die anderen ihren Erfolg nicht gönnen, Neider, Zögerer und Zweifler in Ihrer Umgebung, Menschen, die in einer Opferhaltung verharren, die Sie mit ihren Problemen zuschütten und Sie als Klagemauer benützen, rauben Ihnen wertvolle Energie. Aber auch Drogen, Alkohol, Zigaretten, schlechte Ernährung und wenig Schlaf kosten wertvolle Energie. Und was innen an Energie verbraucht wird, kann nicht mehr nach außen strahlen. Das heißt, auch negative Gedanken schwächen Ihre Ausstrahlungskraft. Oft gehen diese negativen Gedanken von anderen aus, wir lassen uns von negativen Meldungen und den Problemen anderer runterziehen und emotional anstecken, was dazu führt, dass wir kraftlos wirken und unsere positive Ausstrahlung darunter leidet.

Daran sehen Sie aber auch, wie wichtig der eigene gute Zustand ist, um gute Zustände bei anderen auszulösen! Wer Angst und Zweifel ausstrahlt, von Unzulänglichkeitsgefühlen und kräftezehrenden Gedankenschleifen geplagt wird, sollte sich dringend davon lösen und seine innere Haltung an Positivem ausrichten. Selbstunterstützendes Denken ist der Schlüssel dazu, und diese Selbstunterstützung erreichen Sie durch positive Autosuggestion.

Programmieren Sie sich auf positive Gedanken über sich selbst

Lernen Sie die folgenden Zeilen am besten auswendig und rezitieren Sie diese täglich viermal mit Kraft und Leidenschaft:

Jeder, jeder liebt den kraftvollen, lebensbejahenden und harmonischen Menschen, weil von ihm ein Fluidum des Vertrauens und der Zuversicht ausgeht.

Jedem Menschen, dem ich meine Hand entgegenstrecke, teile ich schon durch das Gefühl meine innere Sicherheit mit.

Ich bin sicher, absolut sicher und frei von allen Hemmungen.

Immer, immer kann ich optimistisch wirken, immer anziehend und sympathisch.

Durch mein tägliches Training wächst meine positive Ausstrahlung, meine Suggestivkraft und mein einzigartiges Charisma.

Meine Begeisterung wirkt ansteckend, so werde ich immer mehr Menschen finden, die mir helfen, meine großen Ziele zu erreichen.

Ja, ich bin ein zielbewusster Mensch, der Menschen führen und begeistern kann.

Meine Gedanken sind Kräfte – immer denke ich daran, jeder liebt den kraftvollen, lebensbejahenden und harmonischen Menschen.

Aufgabe

Nutzen Sie die Kraft der Spiegelmagie

Sie können die Wirkung der Suggestion, mit der Sie sich positiv programmieren, enorm verstärken, indem Sie sich vor einen Spiegel stellen, sich in die Augen schauen und dann die Suggestion ganz laut sprechen. Falls Ihnen das am Anfang etwas lächerlich vorkommt, denken Sie daran, dass es darum geht, Überzeugungskraft auszustrahlen, und dazu müssen Sie ganz einfach selbst überzeugt von sich sein!

Sprechen Sie Ihre Suggestion also einmal am Tag viermal hintereinander laut vor dem Spiegel.

Nützen Sie die Spiegelmagie auch dazu, um mit sich selbst vertrauter zu werden. Sie brauchen dafür einen Spiegel, in dem Sie sich möglichst ganz, auf jeden Fall aber bis zur Taille sehen können. Setzen Sie sich vor den Spiegel und beantworten Sie sich folgende Fragen:

- Wann war ich das letzte Mal richtig glücklich?
- Mit wem, bei welcher Gelegenheit war das und was war der Grund für das Glücksgefühl?

Was sehen Sie im Spiegel, wenn Sie sich erinnern? Betrachten Sie sich. Diese Übung sollten Sie jeden Abend machen, und Sie können die Fragen auch abwandeln und ausweiten, zum Beispiel: „Wann war ich das letzte Mal richtig erfolgreich?“

Denken Sie an die Kraft der positiven Selbstprogrammierung auch dann, wenn die Tatsache, dass Sie bestimmte Gewohnheiten und Verhaltensweisen aufgeben oder verändern, bei Mitmenschen Irritationen auslöst. Leicht lässt man sich dann verunsichern und fällt wieder in den alten Trott, um sich nicht der Kritik anderer auszusetzen. Daher ist es wichtig, sich innerlich immer wieder positiv auszurichten und entsprechendes Selbstbewusstsein aufzubauen.

Aufgabe

Tanken Sie Kraft

Überlegen Sie:

- Woraus schöpfen Sie Kraft?
- Was sind die kleine und großen Dinge, die Sie glücklich machen?
- Auf was in Ihrer persönlichen Zukunft freuen Sie sich?

Geheimnis Nr. 8: Die ersten Sekunden sind entscheidend

Es geht nicht darum, was wir meinen,
entscheidend ist, wie wir wirken.

Samy Molcho

Die positive Wirkung eines Menschen entsteht in einem Zusammenspiel von Menschen und ihrem Umfeld. Die Voraussetzungen, um von einer Person zu einer Persönlichkeit zu werden, liegen in einer grundlegenden Orientierung dieser Menschen an Verhaltensweisen, die ich in den ersten sieben Geheimnissen der positiven Wirkung beschrieben habe: die Orientierung am Erfolg; die Ausrichtung an Zielen; die Verwirklichung von Träumen und Visionen; das Geben und Nehmen; das Zusammenspiel von Mensch, Botschaft und Umfeld; der Nutzen, den man anderen bringt; die innere, positive Haltung. Jede Persönlichkeit, die auf uns positiv wirkt, bringt diese Grundlagen auf eine besondere, individuelle Weise zusammen, und wenn dies gelingt, dann entsteht Charisma.

Damit sich Charisma entfalten kann, müssen mindestens zwei Voraussetzungen gegeben sein: eine bestimmte Situation, in der sich die gewinnende Ausstrahlung entfalten kann, und ein Publikum, das diese Wirkung erkennt und sich davon bezaubern lässt. Wirkung können wir also nur entfalten, wenn andere uns wahrnehmen. Und was wird eher wahrgenommen: das unscheinbare Mauerblümchen oder die leuchtende Blüte? Die Antwort ist einfach. Die Blüte mit ihrer Strahlkraft wird die Aufmerksamkeit auf sich ziehen. Und ohne Aufmerksamkeit keine Wirkung. Aufmerksamkeit aber ist in unserer von Informationsflut geprägten Welt ein sehr begehrtes Gut. Manche sprechen sogar von der „Währung" Aufmerksamkeit: Man muss den Menschen etwas bieten, und sie bezahlen dafür mit ihrer Aufmerksamkeit.

Die Aufmerksamkeitsspanne, also jener Zeitraum, für den jemand bereit ist, sich mit etwas zu befassen, ist sehr kurz, nur wenige Sekunden, in denen der andere davon überzeugt werden muss, dass es sich für ihn lohnt, sich einer Sache zuzuwenden. Leider trifft das auch mehr und mehr auf die zwischenmenschliche Kommunikation zu. Wer nicht in kürzester Zeit seine Botschaft auf den Punkt gebracht hat, muss damit rechnen, dass das Gegenüber ungeduldig und unaufmerksam wird, sich von etwas oder jemand anderem ablenken lässt oder sich sogar abwendet. Unsere SMS-Kultur reduziert viele Kommunikationsvorgänge auf kürzeste Meldungen, in 140 Zeichen verpackt, und dies verändert auch unsere Bereitschaft und Fähigkeit, sich länger mit einer Sache zu befassen. Dies mag man zu Recht bedauern, aber es ist eine unumkehrbare Entwicklung, mit der man besser umzugehen lernt als sich ihr zu entziehen.

Den Vergleich mit der leuchtenden Blüte und ihrer Strahlkraft habe ich nicht von ungefähr gewählt. Denn das Mauerblümchen mag noch so intelligent und gebildet sein, noch so viel zu seinem Fachgebiet wissen, bis es das zeigen und beweisen darf, ist es zu spät. Die leuchtende Blüte wird mit ihrer gewinnenden Ausstrahlung schneller sein und die Aufmerksamkeit auf sich ziehen, bevor das Mauerblümchen mit Inhalten punkten kann. Denn was bestimmt unsere Wirkung?

- Zu 60 Prozent die äußere Erscheinung und die Körpersprache.
- Zu 33 Prozent die Augen und die Stimme.
- Und zu lediglich 7 Prozent der Inhalt.

Die Körpersprache drückt sich in der Körperhaltung, dem Stand, der Stellung der Füße, den Gesten mit den Händen, der Schulterhaltung und der Kopfhaltung aus. Die Augen wirken durch den Lidschlag, durch die Größe der Pupillen und durch den Augenkontakt beim Zuhören und beim Sprechen. Die Stimme wirkt über die Stimmlage (hoch/tief), über die Pausen, das Sprechtempo, die Melodie und über die Sprache, zum Beispiel über die Satzlänge und die Artikulation. *Wie* etwas gesagt wird, ist wichtiger als *was* gesagt wird. Was gesagt wird, folgt dabei den unterschiedlichen Intentionen des Sprechers: Das kann Ansprache, Lob, Zustimmung oder bedingte Zustimmung sein, er möchte die Zuhörer abholen, ihre Zustimmung einholen oder Zustimmung äußern, er formuliert vielleicht einen prägnanten Schlusssatz, mit dem er zur Handlung auffordert und dem alle zustimmen sollen.

Die Verpackung spielt also eine größere Rolle als der Inhalt. Und sie muss zur eigenen Rolle und zur Erwartung des anderen passen. Sehen Sie sich die Gewichtung noch einmal an – 60 Prozent Körpersprache und Erscheinung, 33 Prozent Augen und Stimme, 7 Prozent Inhalt. Dies kommt in unglaublich vielen Situationen, in denen Sie sicher auch immer wieder stehen, zum Tragen. Bewerbungsgespräche, Verkaufsverhandlungen, Präsentationssituationen, gesellschaftliche Anlässe im beruflichen wie privaten Zusammenhang: Das, was Sie sagen, ist nur zu einem sehr geringen Teil dafür verantwortlich, wie Sie ankommen und abschneiden. Und bis Sie überhaupt dazu kommen, etwas zu sagen, vergehen wertvolle und wichtige Sekunden, die Sekunden, in denen etwas sehr Mächtiges in Ihrem Gegenüber entsteht: der erste Eindruck.

Unsere moderne Welt ist geprägt von Bildern und Botschaften, die von früh bis spät unsere Aufmerksamkeit gewinnen wollen. In unglaublichen Mengen dringen diese Informationen an unsere Sinnesorgane, die permanent ans Gehirn senden und dieses zu ständigen Höchstleistungen zwingen, in Sekundenbruchteilen zu erkennen, ob das, was da heranflutet, gut, interessant, wichtig für uns ist. Die Entscheidung, wie wir eine Botschaft einordnen, fällt in einem sehr komplexen, unbewussten Prozess in wenigen Sekundenbruchteilen. Der amerikanische Autor Malcolm Gladwell hat dafür einen Begriff erfunden: Blink. Er beschreibt in seinem gleichnamigen Buch den sogenannten „Implicit Association Test" (IAT), der von Wissenschaftlern entwickelt wurde, um zu ermitteln, wie wir Namen, Begriffe und Bilder von Personen aufgrund unserer Vorerfahrungen in Sekundenbruchteilen assoziativ zuordnen. In einer der Stufen des Tests sind zum Beispiel Bilder von Menschen mit weißer und schwarzer Hautfarbe bestimmten Eigenschaften zuzuordnen. Und selbst dem Autor, der den Test auch durchführte, fiel es leichter, die weiße Hautfarbe mit „gut" zu assoziieren als die schwarze Hautfarbe. Dabei ist er als Kind einer Jamaikanerin selbst dunkelhäutig. Gladwell zeigt anhand zahlreicher Beispiele, wie dieser intuitive Vorgang funktioniert und welche Konsequenzen das hat. Tausende Male am Tag „blinkt" es bei uns, nehmen wir eine Botschaft wahr und interpretieren sie aufgrund ihrer Merkmale und unserer Prägungen aus der Vergangenheit auf eine bestimmte Art und Weise.

Umgelegt auf unsere Wahrnehmung von anderen Menschen bedeutet das: Die Macht des ersten Eindrucks manifestiert sich in so kurzer Zeit, dass wir dies unmöglich bewusst steuern können. Der Eindruck, den wir anderen von uns vermitteln, ist in wenigen Sekundenbruchteilen festgelegt. Ohne dass wir noch ein Wort gesprochen haben. Einflussfaktoren für den ersten Eindruck sind dabei nicht nur die Signale, die Sie aussenden – über Ihre Kleidung zum Beispiel –, sondern auch die Vorerfahrungen und Prägungen des anderen sowie seine Vorurteile und die daraus resultierenden Interpretationen.

Natürlich ist die Ausstrahlung nicht allein vom ersten Eindruck abhängig. Nach den ersten Sekunden, wenn die ersten Worte gewechselt werden, setzt eine bewusstere Wahrnehmung ein: Die Kleidung, die Frisur, die Accessoires werden genauer in Augenschein genommen, und es kommt hinzu, was die Person sagt. Wie stellt sie sich vor, wie ist ihr Name, welche Funktion hat sie? Gesten, Augen, Stimme, Sprechgeschwindigkeit werden wahrgenommen. Es entsteht ein über den ersten Eindruck hinausgehendes Bild der Person. Doch wird die Basis für dieses Bild der erste Eindruck bleiben, die unbewusst getroffene Einschätzung. Und nicht immer bekommt man eine zweite Chance, den ersten Eindruck zu revidieren.

Es ist daher wichtig, sofort einen möglichst optimalen ersten Eindruck zu hinterlassen beziehungsweise den ersten Eindruck durch das entsprechende Auftreten so zu steuern und zu kontrollieren, dass dem Gegenüber gar keine andere Wahl bleibt, als Ihre positive Wirkung wahrzunehmen und von Ihnen verzaubert zu werden. Im besten Falle eilt Ihnen Ihr guter Ruf schon voraus, tragen die Menschen „positive Vorurteile" zu Ihrer Person in sich und Sie sind nicht mehr in Gefahr, einen unpassenden ersten Eindruck zu hinterlassen.

Was unser Urteil über andere jedoch auch ganz stark beeinflusst, ist ihr Bekanntheitsgrad. Je bekannter eine Person in der Öffentlichkeit ist, um so mehr attestiert man ihr Charisma. Die Faszination großer Namen wirkt auf jeden. Bekanntheit trübt unser Urteilsvermögen enorm. Sobald wir jemanden oft genug im Fernsehen und in den Medien gesehen haben, ist eine objektive Beurteilung nicht mehr möglich. Was genau es ist, das den anderen so vertrauenswürdig und anziehend wirken lässt, können wir dann oft gar nicht mehr genau sagen.

Die Quellen einer charismatischen Ausstrahlung

Zur Erklärung der Wirkung von charismatischen Menschen reicht es nicht aus, nur über den stimmigen Gesamteindruck zu sprechen. Ein perfektes

Zusammenspiel der einzelnen Faktoren der Wahrnehmung muss nämlich noch nicht unbedingt zu einer gewinnenden und positiven Wirkung führen. Die Faktoren müssen auf eine Weise zusammenwirken, die Charisma erst entstehen lassen. Es entsteht dann ein Faktor, den jeder erkennt, wenn er ihn sieht, den man aber nicht so einfach erklären kann: das gewisse Etwas.

Eine bestimmte Art zu lächeln, sich anderen zuzuwenden, gewisse Gesten und Bewegungen, ein bestimmter Kleidungsstil, eine bestimmte Sprechweise – das gewisse Etwas kann sich in vielen Merkmalen ausdrücken, die die Umwelt einfach nur verzaubern. Eine Persönlichkeit mit dem gewissen Etwas erhellt buchstäblich den Raum, den sie betritt. Sie zieht alle Augen auf sich, zieht die Menschen in ihren Bann und verbreitet eine gute Stimmung.

Der Gesamteindruck kann also noch so perfekt sein, wenn das gewisse Etwas fehlt, wird die Wirkung nicht so optimal sein, wie sie sein könnte. Das gewisse Etwas ist immer „unperfekt", es unterstreicht bestimmte Persönlichkeitsmerkmale, es drückt sich in Spontaneität aus oder auch durch das Brechen von Regeln. Denken Sie zum Beispiel an Bill Clinton, der sich mit seinem gewissen Etwas in so manche Krisen, aus diesen aber auch wieder herausmanövriert hat. Und als Redner mit dem gewissen Etwas heute so begehrt ist, dass er für einen Auftritt bis zu 250.000 US-Dollar bekommt.

Was ist Charisma also, was ist das, was „wirkt"?

- Das gewisse Etwas
- Die Kunst, Menschen zu verzaubern
- Die gewinnende Ausstrahlung eines Menschen
- Die Fähigkeit, Vertrauen zu erzeugen
- Die Kunst, Menschen die Angst zu nehmen
- Charisma lässt Kritik nichtig erscheinen.
- Charisma bewirkt Bewunderung und Glauben.
- Charisma liegt im Auge des Betrachters!

Wenn wir versuchen, uns selbst zu erklären, warum eine Person so mächtig ist beziehungsweise so viel Einfluss zu haben scheint, kann dies auch am Amt liegen, das eine Person bekleidet und mit dem jede Menge Respekt und Ehrerbietung einhergeht. Das trifft zum Beispiel auf den Papst zu, dies gilt aber auch für hohe Staatsämter und hohe Positionen in Unternehmen. Schon allein der Titel oder das Amt beeindruckt die Menschen und verleiht so einen Vorschuss an charismatischer Wirkung.

Es kann aber auch sein, dass wir von der erbrachten Leistung eines Menschen so beeindruckt sind, dass wir ihm Charisma zuschreiben, wie zum Beispiel Persönlichkeiten wie Reinhold Messner, Michael Schumacher oder Steve Jobs, die auf ihrem jeweiligen Gebiet wirklich Außergewöhnliches vollbracht haben. Die charismatische Strahlkraft von Mutter Teresa oder auch von Karlheinz Böhm mit seiner Stiftung Menschen für Menschen beruht ebenfalls auf ihrer außergewöhnlichen Leistung, verbunden mit dem Ausdruck großer persönlicher Bescheidenheit.

Manche – durchaus schon zu Lebzeiten – charismatischen Persönlichkeiten werden durch ihren frühen oder gewaltsamen Tod auf extreme Weise überhöht und erlangen einen fast gottgleichen Status. John F. Kennedy, Lady Diana, Michael Jackson sind hier als besonders eindrucksvolle Beispiele zu nennen, deren Tod Millionen auf dem ganzen Globus in Trauer und Verzweiflung stürzte.

Manchmal resultiert Ausstrahlung aber einfach auch nur daraus, dass ein Mensch ständig in den Medien präsent ist und wir nur aufgrund dieser Präsenz davon ausgehen, dass dieser Mensch etwas Besonderes sein muss. Das plakativste Beispiel in dieser Hinsicht ist sicher Paris Hilton, deren Medienpräsenz zu einem großen Teil daraus besteht, dass Medien darüber berichten, dass sie in den Medien präsent ist. – Was sie aber sehr gut zu vermarkten weiß und ihr ermöglicht, sich als Werbefigur ein schönes Taschengeld zu verdienen.

Charisma lässt Grenzen schwinden

Auch wenn wir in Zeiten einer multikulturellen Gesellschaft leben, in der Herkunft und Schichtzugehörigkeit für die persönlichen Chancen des Einzelnen keine Rolle spielen sollten, sieht die Wirklichkeit doch ganz anders aus. Wertvorstellungen über Menschengruppen wirken sich auf vielerlei Weise auf die mentalen Status-Hierarchien aus, man denke dabei nur an die USA: ganz oben der weiße, männliche Amerikaner, ganz unten der Hispanic, und nur wenige schaffen es „hinauf". Dies hat unter anderem mit starken Vorurteilen zu tun, mit vorab wertenden Urteilen, die eine meist wenig reflektierte Meinung ausdrücken. Es werden nicht die relevanten Eigenschaften einer Person gewürdigt, sondern die ganze soziale Gruppe, zu der dieser Mensch gehört, wird mit einem Pauschalurteil versehen, das auf das einzelne Mitglied dieser Gruppe unbewusst und ohne darüber nachzudenken übertragen wird. Vorurteile sind dabei nicht grundsätzlich negativ ausgerichtet, Vorurteile können auch positiv sein. So halten wir große Menschen zum Beispiel automatisch für intelligenter. Aber sie sind eben immer „Urteile", die gefällt werden, bevor man sich über die Gruppe oder die Person Gedanken gemacht hat und sich über deren wahre Persönlichkeit klar geworden ist. Und Vorurteile gegenüber Menschengruppen dienen meist der Abgrenzung voneinander und der Zuweisung eines bestimmten Status in einer Hierarchie. Wir schätzen also anhand der Zugehörigkeit zu einer Gruppe ein, wie mächtig oder wie wichtig eine Person ist.

Die Wertvorstellungen, die Vorurteile, die auch Ihnen aufgrund der eigenen Herkunft oder aufgrund des Status entgegengebracht werden, kann man nur durch außergewöhnliche Leistung oder ein großes Charisma überwinden. Barack Obama ist neben vielen anderen Aspekten auch deshalb eine so interessante Person, weil er es geschafft hat, gleich mehrere Vorurteile zu überwinden. Er ist schwarz, moslemischer Herkunft, gehört nicht zur Elite (wenngleich doch zur Bildungselite), er kommt nicht aus einem reichen Elternhaus. Sein Erfolg beruht zu einem großen Teil auf seiner Ausstrahlung, deren Bedeutung er offenbar schon früh erkannte und die er beständig optimierte. Er versteht es, seine Persönlichkeit wirken zu lassen, und setzte diese in den für ihn wichtigen und richtigen Kreisen ins rechte Licht, um seine Ziele zu erreichen. Durch seine Auftritte als Redner hat er Menschen an relevanten Positionen auf sich aufmerksam gemacht, die ihn ungeachtet seiner Biografie als Persönlichkeit akzeptiert haben und die bereit waren, seinen Wahlkampf um die Präsidentschaft zu unterstützen. In einem komplexen Geflecht von Interessen wurde Barack Obama, der Präsidentschaftskandidat, „erschaffen“, aber ausschlaggebend für den Wahlsieg war letztendlich das Charisma von Obama. Die Wirkung, die er auf allen multimedialen Kanälen zustandebrachte, ist einzig und allein der Person zu verdanken, die sich mit Unterstützung von Medien- und „Ausstrahlungsprofis“ auf die wesentlichen Charisma-Faktoren konzentrierte. Auch nach seinem Einzug ins Weiße Haus hörte er nicht auf, an dem konsistenten Bild zu arbeiten, das er in der Öffentlichkeit zeigt. Wobei man bei ihm tatsächlich nie den Eindruck hat, dass er schauspielert oder inszeniert, er vermittelt das Gefühl, den Menschen, die er trifft, wirklich nahe sein zu wollen.

Obama hat sich gegen alle – negativen – Vorurteile in die Position der einflussreichsten Politikerpersönlichkeit der Welt gebracht. Und würde man die Präsidenten der Vereinigten Staaten auf einer Charisma-Skala einordnen, stünde Barack Obama zweifellos sehr weit oben. – Am unteren Ende fände sich rückblickend übrigens ein weißer, männlicher Amerikaner, der jenen, die ihn unterstützten, auf den ersten Blick als „der perfekte Präsident“ erschienen war. Warren G. Harding, von nahezu klassischer Schönheit, von vollendeter Höflichkeit und stilsicher gekleidet, wurde mehr auf den Präsidentenstuhl gehievt als er sich selbst darum bemüht hatte. Doch er blieb politisch blässlich, seine Reden waren voller Sinnfehler und Versprecher, um ihn herum blühten Korruption und Steuerhinterziehung, und er verstarb 1923, nur zwei Jahre nach Amtsantritt, überraschend an einem Schlaganfall. Harding sollte als der miserabelste Präsident, den die USA je hatten, in die Geschichte eingehen, jener Mann, der einen seiner Anhänger bei einer Wahlkampfveranstaltung zu dem Ausruf veranlasst hatte: „Verdammt, der Mann sieht einfach aus wie ein Senator!" Malcolm Gladwell, Autor von *Blink!*, spricht in diesem Zusammenhang von der „Warren-Harding-Falle", dem vorschnellen Urteil, in das wir so oft tappen, wenn wir uns von unseren unbewussten Denkprozessen, ausgelöst von unseren Vorurteilen, leiten lassen.

Gladwell schildert beispielsweise den Fall eines Autoverkäufers, der seine Kollegen in der Anzahl der Verkaufsabschlüsse haushoch übertrifft. Der Grund: Er hat es sich zur Gewohnheit gemacht, Menschen nicht nach ihrem Äußeren zu beurteilen. Während seine Kollegen die hereinkommenden Interessenten sofort taxieren und deren Kaufkraft anhand ihres Outfits einschätzen, behandelt er jeden gleich zuvorkommend und vorurteilsfrei und verkauft auf diese Weise wesentlich mehr Autos als seine Kollegen.

Aufgabe

Von welchen Vorurteilen werden Sie beeinflusst?

Setzen Sie sich an einem sonnigen Tag in ein Straßencafé an einer belebten Einkaufsstraße und beobachten Sie die Menschen, die an Ihnen vorübergehen. Suchen Sie Ihnen interessant erscheinende Menschen aus und überlegen Sie:

- Warum finden Sie diese Person interessant?
- Woran machen Sie Ihr Urteil fest?
- Welche Vorerfahrungen setzen Sie ein, welche Vorurteile spielen dabei eine Rolle?
- Was genau beurteilen Sie wie und warum?

Überlegen Sie:

- Woher kommen Ihre Vorurteile – die positiven wie die negativen?
- Wie wirken sich Ihre Vorurteile auf die Einschätzung von Menschen aus?
- Wie werden Sie ab sofort hinsichtlich Ihrer Vorurteile reagieren?

Charisma und Status

Menschen, die in einer Gruppe einen hohen Status einnehmen, haben besonders starke – unbewusste – Wirkung auf andere. Ein hoher Status drückt sich unter anderem in folgenden Zeichen aus: eine aufrechte Haltung, großzügige, ausladende Gesten, ein langsamer Gang. Der Statusträger hält beim Sprechen den Kopf ruhig, ein klassisches „Königsverhalten". Er erlaubt sich Pausen, ist frei von Hast, nicht in Hetze. Und – ein sehr wichtiges Merkmal – er kann frei über seine Zeit verfügen. Was keine Aussage über sein Arbeitspensum ist, sondern bedeutet, dass er nicht einer übergeordneten Kontrolle seiner Zeit unterliegt wie zum Beispiel Zeiterfassungssystemen und Stechuhren.

Jede Begegnung ist ein Statusspiel, ein Wechselspiel des Hebens und Senkens des gegenseitig gezeigten oder zugestandenen Status. Wer wem die Hand gibt, wer wen vorstellt, wer wem den Vortritt lässt, wer wo an der Tafel sitzt, wer wem das Du-Wort anbietet, welche Geschenke man macht und so weiter, dies alles folgt Regeln. Es gibt eine Menge ungeschriebener, aber auch definierter Gesetze in diesem Statusspiel und wir sind bei jeder Begegnung mit anderen mit diesen Regeln konfrontiert. Ob wir sie einhalten müssen oder brechen dürfen, hängt wiederum von unserem eigenen Status ab.

Je höher der Status, umso empfindlicher reagieren Menschen auf negative körpersprachliche Signale des Statusträgers. Solche negativen Signale sind beispielsweise ein kritischer oder gar gleichgültiger Gesichtsausdruck, eine zu ernste Miene ohne zu lächeln, unmotiviertes Klatschen und gehetzte, fahrige Bewegungen. Das alles wird dann als Gleichgültigkeit oder Arroganz ausgelegt. Eine Wirkung, die nicht sehr vorteilhaft ist. Weiters zählt dazu eine gelangweilte, belehrende, herablassende Stimme. Körperliche Anspannung, verkrampfte Hände, zusammengepresste Lippen, vermeidender Blickkontakt, „Zornesfalten" auf der Stirn und ein Zeigefinger, der die Argumentation unterstreicht, sind weitere Signale eines dominanten Status, die bei den Mitmenschen sehr ungute Gefühle auslösen.

Wenn Sie jetzt beim Lesen des letzten Absatzes auch ungute Gefühle verspürt haben, dann seien Sie beruhigt, der Aussender der genannten Signale wird Ihnen nicht sehr ähnlich sein und Sie müssen ihn nicht sympathisch finden. Eine Grundregel der Sympathieforschung lautet nämlich: Wir mögen Menschen, die uns ähnlich sind oder die so sind, wie wir gerne wären. Wer also zu einer anderen „Statusgruppe" gehört, ist uns zunächst einmal fremd, sodass wir bei der Beurteilung alle Vorurteile heranziehen, die für diese Gruppe in unseren Köpfen verankert sind. Charismatischen Menschen gelingt es, die Unterschiede bedeutungslos erscheinen zu lassen. Und wieder sind wir bei Barack Obama, der es meisterhaft versteht, Statusgrenzen zum Schmelzen zu bringen. Und zwar im Kleinen wie im Großen. Er geht in eine beliebige Buchhandlung in einer amerikanischen Kleinstadt und kauft dort Lesestoff für seine Töchter, unterhält sich mit den Kunden und scherzt mit den Angestellten. Das ist für ihn genauso normal wie die immer wieder von ihm beschworene Auflösung der Statusgrenzen zwischen der weißen und der schwarzen Bevölkerung – für ihn gibt es nur die Vereinigten Staaten von Amerika.

Charisma und Macht

Wer andere wirklich beeindrucken und verzaubern will, wer sie beeinflussen will und das Beste aus seinen Talenten, Möglichkeiten und Chancen machen will, sollte sich mit dem Begriff der Macht auseinandersetzen. Und bereit sein, sich mit dem eigenen Umgang mit dem Thema Macht zu beschäftigen. Was ist Macht? Macht ist die Fähigkeit, aufgrund bestimmter Fähigkeiten auf das Verhalten und Denken von Einzelnen und Gruppen einzuwirken.

Im Althochdeutschen heißt Macht so viel wie Fähigkeit, Können, Vermögen. Macht kann man kraft einer Funktion haben – Macht der Position – oder durch Ausstrahlung – Macht der Persönlichkeit. Die Macht durch Ausstrahlung muss nicht mit einer Position verbunden sein, allerdings kann sie dazu führen, dass man aufgrund dieser charismatischen Macht auch irgendwann in eine entsprechende Position kommt. So führte

Nelson Mandelas Weg aus jahrzehntelanger Haft in die Präsidentenposition, Arnold Schwarzenegger wurde Gouverneur von Kalifornien, Oprah Winfrey schuf die erfolgreichste Talkshow im US-Fernsehen und ist eine sehr erfolgreiche Unternehmerin.

Theodor Heuss, der deutsche Bundespräsident, betonte, dass Macht immer gestalterisches Vermögen und damit etwas sehr Positives ist.

Nicht jeder Mensch ist motiviert, die Führung zu übernehmen, eine Richtung vorzugeben und Anweisungen zu erteilen. Doch warten die Menschen genau auf solche Persönlichkeiten, die Ziele vorgeben und Aufgaben definieren. Die Masse wartet auf strahlende Persönlichkeiten, die wertvolle Aufgaben aufzeigen und die die Menschen begeistern und motivieren können. So erst werden große Leistungen und Fortschritte möglich, so wird Übersichtlichkeit geschaffen und Chaos verhindert. Man könnte es auch so formulieren: Einer muss das Sagen haben. Und die Disziplin – im positiven Sinne – aufbringen, durch das eigene Handeln zum Vorbild für andere zu werden. Nutzen Sie Ihre Macht, nehmen Sie Einfluss – die Welt wartet auf machtvolle Persönlichkeiten!

Macht beginnt bei uns selbst. Klare Ziele, sich selbst zu führen und andere zu motivieren, ist ein erster Schritt. Umzusetzen, was man sich vornimmt, immer wieder die eigene Komfortzone zu verlassen und Neues zu lernen, neuen Erfahrungen gegenüber offen zu sein und aktiv auf andere zuzugehen: Das verleiht Ihnen Macht und stärkt Ihr Selbstbewusstsein und Ihre Selbstsicherheit. Viele Faktoren, aus denen Charisma sich zusammensetzt, hängen mit Macht zusammen – mit Ihrer Macht, zu handeln, zu gestalten, andere zu beeinflussen, zu begeistern, mitzureißen.

Das Geheimnis der positiven Wirkung – das Wichtigste in Kürze

- Menschen, die ihre Veranlagung nutzen, ihre Stärken ausbauen, sich emotional weiterentwickeln, ihre Wünsche, Träume und Ideale leben, werden von der Person zur Persönlichkeit.

- Zur Entwicklung der Persönlichkeit gehört die Interaktion, die Kommunikation mit anderen. So entsteht Charisma.
- Das Geheimnis der positiven Wirkung beruht auf Ihrer Erfolgsorientierung, Ihren Zielen, Ihren Träumen, dem Wechselspiel von Geben und Nehmen, dem Zusammenspiel von Mensch, Botschaft und Publikum, dem Nutzen, den Sie anderen Menschen geben, Ihrer inneren Haltung und dem ersten Eindruck, den Sie vermitteln.
- Die Analyse der Wirkung charismatischer Menschen ist eine der besten Methoden, um mehr über das Geheimnis der positiven Wirkung zu erfahren.
- Es gibt viele Gründe, warum Sie an Ihrer Ausstrahlung, Ihrem Charisma arbeiten sollen: Mit Charisma ist das Leben schöner und vieles fällt leichter. Charisma öffnet Herzen und Türen. Das Knüpfen von Kontakten wird einfacher und man schafft echte Beziehungen. Charisma und Erfolg gehören zusammen und es entsteht eine Wechselwirkung.
- Die Wertvorstellungen, die Vorurteile, die einem Menschen aufgrund der eigenen Herkunft oder aufgrund des Status entgegengebracht werden, kann er durch Charisma überwinden.

3 Charisma: Ein faszinierendes Phänomen mit Geschichte

Charisma schaltet den Zufall aus und die Persönlichkeit ein.

Nikolaus B. Enkelmann

Wenn sie auftreten, verstummt die Menge. Wenn sie reden, hören die Menschen zu. Ihr Name ist mit einer Botschaft verbunden, ihrer Ausstrahlung kann man sich nicht entziehen. Sie sind Idole und Vorbilder. Sie beeinflussen den Lauf der Welt und sie bleiben in Erinnerung. John F. Kennedy, Martin Luther King, Nelson Mandela, Mutter Teresa, Willy Brandt, Helmut Schmidt, Bill Clinton, Papst Johannes Paul II. oder Barack Obama: Charismatische Persönlichkeiten bleiben uns in Erinnerung, ihre Botschaften prägen sich ein, mit ihren Namen verbinden wir historische Umwälzungen und Veränderungen. Doch was bedeutet eigentlich „Charisma"? Welche Eigenschaften machen einen Menschen zu einem charismatischen Menschen? Welche Merkmale gehören zum Begriff „Charisma"? Wie veränderte sich dieser im Laufe der Zeit und was versteht man heute unter „Charisma"? Sehen wir uns ein paar Erklärungsmodelle an, mit denen Forscher versuchen, Charisma zu beschreiben.

Charisma, die von Gott geschenkte Gabe

„Charisma" bedeutet im Griechischen „Gnadengabe". In der jüdisch-christlichen Tradition werden damit die von Gott dem Menschen geschenkten Gaben bezeichnet, im Neuen Testament die Gaben des Heiligen Geistes an die Christen, wie zum Beispiel Weisheit, Erkenntnis, Glaube, Prophetie und die Fähigkeit, Kranke zu heilen und Wundertaten zu vollbringen.

Das Wort Charisma stammt aus dem Altgriechischen und bedeutet „Aufmerksamkeit auf sich ziehen", abgeleitet von Charis, Göttin der Anmut und der Liebe. Im alten Griechenland galten charismatische Menschen daher auch als „Lieblinge der Götter", von diesen zu außergewöhnlichen Erfolgen befähigt.

Für den Soziologen Max Weber (1864–1920) ist Charisma „übernatürlich", „übermenschlich", auf jeden Fall aber „außeralltäglich", sein Träger eine „gottgesandte", „vorbildliche" Führungspersönlichkeit. Charisma ist mit der Person verbunden, die dieses von Natur aus besitzt. Nach Webers Meinung kann Charisma durch nichts gewonnen und auch nicht erlernt werden, die Gabe kann höchstens „geweckt" werden. Diese Art von symbolischer Macht besitzt man oder man besitzt sie nicht. Ein „Prophet", der mit einer bestimmten Mission verbunden wird und seine Lehre verkündet, der Held, der die Massen bewegt und den Lauf der Welt verändert, wäre nach diesem Erklärungsmodell die idealtypische charismatische Persönlichkeit. Webers strenger Definition von Charisma werden jedoch nicht einmal die ganz großen charismatischen Persönlichkeiten der Geschichte gerecht, wie beispielsweise Mahatma Gandhi, John F. Kennedy oder die Begründer der großen Weltreligionen. Und auch nicht die großen Diktatoren wie Adolf Hitler, Josef Stalin oder Mao Tse-tung.

Weber hält echtes, reines Charisma für nicht erlernbar und künstlich erzeugtes Charisma für eine Inszenierung. Doch auch die großen Charismatiker der Vergangenheit nutzten geschickt inszenierte Auftritte, um ihrer Botschaft mehr Wirkung zu verleihen. Die so gemachte Unterscheidung zwischen genuinem und künstlichem Charisma hilft uns in der heutigen Zeit nicht wirklich weiter, wenn wir dem Phänomen gerecht werden wollen, denn auch ein Mann wie Barack Obama, dem ein äußerst großes Charisma attestiert wird, versteht es, sich geschickt in Szene zu setzen und nicht zuletzt so die Herzen der Menschen zu erreichen.

Weber geht weiter davon aus, dass man den Keim der charismatischen Begabung in sich tragen muss und nicht jeder Charisma erlangen könne. Wie er zu dieser Schlussfolgerung gelangt, geht aus seinen Texten nicht hervor, wie er auch nicht genau beschreibt, welche Eigenschaften einen charismatischen Menschen ausmachen oder wie genau sich das im Keim angelegte Charisma entfaltet. Auch hier ist anzumerken, dass nicht alle charismatischen Persönlichkeiten von Beginn ihres Lebens an als solche erkennbar waren. So deutete zum Beispiel bei Hitler in seinen ersten dreißig Lebensjahren nichts auf eine außergewöhnliche Begabung, ja nicht einmal auf besonderes Interesse für Politik hin, wie Ludolf Herbst in seinem Buch *Hitlers Charisma* analysierte.

Charisma erzeugt und braucht – so Weber – den Ausnahmezustand. So ist der Aufstieg von Demagogen und Diktatoren zu erklären, aber auch jener von Revolutionären und Rebellen, die mit ihrer Energie neue Ideen vorantreiben und Traditionen aufbrechen. Doch erstarren diese Bewegungen bald selbst wieder in Ritualen und begründen eine Tradition, sichtbar an Revolutionen, die in Bürokratie und Routine münden – und sich der Charismatiker entledigen. Weber hat schon erkannt, dass sich die Anhänger abwenden, wenn der charismatische Anführer keine Erfolge liefert. Schnell suchen die Menschen dann einen neuen Hoffnungsträger, auf den sie ihre Wünsche und Sehnsüchte projizieren.

Der Nimbus

Ein Mensch, der von seiner Mission beseelt ist, in Kombination mit der ständigen Wiederholung einer Idee, vorgetragen mit Macht und Überzeugung, erhält eine unwiderstehliche Kraft, die wir als Nimbus bezeichnen.

Menschen mit persönlichem Nimbus haben eine sehr starke Ausstrahlung, gegen die sich kaum jemand wehren kann. Geht der Nimbus mit einer Position, mit der Würde und dem Ansehen einher, spricht man vom erworbenen Nimbus. Faszinierender ist allerdings der persönliche Nimbus. Einem Menschen mit einem solchen Nimbus gelingt es, jegliche Kritikfähigkeit im Gegenüber auszuschalten, er lässt uns ehrfürchtig und erstaunt zurück. Dies ist jedoch nur möglich bei einem Menschen, der ein großes Ziel verfolgt und selbst felsenfest davon überzeugt ist.

Einer der Ersten, der dies erkannt hat, war Gustave Le Bon in seinem Klassiker *Psychologie der Massen*. Er war sicher, dass die Bedeutung charismatischer Staatsmänner immer wichtiger wird und dass diese lernen müssen, die Menschen zu führen. Dies hielt er immerhin bereits 1895 in seinem Werk als Hilfe für zukünftige Machthaber fest. Le Bon weist darauf hin, dass der Einzelne sich in der Masse dem Ganzen anpasst und seine Interessen den Interessen des Ganzen opfert.

Wie das Charisma setzt sich der Nimbus aus unterschiedlichen Faktoren zusammen, gekoppelt ist er allerdings an den Erfolg. Bleiben die Erfolge aus, verblasst auch irgendwann der Nimbus einer Persönlichkeit

Charisma und Gesellschaft

Neuere soziologische Theorien haben den Charisma-Begriff erweitert, indem sie eine soziale Komponente hinzugefügt haben. Der französische Soziologe Pierre Bourdieu (1930–2002), der die unterschiedlichen Verhaltensweisen gesellschaftlicher Schichten erforschte, sah bestimmte Verhaltensmuster als ausschlaggebend dafür, ob jemand als charismatisch empfunden wird. Zu diesen Verhaltensmustern, die man auch als Habitus bezeichnet, gehört zum Beispiel der Sinn für Ästhetisches oder ein bestimmter Geschmack bei der Auswahl äußerer Zeichen wie Kleidung, Schmuck, Accessoires, von Gegenständen, mit denen man sich umgibt, oder Dingen, mit denen man sich beschäftigt. Charisma ist für Bourdieu und für andere Forscher, die auf seiner Arbeit aufbauen, nicht eine Gabe, die einer Person als göttliches Geschenk anhaftet, sondern sowohl soziales als auch symbolisches Kapital, das einer Person einen großen Wettbewerbsvorteil im Kampf um gesellschaftliche Positionen ermöglicht. Es handelt sich damit um eine sozial-kulturell konstruierte Zuschreibung. Charismatische Personen tragen nach diesen von Bourdieu entwickelten und von weiteren Forschern wie zum Beispiel dem französischen Historiker Vincent Azoulay weitergeführten Kriterien folgende Merkmale:

- Sie sind gebildet.
- Sie gehören der oberen sozialen Schicht an.
- Sie haben eine besondere Erziehung genossen.
- Sie sind eingebunden in Netzwerke, haben Gönner und Mentoren.
- Sie haben eine Vision.
- Sie haben ein attraktives Äußeres und Ausstrahlung.

Diese Merkmale sind, im Unterschied zum Charisma-Begriff von Max Weber, nur zum Teil angeboren, denn selbst das Äußere oder der Intellekt unterliegen Entwicklungsprozessen. Das soziale Umfeld und die Bildung spielen für die Ausbildung von Charisma eine gewisse Rolle, Charisma ist also im Laufe der Sozialisation erlernbar. Milieuzugehörigkeit und Netzwerke sowie der Zugang zu einer bestimmten Form von Bildung als erforderliche Grundbedingungen zeigen die Grenzen dieses Erklärungsansatzes jedoch auf: Die charismatische Persönlichkeit eines Barack Obama kann damit beispielsweise ebensowenig in allen Facetten erklärt werden wie die Ausstrahlung von Menschen wie Mutter Teresa, Mahatma Gandhi oder Arnold Schwarzenegger. Die Genannten haben Grenzen ihrer Herkunft überwunden, sie haben die Schicht und das Milieu ihrer Eltern hinter sich gelassen, sich Zugang zu Bildung und Netzwerken geschaffen und spannende Brüche in ihrem Leben vollzogen, die sie erst zu denen machten, die sie waren oder sind.

Sehen wir uns also noch weitere Erklärungsmodelle an, mit denen die Wissenschaft sich dem „Charisma" nähert. Einen weiteren Ansatz findet man bei der Soziologin Annie Cathelin, die „Charisma" auf Basis psychoanalytischer Theorien und in Fortführung des Charisma-Begriffs von Max Weber mit religiösen Aspekten erklärt. Für die Wissenschaftlerin ist eine charismatische Persönlichkeit jemand, der besonders bei gesellschaftlichen Veränderungen und Umwälzungen in Erscheinung tritt und zwischen Altem und Neuem vermittelt. Sozusagen ein Mediator, der über eine

Art Heilslehre, eine Vision verfügt, die zu vermitteln er in der Lage ist. Andere Wissenschaftler gehen in eine ähnliche Richtung, indem sie den Aspekt der Veränderung und der Fähigkeit, Erwartungen und Hoffnungen der Menschen anzusprechen, als Verstärker von Charisma sehen. Merkmale einer charismatischen Persönlichkeit sind nach diesem Erklärungsansatz zum Beispiel:

- großes Selbstvertrauen
- Führungsqualitäten
- Analysefähigkeit
- hohe Präsenz
- Redefähigkeit
- Stimmqualität
- Fähigkeit, im Gegenüber Wünsche zu wecken
- eigene Mythenbildung („Auserwähltsein")
- Begeisterungsfähigkeit
- Wahrhaftigkeit
- Einfachheit
- Enthusiasmus
- Überzeugungskraft

Wenn wir uns noch mal an die vier Namen Obama, Mutter Teresa, Gandhi und Schwarzenegger erinnern, so zeigen sich in dieser Zusammenstellung von Merkmalen schon mehr Ansatzpunkte, die uns verstehen helfen, was Charisma ausmacht. Interessant auch in diesem wissenschaftlichen Modell von der charismatischen Persönlichkeit, die in Zeiten der Veränderung zu strahlen vermag: Charismatisches Verhalten ist eine Frage der Gewohnheit, die Grundlagen für Charisma sind psychologischer Art. So hat eine Studie von Hans G. Klinzing und Gerada B. Aloisio aus dem Jahr 2006 gezeigt, dass man durch gezieltes Training und eine deutliche Verbesserung der Fähigkeit, nonverbale Hinweise zu entschlüsseln und selbst einzusetzen, seine Außenwirkung merklich verbessern kann. Personen, die also geübt haben, nonverbale Signale besser zu verstehen und zu zeigen, wird ein ausgeprägteres Charisma zugeschrieben.

Der französische Sozialpsychologe Alexandre Dorna weist dem Träger von Charisma feste psychologische Bestandteile zu sowie populistische und messianische Aspekte. „Wer verführen will, muss vereinfachen“, lautet eine seiner Maximen. Auch er betont die Veränderungssituation, in der der charismatische Führer zum Zuge kommen und als „Antidepresseur“ wirken kann.

Viele Analysen von persönlichem Charisma stimmen darin überein, dass Charisma eine Mischung aus persönlichen Gaben ist, seien dies natürliche Gaben wie Schönheit und Stimmqualität oder soziale Gaben wie eine gehobene Abstammung. Die meisten Autoren folgen dabei dem Ansatz von Pierre Bourdieu, der Charisma als soziale Konstruktion sieht. Charisma ist demnach ein Zusammenspiel erlernter, trainierter, über einen längeren Zeitraum angeeigneter Mittel zur Durchsetzung, die zu einem bestimmten Zeitpunkt zum Tragen kommen können, wenn die Person zudem eine Vision und die Fähigkeit zur Motivation mitbringt und die äußeren Umstände günstig sind. Gesellschaftliche Umbrüche werden ebenso wie die soziale Herkunft als Chance für charismatische Personen genannt. Als Merkmale tauchen immer wieder Redefähigkeit, Motivations- und Begeisterungsfähigkeit, visionäres, aber auch analytisches Denken, soziale Kompetenz, Optimismus und herausstechende Körpereigenschaften auf. Ein bestimmtes Umfeld von Mentoren und Netzwerken kann die Entwicklung einer charismatischen Persönlichkeit auf jeden Fall fördern.

Charisma und Führungskompetenz

Auch die Wirtschaftspsychologie befasst sich seit den 1970er Jahren mit dem Begriff Charisma beziehungsweise dem Modell der charismatischen Führung. Diesen Ansätzen der Führungsforschung ist gemein, dass sie sich auf die Notwendigkeit einer Vision als bindendes und verbindendes Element von Charisma beziehen. Die Interaktion charismatischer Führungskräfte wird hier nur beiläufig erwähnt.

Für den US-amerikanischen Wissenschaftler Robert J. House ist charismatische Führung eine Kombination aus persönlichen Eigenschaften des Führers, seinem Verhalten und situationsbedingten Faktoren. Zu den persönlichen Eigenschaften gehören für ihn ein ausgeprägtes Selbstwertgefühl, die Tendenz, andere Menschen zu dominieren und zu beeinflussen, sowie eine starke Überzeugung, was die eigenen Werte betrifft. Die Führungskraft muss, um mögliche Anhänger von diesen Werten zu überzeugen, eine Vision formulieren und ihr Image so ausrichten, dass sie kompetent und erfolgreich wirkt. Die Anhänger der Führungskraft akzeptieren deren Wertesystem, und wenn es gelingt, den Anhängern zu vermitteln, dass sie den Zielen gerecht werden können, so fühlen sich diese motiviert, diese Ziele tatsächlich zu erreichen und den Anführer zu unterstützen. Die Situationen, die einen charismatischen Führungsstil besonders begünstigen, sind, so der Wissenschaftler, Krisenzeiten, weil genau dann die Menschen eine richtungweisende Vision brauchen.

Boas Shamir, Anthropologe und Soziologe, hat die Arbeit von House weitergeführt und die Frage untersucht, was Menschen dazu motiviert, einen Anführer zu unterstützen. Er fand heraus, dass die meisten Menschen bestrebt sind, die eigene Identität zu bekräftigen beziehungsweise zu bestätigen und so ihr Selbstkonzept zu stärken. Charismatischen Führungspersönlichkeiten gelingt es, das Selbstkonzept der Anhänger mit ihrer Vision in Einklang zu bringen. Die Anhänger identifizieren sich mit der Vision und bemühen sich um deren Umsetzung. Dafür werden sie mit einem erhöhten Selbstwertgefühl belohnt.

Einer der renommiertesten Charismaforscher, Jay A. Conger, hat die Kapitelüberschriften in seinem Buch *The Charismatic Leader* entsprechend seiner nüchternen Betrachtung der großen Führungspersönlichkeit benannt: eine Vision vermitteln, die inspiriert; den Eindruck von Glaubwürdigkeit sowie Sachverstand aufbauen; andere ermuntern, den Traum zu verwirklichen; außerordentliches Engagement bei Gefolgsleuten hervorrufen. Um diesen Zweck zu erreichen, braucht es, so Conger, keine langatmigen Strategiepapiere, sondern knackige Parolen: „People need something simple."

Charismatische Führung entsteht nach Conger in einem mehrstufigen Prozess: Die Führungskraft analysiert zuerst den Status quo und deckt dessen Unzulänglichkeiten auf. Daraufhin formuliert sie eine Vision, die den Status quo dramatisch verändern wird. Je stärker die Vision vom Status quo abweicht, desto mehr erscheint es, als habe der Führer eine außerordentliche Vision und nicht nur einfache Ziele, und desto mehr Charisma wird man ihm zuschreiben. Der Führer stellt sich zudem selbst als Vorbild dar, indem er Risikobereitschaft beweist und durch unkonventionelles Fachwissen Vertrauen seitens der Anhänger gegenüber der Vision aufbaut und zeigt, wie die Ziele erreicht werden können. Dieses Vertrauen ist überaus wichtig, denn nur wenn die Menschen dem Führer vertrauen, identifizieren sie sich mit ihm und sind sie bereit, die Vision umzusetzen. Charismatische Anführer zeigen aber auch Sorge und Verständnis für die Bedürfnisse ihrer Anhänger und berücksichtigen diese in der Formulierung ihrer Vision.

Barack Obama hat diesen Prozess während des Wahlkampfes meisterhaft umgesetzt, indem er dem Status quo am Ende der Bush-Ära, nämlich der schlimmsten Wirtschaftskrise seit der Großen Depression, seine Vision vom „Change“ entgegensetzte. In seinen Reden sprach er häufig über die Geschichten, die Menschen ihm erzählt hätten, die ihn in ihr Heim eingeladen hätten. Die Menschen hätten ihre Geschichten „mit ihm geteilt“ und ihm gezeigt, dass „wir eine grundlegende Veränderung“ in diesem Land brauchen, die „ich Ihnen bringen werde“. „Ich bin absolut davon überzeugt, dass wir das tun können.“ Die knackige Parole: „Yes We Can!“

Von der Analyse des Status quo und dessen Unzulänglichkeiten über die Vision und den Aufbau von Vertrauen durch Verständnis und Sorge für die Zukunft der Menschen – in Obamas Reden sind alle Elemente vorhanden, und dieser Aufbau von öffentlichen Statements hat sich auch während seiner Präsidentschaft nicht verändert. Und daraus können nicht nur Führungskräfte, „Leader“, etwas lernen, sondern jeder, der andere Menschen positiv beeinflussen möchte.

Charisma und Manipulation

Das Wetter, Gerüche, Musik, Nachrichten, Begegnungen, Menschen und die öffentliche Meinung beeinflussen uns. Jede Begegnung beeinflusst uns, und so wie andere und das Wetter oder die Nachrichten uns beeinflussen, so beeinflussen wir auch jeden Menschen, dem wir begegnen. Beeinflussung an sich ist nichts Negatives, sondern etwas völlig Alltägliches und keiner kann sich dem ganz entziehen. Eltern beeinflussen ihre Kinder und Kinder ihre Eltern. Beeinflussung ist immer ein wechselseitiger Vorgang. Beeinflussung funktioniert nach bestimmten unausgesprochenen psychologischen Regeln und läuft zumeist völlig unbewusst ab. Diese Regeln zu verstehen und gekonnt anzuwenden macht Überzeugungskraft aus und den Anwender zu einem Meister der Beeinflussungskunst. Ein guter Lehrer hat Einfluss auf seine Schüler, ebenso wie ein guter Chef auf seine Mitarbeiter und ein einfühlsamer Arzt auf seine Patienten. Ohne diesen Einfluss wäre es nicht möglich, Lernen, Leistung und Erfolge zu verwirklichen. Wenn der Einfluss eines Arztes nicht stark genug ist, wird sein Patient die lebenswichtige Medizin nicht nehmen. Einfluss und damit die gezielte Beeinflussung ist an sich gut und sehr wichtig. Die Tatsache, dass der Mensch das beeinflussbarste Wesen von allen ist, birgt jedoch große Chancen wie auch Gefahren in sich. Jeder Mensch lässt sich jedoch gerne zu seinem Vorteil beeinflussen.

Von Manipulation spricht man, wenn der Versuch der Beeinflussung nicht zum Vorteil des anderen ist. Das Entscheidende ist immer, ob die Beeinflussung positive oder negative Folgen, also Vor- oder Nachteile für den Betroffenen oder mögliche Anhänger hat. Wenn Sie einen Menschen bewusst täuschen, betrügen oder hintergehen, so ist das niemals ein Zeichen von persönlicher Stärke. Ein Gewinner hat es nicht nötig, zu betrügen. Hier zeigt sich schon der Unterschied zwischen einer wirklich charismatischen Persönlichkeit und einem Hochstapler oder Heiratsschwindler.

Beeinflussung – und zwar positive wie auch negative – spricht dabei immer die Gefühle, Interessen und Bedürfnisse von Menschen an und ist daher so mächtig.

Nur wer die Herzen der Menschen bewegt, bewegt die Welt

Obama spricht die Gefühle der Menschen auf unterschiedlichen Ebenen an, und dies ist ein wesentliches Merkmal charismatischer Persönlichkeiten in der heutigen Zeit. Der britische Psychologe Richard Wiseman sagt über charismatische Persönlichkeiten:

- Sie empfinden Emotionen sehr stark.
- Sie sind in der Lage, auch andere Menschen derart starke Gefühle erleben zu lassen.

Die Frage ist, ob Charismatiker wirklich starke Emotionen empfinden müssen oder ob sie nur sehr talentiert darin sind, es so aussehen zu lassen. Die Autorin Gloria Beck formuliert dazu in ihrem Buch *Verbotene Rhetorik*: „Je berechnender man agiert, umso vorhersehbarer lassen sich Emotionen in anderen hervorrufen." Für Beck beruht die Wirkung des Charismatikers auch darauf, dass dieser anders ist als man selbst, nämlich so, wie man selbst gern wäre. Dies würde dem Charismatiker ermöglichen, seine Anhänger, um deren Wünsche und Sehnsüchte er weiß, entsprechend zu manipulieren.

Ist Charisma immer positiv?

Ein Blick in die Geschichte oder auch in die aktuelle Weltpolitik zeigt, dass mit den genannten Merkmalen von Charisma noch keine inhaltliche Bewertung einer charismatischen Ausstrahlung vorgenommen werden kann. Die Herrschaft von Diktatoren und despotischen Führern ist ohne charismatische Wirkung nicht denkbar. Und wie man an vielen historischen Beispielen aufzeigen könnte, ist dieses „negative Charisma" von starker Bewunderung und starkem Glauben gegenüber den Führungspersonen getragen und viele vertrauen diesen buchstäblich bis in den Tod, wie man beispielsweise an Gruppenselbstmorden von Sekten nachvollziehen kann.

Die amerikanischen Organisationswissenschaftler Jane Howell und Bruce Avolio unterscheiden ethisches von unethischem Charisma: Dem Ethiker liegen seine Gefolgsleute am Herzen, er hört auf sie und verhält sich gerecht. Der Unethiker herrscht autoritär, willkürlich und ohne Moral.

Es gibt unzählige psychoanalytische Autoren, wie zum Beispiel Heinz Kohut oder Len Oakes, die fest davon überzeugt sind, dass die meisten der großen Charismatiker der Weltgeschichte im Grunde genommen Narzissten waren. Diese Persönlichkeitsstörung ist durch mangelndes Selbstbewusstsein und Ablehnung der eigenen Person nach innen, verbunden mit einem übertriebenen und sehr ausgeprägten Selbstbewusstsein nach außen gekennzeichnet. Narzissten, also sehr eitle Menschen, sind immer auf der Suche nach Bewunderung und Anerkennung. Sie können anderen Menschen wenig echte Aufmerksamkeit schenken, neigen dazu, andere auszubeuten, und es fehlt ihnen an Einfühlungsvermögen. Ihr übertriebenes Gefühl von Wichtigkeit mündet darin, dass sie bestrebt sind, eine Sonderstellung einzunehmen, und überzeugt sind, diese zu verdienen. Häufig zeigen sie wahnhafte Störungen und Größenwahn. Ihre ausgeprägte Empfindlichkeit gegenüber Kritik ruft in ihnen Wut, Scham oder Demütigung hervor.

Narzissten können keine Fehler zugeben, und sie können es nicht ertragen, wenn andere im Mittelpunkt stehen. Ihr labiles Selbstwertgefühl ist häufig mit dem Gefühl der Leere und der Unfähigkeit, Gefühle, insbesondere Freude, zu empfinden, verbunden. Sie sind schnell verletzt und gekränkt und neigen zu Egozentrik – sie selbst sind der Mittelpunkt ihrer Welt. Auf andere wirken sie häufig egoistisch und arrogant, können aber auch sehr lebendig und charmant auftreten. Dies ist dann aber manipulierendes Verhalten, sie wollen etwas erreichen und „kochen" den anderen „ein". Sie sollten daher unbedingt lernen, einen Narzissten von einem selbstbewussten Charismatiker zu unterscheiden.

Genau dieser problematische Aspekt ist es auch, der den Begriff „Charisma" in unserer Kultur häufig mit einem sehr negativen Beigeschmack gefärbt hat beziehungsweise die damit verbundenen Eigenschaften. Die Folgen: Sich hervorzutun, aufzufallen, anders zu sein als andere, sich selbst ins rechte Licht zu rücken, aus der Menge hervorzustechen und Persönlichkeit zu zeigen hat man den meisten Menschen im Laufe ihrer Erziehung systematisch ausgetrieben, und so fällt es vielen Menschen schwer. Mehr noch weckt solches Verhalten bei vielen Menschen auch negative Reaktionen wie zum Beispiel Neid und Missfallen. Und zu viele verschütten so ihre Talente und Fähigkeiten, warten ein Leben lang darauf, entdeckt zu werden, und gehen als graue Mäuse durchs Leben. So lassen sie andere auf der Karriereleiter nach oben, verzichten auf Glück und Erfolg. Ohne den Mut, sich selbst auch darzustellen und zu seinen Zukunftsplänen zu stehen, wird man aber leicht übersehen. Niemand kann sich ganz der Wirkung von charismatischen Menschen entziehen, und wenn man sich nicht mutig nach vorne wagt, bleibt möglicherweise immer das Gefühl, dass man es weiter gebracht haben könnte, wenn man sich nur getraut hätte.

Es ist gut, wenn wir lernen zu unterscheiden, ob es sich um ein Schein-Charisma handelt, das Hochstapler oder Profilneurotiker ausmacht, oder das faszinierende Charisma, das Leistungsträger und Weltverbesserer umgibt. Es mag in Einzelfällen gut möglich sein, dass ein Mensch, um eine Neurose oder seine Minderwertigkeitsgefühle zu kompensieren, einen ausgeprägten Profilierungsdrang und Eitelkeit hin bis zum Größenwahn entwickelt. Und wenn man sich die Biografien der großen Diktatoren anschaut, dann ist das wohl häufig genau so gewesen: nicht wirklich fähig zu irgendeiner Art von tieferer Beziehung, enorm misstrauisch und höchst empfindlich reagierend auf jede Art von Kritik. Genau diesen Weg zur Macht möchten ich Ihnen jedoch auf gar keinen Fall empfehlen, denn keiner der Diktatoren ist damit glücklich geworden. Vielmehr sollte es auch Ihr Ziel sein, eine starke Persönlichkeit zu entwickeln, die von Menschen geliebt, respektiert und geschätzt wird. Werden Sie anderen ein positives Vorbild, das der Gemeinschaft Nutzen bringt.

Es gilt also, die Wirkung eines Menschen, von dem man fasziniert ist, auf ihre Auslöser hin zu hinterfragen. Zu betrachten, was uns in den Bann zieht, wenn die Person auftritt, warum wir die Klatschgeschichten über Prominente und Personen des öffentlichen Lebens gern lesen, was das Interessante an diesen Menschen ist. Zu fragen ist immer: Was kann ich mir von diesen Menschen abschauen, die mich positiv beeindrucken? Und wie kann ich negatives Charisma erkennen und mich dagegen wehren?

Charisma, das sich gegen andere Menschen wendet, ist immer negatives Charisma. Dabei wird sehr schnell klar, das Charisma genutzt ebenso wie missbraucht werden kann und in sich eine große Verantwortung trägt. Negatives Charisma arbeitet immer mit Feindbildern. So wird eine Gruppe von Menschen für eine Krise verantwortlich gemacht und es entsteht ein „Wir“ gegen die bösen anderen. Toleranz ist hier ein Fremdwort. Negatives Charisma schürt zudem meist die Ängste der Menschen und nutzt negative Prophezeiungen. Negatives Charisma hat auch wenig Sinn für Humor.

Achtung: Wohlwollendes, positives Charisma hat nichts mit Egozentrik zu tun, denn nichts ist langfristig schädlicher für die Ausstrahlung als die dauernde Ich-Bezogenheit. Selbstbewusste, charismatische Menschen würden zudem nicht von sich behaupten, dass sie Charisma haben. Eine solche Selbstzuschreibung wirkt auf die Zuhörer eher peinlich berührend oder gar lächerlich.

Charisma heute: Gefühle steuern, Menschen bewegen, Potenziale erschließen

Auch der französische Soziologie Pierre Bourdieu meinte, Charisma entstünde durch Zuschreibung anderer, die eine Person aufgrund bestimmter Verhaltensweisen als charismatisch empfinden beziehungsweise ihre Führungsrolle aus diesem Grunde akzeptieren. Ein Charismatiker braucht also immer die anderen, mit denen er in Interaktion treten kann, er muss wahrgenommen werden und kommunizieren, um sein Charisma zu entfalten.

Das Fachwissen einer Führungskraft reicht schon lange nicht mehr aus, um erfolgreich zu führen, es bedarf zudem einer inspirierenden Ausstrahlung und eines Austausches zwischen dem Leader und den von ihm Geführten: Die charismatische Führungskraft wirkt als Vorbild, setzt hohe moralische Standards und entwickelt die Wahrnehmung der Mission oder Vision durch die Menschen. Sie stimuliert das Interesse bei den Menschen, ihre Arbeit, ihr Tun aus neuen Perspektiven zu sehen. Sie bringt die Fähigkeiten und Potenziale der Menschen auf ein höheres Niveau und motiviert sie, über ihre eigenen Interessen hinaus zum Wohl der Gruppe beizutragen. Auf diese Weise werden, so die beiden Wissenschaftler Bernard M. Bass und Bruce J. Avolio, überdurchschnittliche, außerordentliche Leistungen möglich.

In diesem Zusammenhang ist eines zu berücksichtigen: „Wir alle spielen Theater“, um mit dem Soziologen Erving Goffman zu sprechen. Menschen sind stets darum bemüht, einen guten Eindruck zu hinterlassen. In der Interaktion versucht jeder Mensch, ein gewisses Bild von sich zu vermitteln, in dem Wissen, dass man ständig beobachtet wird. Führt man diesen Gedanken fort, so kommt man zu dem Schluss, dass alle Menschen sich eine Fassade schaffen, „ein standardisiertes Ausdrucksrepertoire mit Bühnenbild und Requisiten“. Goffman sagt: „Wenn ein Darsteller eine etablierte soziale Rolle übernimmt (z. B. Kellner), wird er feststellen, dass es bereits eine bestimmte Fassade für diese Rolle gibt.“ Dies ist für manche Menschen zunächst eine etwas erschreckende Sicht der Dinge, zugleich eröffnet es jedoch die Möglichkeit, in jene Rollen hineinzuwachsen, die zu unseren Wünschen, Träumen und Begabungen passen. Dazu gehört jedoch gekonntes „Impression-Management“, etwas, das Menschen mit viel Charisma bewusst oder unbewusst par excellence beherrschen.

Man kann Charisma daher auch als gekonnte, dramaturgische Inszenierung begreifen: Auch ein Chef spielt eine Rolle, die durch seine Anhänger konstruiert wird. Die Anhänger, das sind im Falle von Unternehmen Mitarbeiter wie Kunden, Lieferanten wie Wettbewerber. Im Falle eines Politikers sind dies zum Beispiel sein Team, die Parteimitglieder, die Oppositionsparteien, die Gegenkandidaten, die Medien. Diese Inszenierung trägt alle Elemente einer Theateraufführung in sich. Zuerst wird ein Handlungsrahmen festgelegt. Dann wird ein Ablauf, das Script, festgelegt. Der Dialog ist die Gesamtheit von verbalen und nonverbalen Äußerungen, mit denen die Führungskraft ihre Botschaft kommuniziert. Sie leitet die Aufführung, indem sie die Richtung des Eindrucks vorgibt, der entstehen soll. Die Ausstattung spielt ebenfalls eine große Rolle. Eine bestimmte Art, sich zu kleiden, bestimmte Gegenstände und Accessoires, die die Botschaft repräsentieren und verstärken, gehören zu jedem charismatischen „Drama".

Showtime! Die Aufführung dieses Theaterstücks bringt alle Elemente zusammen und liefert die Bilder und Eindrücke, die uns beeindrucken und beeinflussen sollen. Ob Wahlkampfveranstaltung oder Aktionärsversammlung, ob Charity-Event oder Besuch des Verteidigungsministers bei den Truppen in der Krisenregion, ob Papstbesuch oder Budgetrede im Parlament, ob Talkrunde im Fernsehen oder Promihochzeit – dies alles sind Inszenierungen, die einer bestimmten Dramaturgie folgen.

Neben den Auftritten von Barack Obama, die exzellent inszeniert sind, möchte ich in diesem Zusammenhang auch noch explizit auf einen Mann hinweisen, dessen Wirkung mit einer Marke verbunden ist, die in den letzten Jahren einen unglaublichen Höhenflug hingelegt hat. Die Rede ist von Steve Jobs, dem „Vater" von Apple. Seine Auftritte in der Öffentlichkeit sind selten, aber so eindrucksvoll inszeniert, dass schon Wochen vorher in allen Medien darüber berichtet und spekuliert wird, welche neuen Produkte er wohl präsentieren wird. Jede Regung von Steve Jobs wird beobachtet, interpretiert und kommentiert. Mails, die von seinem Account aus versendet werden, werden in allen Medien kommentiert, selbst wenn sie nur aus einem Wort bestehen. Dabei ist sein Äußeres unscheinbar – er trägt immer ein schwarzes Shirt, Jeans und Sneakers – und sein kolportiertes Jahresgehalt von einem US-Dollar im Jahr vermittelt den Eindruck extremer Bescheidenheit. Er spielt alle Register dramaturgischer Selbstinszenierung und damit verbunden der Inszenierung der Marke Apple, die der eigentliche Charisma-Träger in diesem Schauspiel ist. Und in die Aufführung sind alle einbezogen: Mitarbeiter und Kunden von Apple, Lieferanten, die Mitbewerber, die Medien. Apple ist durch diese Art der Markt- und Markenkommunikation seinen Mitbewerbern ähnlich weit voraus, wie Barack Obama als Ausnahmepolitiker neue kommunikative Maßstäbe setzt. Aus beiden Beispielen lässt sich erkennen, wie sich Charisma im Zeitalter der Informationsgesellschaft entwickelt und wie mächtig sein gezielter Einsatz machen kann. Dies zu beobachten und daraus zu lernen kann Ihnen beim Aufbau Ihres eigenen Charismas sehr nützen.

Ein faszinierendes Phänomen mit Geschichte – das Wichtigste in Kürze

- Das Wort Charisma stammt aus dem Altgriechischen und bedeutet „Aufmerksamkeit auf sich ziehen", abgeleitet von Charis, Göttin der Anmut und der Liebe.
- Die Wissenschaft hat viele Erklärungen für das Phänomen Charisma entwickelt, und der Charisma-Begriff hat sich im Laufe der Zeit gewandelt: von der Gottesgabe zum Bündel von Wirkungsfaktoren, die man selbst beeinflussen kann.
- Charisma ist ein Zusammenspiel erlernter, trainierter, über einen längeren Zeitraum angeeigneter Mittel zur Durchsetzung, die zu einem bestimmten Zeitpunkt zum Tragen kommen können, wenn die Person zudem eine Vision und die Fähigkeit zur Motivation mitbringt und die äußeren Umstände günstig sind.
- Als Merkmale von Charisma werden in der Wissenschaft immer wieder Redefähigkeit, Motivations- und Begeisterungsfähigkeit, visionäres, aber auch analytisches Denken, soziale Kompetenz, Optimismus und herausstechende Körpereigenschaften genannt.
- Ein bestimmtes Umfeld von Mentoren und Netzwerken kann die Entwicklung einer charismatischen Persönlichkeit fördern.
- Charisma entsteht durch Zuschreibung anderer, die eine Person aufgrund bestimmter Verhaltensweisen als charismatisch empfinden beziehungsweise ihre Führungsrolle aus diesem Grunde ak-

zeptieren. Ein Charismatiker braucht also immer die anderen, mit denen er in Interaktion treten kann, er muss wahrgenommen werden und kommunizieren, um sein Charisma zu entfalten.

4 Das macht charismatische Menschen aus: Die 10 Charisma-Faktoren

Gegen Worte kann man sich wehren,
gegen Ausstrahlung nicht.

Nikolaus B. Enkelmann

Wie entsteht eine gewinnende Ausstrahlung, welche Faktoren sind heute dafür ausschlaggebend, dass uns jemand fasziniert? Woher kommt die Wirkung eines Menschen? Bei meinem Studium faszinierender Persönlichkeiten und ihrer Wirkkraft habe ich einige wesentliche Faktoren entdeckt, die jede dieser Personen mitbringt. Die Faktoren sind nicht bei jedem Charismatiker gleich stark ausgeprägt, sie sind aber fast immer alle vorhanden. Und in ihrer Kombination ergeben sie das Gesamtbild, das wir als bezaubernd, faszinierend und beeindruckend erleben. Die zehn Merkmale charismatischer Menschen sind:

Charisma-Faktor 1: **Vitalität, Kraft, Energie**
Charisma-Faktor 2: **Ruhe und Konzentration**
Charisma-Faktor 3: **Lebensfreude und Begeisterung**
Charisma-Faktor 4: **Emotion**
Charisma-Faktor 5: **Empathie**
Charisma-Faktor 6: **Entschlossenheit**
Charisma-Faktor 7: **Die Botschaft**
Charisma-Faktor 8: **Professionalität**
Charisma-Faktor 9: **Stimmigkeit**
Charisma-Faktor 10: **Meisterhaftes Sprechen**

Die zehn Charisma-Faktoren drücken sich primär über die Körpersprache, die Augen und die Stimme eines Menschen aus und spielen bei faszinierenden Personen so kongenial zusammen, dass sich ein Bild ergibt, das viel mehr ist als die Summe seiner Einzelteile. Ein Meister dieses Gesamteindrucks ist Barack Obama. Bei ihm ist jeder der Faktoren besonders stark ausgeprägt, und im Zusammenspiel ergibt sich ein Bild, das stets von Neuem beeindruckt, sobald er auftritt. Holen Sie ihn vor Ihr geistiges Auge und Sie sehen seine Vitalität und Lebensfreude. Er drückt seine Emotionen aus, zeigt Mitgefühl und Entschlossenheit. Seine Auftritte sind höchst professionell, sei dies im offiziellen Rahmen oder im Kreis seiner Familie. Seine Frau Michelle ist überdies selbst auch besonders charismatisch und ein spannendes Studienobjekt. Die beiden geben sowohl einzeln als auch gemeinsam ein sehr stimmiges Bild ab, und es ist ein Vergnügen, sie bei ihren Auftritten zu beobachten.

Die Faktoren einer charismatischen Ausstrahlung können Sie bei jeder beeindruckenden Persönlichkeit in mehr oder weniger starker Ausprägung finden. Und Sie selbst tragen die Grundlagen aller Merkmale in sich – und wahrscheinlich ist der eine oder andere Faktor bei Ihnen auch schon stärker ausgebildet, während das eine oder andere Merkmal noch besser ausgeschöpft werden sollte. Wie Sie das machen können, zeige ich Ihnen.

Das Charisma-Barometer

Ich stelle Ihnen nun ein Instrument vor, das uns durch dieses Kapitel begleiten wird, das Sie aber auch in Ihrem Alltag immer wieder verwenden können, um die Ausstrahlung anderer zu „messen". Bei jedem der zehn Charisma-Faktoren, die ich Ihnen nun präsentiere, finden Sie eine Skala, auf der Sie die Stärke des entsprechenden Faktors angeben können. Tragen Sie bei jedem Faktor Ihre Einschätzung ein: Wo stehen Sie (Ist)? Wo würden Sie gern stehen (Soll)?

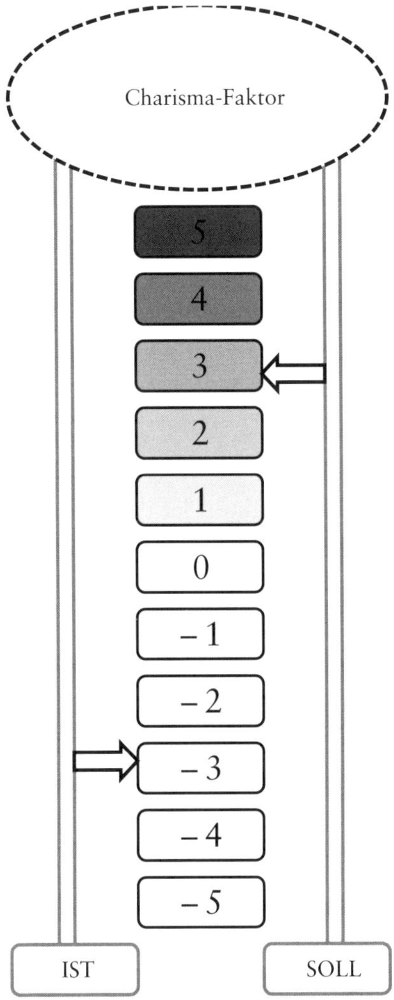

Beispiel: Die Pfeile zeigen den Ist Zustand und den gewünschten Soll Zustand an.

Am Ende des Kapitels finden Sie eine Gesamttabelle, in die Sie all Ihre Barometer-Daten eintragen können, und eine Vorlage für die weitere Arbeit mit dem Charisma-Barometer.

Warum sollen Sie diese Übung machen? Was sagen Ihnen die Ergebnisse?

- Sie erhalten eine Aussage über Ihr aktuelles eigenes Selbstbild: Sind die Werte hoch, dann ist das gut, weil Sie sich positiv sehen. Sind die Werte niedrig, dann ist Ihre Selbsteinschätzung negativ und wahrscheinlich nicht besonders objektiv. In diesem Fall ist es wichtig, dass Sie sich ein zusätzliches Feedback holen und etwas für die Entwicklung Ihrer Persönlichkeit tun.
- Bewegen sich Ihre Werte um den Nullpunkt, sind Sie möglicherweise eine graue Maus, die immer übersehen wird, die keinen bleibenden Eindruck hinterlässt und die man schnell wieder vergisst.
- Alles, was unter Null ist, muss unbedingt verstärkt werden. Minusbereich bedeutet immer Handlungsbedarf, denn hier gibt es Defizite, die nach außen wirken.

Wichtig: Kein noch so charismatischer Mensch wird auf allen Dimensionen eine Vier oder Fünf haben!

Charisma-Faktor 1: Vitalität, Kraft, Energie

Kraft macht keinen Lärm.
Sie ist da und wirkt.

Albert Schweitzer

Was uns wirklich beeindruckt

Gehen Sie die Liste der charismatischen Personen durch, die Sie als Aufgabe im zweiten Kapitel angelegt haben:

- Wie drücken sich bei den Personen, die Sie aufgelistet haben, Vitalität, Kraft und Energie aus?

- Fallen Ihnen weitere Personen ein, bei denen dieser Faktor besonders stark ausgeprägt ist?
- Fallen Ihnen Personen ein, bei denen dieser Faktor eher schwach ausgeprägt ist?

Eine positive Wirkung ist immer verbunden mit einem ausgeprägten Maß an Vitalität, Kraft und Energie. Sehen Sie einen solchen Menschen und werden Sie gebeten, spontan die Frage zu beantworten, ob er oder sie sehr viel Kraft und Power hat, dann werden Sie immer „Ja“ sagen. Die ganze Körperhaltung schreit förmlich: „Ich kann Bäume ausreißen, ich bin noch lange nicht am Ende!“ Kraft und Energie werden vor allem durch die Körpersprache ausgestrahlt. Ein aufrechter, federnder Gang, ein offenes Gesicht, ein souveräner Blick, natürliche, große Gesten, eine klare Stimme charakterisieren einen vitalen, kraftvollen Menschen. Mehr noch wirkt dieser Mensch fit und gesund. Das spiegelt sich durch eine schöne Beschaffenheit der Haut ebenso wie in gepflegten Zähnen und glänzenden Haaren. Alles, was „gesund“ aussieht, empfinden wir als schön und vital. Solche Menschen vermitteln uns das Gefühl, dass sie eine überschäumende Kraftquelle in sich tragen und unendlich viele Reserven mitbringen.

Sehr typisch ist dieser Faktor beispielsweise für den ehemaligen amerikanischen Präsidenten Bill Clinton. Selbst als er wenige Tage nach einer vierfachen Bypass-Operation aus dem Krankenhaus entlassen wurde, wirkte er körperlich fit und erholt. Er sah unglaublich gesund aus, als wäre er gerade aus einem langen Urlaub gekommen, und nicht wie ein rekonvaleszenter Patient. So wird es Sie vielleicht auch nicht wundern, dass er bereits seit mehr als einem Jahrzehnt ein Hörgerät trägt, dies jedoch nie auf Bildern zu sehen ist oder gar thematisiert wird.

Mit Vitalität, Kraft und Energie verbindet man auch Attraktivität. Diese ist übrigens auch ein sehr mächtiges Statussymbol. Dabei kommt es nicht darauf an, ob der entsprechende Mensch körperlich makellos ist oder allen gängigen Schönheitsidealen entspricht. Es kommt primär auf die Ausstrahlung an, beziehungsweise darauf, dass man das Gefühl hat, jemand habe aus dem, was er hat, das Beste gemacht, also auf die Wirkung. Und wie wir ja täglich in den Medien vorgeführt bekommen, sind es häufig die Schönen und Reichen, die die größten Probleme haben, selbstbewusst durchs Leben zu gehen. Daraus lässt sich schließen, dass Schönheit und Attraktivität, die jemandem in die Wiege gelegt werden, allein nichts nützen, wenn die innere Haltung nicht stimmt, wenn an der eigenen Wirkung nicht bewusst gearbeitet wird.

Vitalität verbinden wir unbewusst immer auch mit Gesundheit – Gesundheit in einem umfassenderen Zusammenhang als nur körperliche Perfektion. Denn Vitalität, Kraft und Energie haben nicht unbedingt mit körperlicher Unversehrtheit zu tun, wie man an den beeindruckenden Leistungen von Sportlern bei den Paralympics sehen kann oder an Menschen, die durch einen Unfall oder eine Krankheit jäh aus ihrem Alltag gerissen ihr Leben völlig neu ausrichten müssen und damit oft den Schlüssel zu ihrer wahren Bestimmung finden. Und häufig strahlen gerade diese Menschen eine unglaubliche, eine beeindruckende Power aus.

Als es darum ging, ob nun Hillary Clinton oder Barack Obama der demokratische Präsidentschaftskandidat werden sollte, galt Hillary Clinton lange als Favoritin. Doch am Ende bekam man beim Anblick ihrer Bilder immer mehr den Eindruck, dass ihr die Puste ausging, dass sie nicht mehr genügend Kraft hatte. Neben ihr wirkte Barack Obama deutlich vitaler und dynamischer, und das war nicht zuletzt sein ganz großer Wettbewerbsvorteil. Gerade wenn es um wichtige Entscheidungen für oder gegen einen Kandidaten, einen Bewerber um einen Job geht, beginnen wir automatisch und unbewusst, die Menschen miteinander zu vergleichen. Und wer mehr Kraft ausstrahlt, gewinnt leicht mehr Plus- und Sympathiepunkte bei jenen, die entscheiden müssen und dürfen. Oder können Sie sich Mr. Bean als Konkurrenten von Barack Obama vorstellen? Wenn Sie jetzt entscheiden sollten, wer mehr Kraft ausstrahlt, wie würden Sie entscheiden? Wahrscheinlich schmunzeln Sie und wahrscheinlich ist Ihnen die Antwort auch sehr leicht gefallen, denn Obama strahlt deutlich mehr Power aus.

Menschen sehnen sich nach einem starken Anführer und wollen sicher sein, dass dieser Mann oder diese Frau auch die Kraft hat, die schwierigen Herausforderungen für sie zu meistern. Im Zeitalter der Medien bekommen Bilder eine immer größere Macht, und die Menschen glauben zunächst einmal nur das, was sie sehen. Daher wird es in den kommenden Jahren wahrscheinlich auch keinen Präsidenten mehr geben, der sehr stark übergewichtig ist, denn genau das assoziieren die Wähler nicht mit Stärke, sondern mit Schwäche; und zwar mit charakterlicher und körperlicher Schwäche. Dies ist in unserem so stark an Gesundheits- und Schönheitsidealen ausgerichteten Zeitalter eine Entwicklung, die man zur Kenntnis nehmen muss, ob sie einem gefällt oder nicht.

Vitalität, Kraft und Energie auszustrahlen bedeutet nicht, laut und polternd mit seinem sonnigen Gemüt der Umwelt auf die Nerven zu gehen – Sie kennen vielleicht die Spezies, die sich mit ihrer übersteigerten Extrovertiertheit immer in den Mittelpunkt schiebt und mit schulterklopfender Kumpelhaftigkeit andere in Verlegenheit bringt. Dieser ungehobelte Typ ist hier nicht gemeint. Ein Mensch mit Charisma geht zwar aktiv auf andere zu, begrüßt sie mit festem Händedruck, blickt ihnen sicher in die Augen, er wird aber nie jemanden „überfallen“. Vital, kraftvoll und energievoll ist auch nicht gleichzusetzen mit „laut“. Es ist vielmehr so, dass gerade vitale Menschen dem Schweigen einen hohen Stellenwert beimessen und Ruhe und Zurückgezogenheit schätzen. Sie wissen mit ihren Ressourcen umzugehen und nehmen sich immer wieder Zeit für sich selbst, für ihre Gesundheit und körperliche Fitness. Sie wissen, wie wichtig es ist, Kraft zu tanken und ihre Batterien aufzuladen.

Menschen mit Charisma strahlen Kraft aus, und das lässt sie immer deutlich jünger erscheinen. Selbst wenn so ein Mensch über 70 Jahre alt ist, würden wir diesen nie als alt beschreiben. Tina Turner (Jg. 1939) ist dafür ein gutes Beispiel ebenso wie der Dalai Lama (Jg. 1935).

Der Dalai Lama wirkt auch deshalb so inspirierend auf Millionen von Menschen auf der ganzen Welt, weil er eine unglaubliche Kraft und Energie ausstrahlt, dabei aber sehr ruhig und bescheiden auftritt. Diese Kombination aus Kraft und Ruhe hat etwas unglaublich Verführerisches. In der Ruhe liegt die Kraft – und umgekehrt, und gerade darin liegt die Macht dieses Mannes.

Die vitale Wirkung, die energiegeladene Ausstrahlung kommt entweder aus dem Inneren, aus der Mitte der Persönlichkeit, oder ist Ausdruck eines trainierten Körpers; im Idealfall verfügen Sie über beides. Vitale Menschen strahlen buchstäblich, sie sind von einer Aura der Lebenskraft umgeben, wirken stimmungsaufhellend und laden ihr Umfeld mit positiver Energie auf.

Vitalität, Kraft und Energie nehmen zu, je mehr positive Gedanken und Zuversicht ein Mensch in sich trägt. Ein sehr negativ denkender Mensch, ein Nörgler und Jammerer hat es viel schwerer, Vitalität auszustrahlen, und seine Kraft wird sich, so sie überhaupt vorhanden ist, als Aggression und Wut äußern. Mehr noch ist es doch so, dass Menschen sich kraftlos fühlen, wenn sie nicht gut drauf sind. Ein humorvoller, fröhlicher Mensch wird es also wesentlich leichter haben, positives Charisma zu verströmen.

Merkmale, die mit dem Faktor Vitalität, Kraft und Energie verbunden sind

- Zuversicht
- Zufriedenheit
- Jugendlichkeit
- Humor
- Gesundheit
- Offenheit
- Positive Gedanken
- Positive Lebenseinstellung
- Körperliche Fitness

Wie wirken Sie auf andere?

Wie steht es um Ihre Vitalität, Kraft und Energie?

- Wie viel Kraft strahlen Sie aus?
- Wirken Sie fit?
- Was könnten Sie ändern, um noch mehr Power zu haben?

Das Charisma-Barometer für den Faktor Vitalität, Kraft, Energie

Bitte markieren Sie mit Pfeilen Ihren Ist- und Ihren Wunsch-Zustand:

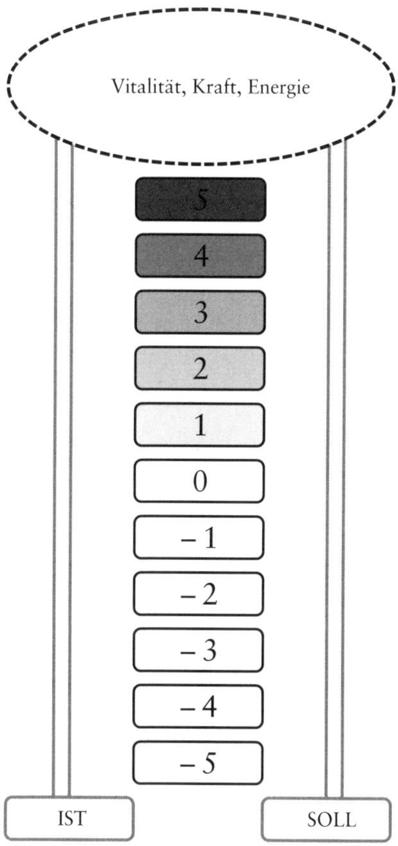

Charisma-Faktor 2: Ruhe und Konzentration

Die Nahrung der Gedanken
ist die Konzentration.

Nikolaus B. Enkelmann

Was uns wirklich beeindruckt

Denken Sie wieder an die Persönlichkeiten, die Sie notiert haben:

- Welches Tempo verbinden Sie mit diesen Menschen?
- Wem schreiben Sie besonders viele Ruhe und Konzentration zu?
- Woran liegt das?
- Denken Sie an Personen in Ihrem Umfeld. Sind diese hektisch, schnell, ruhig, konzentriert?
- Wie fühlen Sie sich in deren Umgebung?

Rekapitulieren Sie, was Sie bis jetzt über charismatische Menschen erfahren haben, denken Sie an ein paar der erwähnten Beispiele, so wird Ihnen auffallen: Das sind alles keine Hektiker. Sie hetzen sich nicht ab und andere nicht herum, sie springen nicht aufgeregt umher und tun nicht fünf Dinge gleichzeitig. Wenn sie mit jemandem sprechen, wenden sie sich dieser Person zu und schauen ihr in die Augen. Sie telefonieren nicht, während sie essen, und umgekehrt. Sie konzentrieren sich immer auf den Augenblick und darauf, was gerade jetzt wichtig ist.

Charismatische Menschen strahlen eine unglaubliche Ruhe und Sicherheit aus, sie wirken konzentriert und ausgeglichen. Dabei sind das häufig Menschen mit enormer Schaffenskraft, mit vollen Terminkalendern, mit einem hohen Output an Ergebnissen. Was ist ihr Geheimnis?

Nur langsam ist sexy!

Erfolg und Hektik passen einfach nicht zusammen. „Wenn du es eilig hast, dann gehe langsam“, lautet ein Motto des Experten für Zeitmanagement

Professor Lothar Seiwert. Und in diesem Satz steckt sehr viel Weisheit. Wer seine Umgebung ständig in Alarmzustand versetzt und alle rundherum mit seinem Aktionismus nervös macht, wird auf Dauer keine positive Wirkung erzeugen.

Ruhe und Konzentration spielen für Ihre positive Wirkung auf andere eine ganz wichtige Rolle. Ruhigen Schrittes durch einen Raum gehen, langsam sprechen, andere nicht unterbrechen, ruhige Bewegungen statt fahriger Gesten, und schon wirken Sie auf eine ganz bestimmte Weise.

Das heißt nicht, dass Sie nicht dynamisch sein dürfen. Dynamisch und leidenschaftlich ist allerdings nicht dasselbe wie hektisch. Leidenschaft ist dann gut, wenn Sie sich dabei gut fühlen und andere mit Ihrem Elan nicht überfahren. Sie ist schlecht, wenn sie als Hektik und Nervosität daherkommt und das Umfeld darunter leidet. Ein nervöser Mensch wird niemals viele Menschen faszinieren. So jemand neigt dazu, viel zu viel und viel zu schnell zu reden, von einem Thema zum nächsten zu springen und Worte oder halbe Sätze zu verschlucken. So kann kein Zuhörer wirklich folgen und sich auch inhaltlich nicht mit ihm verbünden. Ein charismatischer Redner wird zum Beispiel immer in einfachen Worten sagen, was er zu sagen hat, und er wird langsam sprechen.

Es gibt bekannte Persönlichkeiten, die sehr viel Energie ausstrahlen und wenig Ruhe. Das sind oft Entertainer wie Thomas Gottschalk, Dieter Bohlen oder Comedians wie Mario Barth. Sie haben durch ihre Energie eine unglaubliche Bühnenpräsenz. Da ihnen die Ruhe fehlt, sind sie zwar sehr unterhaltsam und mitreißend, jedoch keine großen Führungspersönlichkeiten. Oder würden Sie Mario Barth zum Bundeskanzler wählen?

Ruhe und Konzentration sind kein Widerspruch zu Vitalität, Kraft und Energie, sondern diese Faktoren ergänzen einander perfekt. Ich habe in diesem Zusammenhang bereits den Dalai Lama erwähnt, bei dem die Kombination dieser Faktoren besonders ins Auge fällt. Haben Sie sich nie gefragt, warum der Dalai Lama so viele Menschen in seinen Bann zieht? Lassen Sie mich Ihnen dazu eine kleine Geschichte erzählen. Vor einer Weile verbrachte mein vierzehnjähriger Neffe ein Wochenende mit uns. Er ist ein aufgeweckter, ganz normaler Teenager, und ich wollte von ihm wissen, wie er den Dalai Lama findet. Seine Antwort kam wie aus der Pistole geschossen: „Ey, Claudi, der ist voll endgeil." Dieses Wort hatte ich bis zu diesem Tag noch niemals gehört, doch seine Begeisterung für den Dalai Lama konnte man nicht überhören. Auf meine neugierige Rückfrage erfuhr ich dann, dass er zwar wusste, wer der Dalai Lama war, und dass er ihn sehr beeindruckend fand, doch er wusste nicht wirklich, wofür dieser steht beziehungsweise wofür er sich einsetzt. Und so geht es vielen Menschen, die über den Dalai Lama sprechen und sich von ihm angezogen fühlen. Sie sind von seiner ruhigen Ausstrahlung fasziniert, ohne genau zu wissen, worum es im Buddhismus eigentlich geht. Woher aber kommt diese unglaublich große Ruhe? Zwei Dinge, die die meisten Menschen nicht wissen, ist, dass Mönche in den Jahren ihrer Ausbildung unzählige buddhistische Texte auswendig lernen müssen und täglich trainieren, wie man auf Fragen von Gläubigen oder Ratsuchenden eine überzeugende Antwort gibt. Viele tausend Stunden hat er genau das trainiert, und so weiß er, mit welchen Nöten die Menschen zu ihm kommen. Zum anderen gehört das Meditieren zum täglichen Ritual eines jeden Mönches, und genau aus dieser Tiefenentspannung entsteht eine unglaubliche Ruhe, Gelassenheit und Konzentrationskraft. Sie sehen, alles kein Zufall, sondern das Ergebnis von Training.

Ruhe und Konzentration vermitteln den Eindruck von Kompetenz und Sicherheit, man signalisiert, dass man von den Dingen, von denen man spricht, eine Ahnung hat. Man zeigt, dass man nichts zu verbergen hat, dass man zu dem steht, was man den Menschen anzubieten hat, und dass man genau weiß, was man tut. „Besonnen", „souverän" und „mit großer Gelassenheit" sind Beschreibungen, die in diesem Zusammenhang immer wieder fallen. Beobachten Sie Barack Obama vor seinen berühmten Reden: Er sammelt sich erst einige Sekunden, bevor er die ersten Worte sagt. Hören Sie bei Interviews und in Talkshows genau hin, wie charismatische Menschen auf Fragen antworten: Sie werden den Interviewer stets ausreden lassen, ein paar Sekunden warten und dann ohne Hektik mit einer sehr angenehmen und harmonischen Stimme antworten. Sie wirken nicht gestresst, nicht aggressiv, sondern entspannt. Das zeigt sich auch in der Körpersprache eines Siegers. Langsame und fließende Bewegungen, ein fester Stand und lange Gesten unterstreichen diese Wirkung. Ruhe und Konzentration sind auch im Sport ein wesentlicher Erfolgsfaktor, und kein Spitzensportler geht heute ohne Mentaltraining an den Start.

Wie beim Faktor Vitalität, Kraft und Energie spielt auch das Selbstbewusstsein eine große Rolle, um wirklich ruhig und konzentriert sein zu können. Selbstsicherheit im Auftreten und auch unter stressigsten Bedingungen keine Nervosität zu zeigen, das ist nicht jedem in die Wiege gelegt. Doch man kann und sollte dies lernen und trainieren. Dabei geht es nicht darum, wie ein seelenloser Roboter zu wirken, sondern dieses Verhalten so zu verinnerlichen, dass es zu einer zweiten Natur wird und nicht aufgesetzt wirkt. Wie beim Dalai Lama, der bei all seinen Auftritten nicht aussieht, als würde er mechanisch ein Programm abspulen – auch wenn dies aufgrund minutiös durchorganisierter Zeitpläne durchaus so sein mag. Charismatische Menschen in solchen exponierten Rollen haben gelernt, in der jeweiligen Situation angemessen mit Nervosität und Lampenfieber umzugehen. Oder bei spontan auftretenden Problemen nicht in Hektik auszubrechen, sondern die Situation erst einmal aus der Distanz zu betrachten und dann erst zu handeln.

Sehr viel mit innerer Ruhe hat auch Humor zu tun. Humorvoll auf Dinge reagieren zu können, das geht nur, wenn man sich auf sich selbst verlassen kann und weiß, dass man jede Situation meistern kann. Ein entspannter Mensch kann auch über sich selbst lachen und verliert nicht gleich die Fassung, nur weil irgend etwas nicht nach Plan verläuft. Genau das können Sie bei ganz vielen Charismatikern beobachten. Sie haben ihren Humor trotz manchmal harter Schicksalschläge nie verloren und geben gerade deswegen vielen Menschen Hoffnung und Zuversicht.

Merkmale, die mit dem Charisma-Faktor Ruhe und Konzentration verbunden sind

- Entspannung
- Kompetenz
- Zuhören können
- Schweigen können
- Humor
- Gelassenheit
- Selbstsicherheit
- Langsamkeit

Wie wirken Sie auf andere?

Nehmen Sie sich ein paar Minuten Zeit und gehen Sie die letzten Tage in Gedanken durch:

- Gab es Situationen, in denen Sie hektisch, gestresst oder unkonzentriert waren?
- Wie war Ihre Kommunikation?
- Wie war Ihr Verhalten zu anderen?
- Was denken Sie, welchen Eindruck Sie hinterlassen haben?
- Machen Sie manchmal mehrere Dinge gleichzeitig?
- Mal ehrlich: Wie oft telefonieren Sie unkonzentriert, weil Sie dabei in Unterlagen blättern oder im Web herumklicken?
- Wie steht es um Ihren Humor? Behalten Sie diesen auch in kritischen Situationen?

Das Charisma-Barometer für den Charisma-Faktor Ruhe und Konzentration

Bitte markieren Sie mit Pfeilen Ihren Ist- und Ihren Wunsch-Zustand:

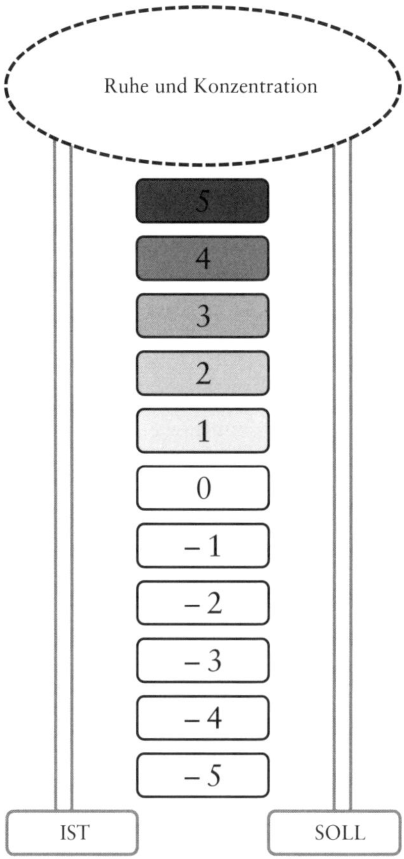

Charisma-Faktor 3: Lebensfreude und Begeisterung

Wer Menschen begeistern kann,
kann auf Zwang verzichten.

Nikolaus B. Enkelmann

Was uns wirklich beeindruckt

Wann hat Ihnen zuletzt jemand seine Lebensfreude mitgeteilt?

- Wie drückte sich dies aus?
- Wie geht es Ihnen, wenn Sie Lebensfreude bei jemandem spüren?

Begeisterung kann sich auf unterschiedliche Weise äußern: freudige Gesichtszüge, lautes Lachen, Hände in die Luft werfen, spontan klatschen.

- Beobachten Sie in den nächsten Tagen, wo Ihnen Begeisterung begegnet.
- Wovon lassen sich die Menschen begeistern, wer schafft es wie, diese Begeisterung (auch in Ihnen) auszulösen?
- Denken Sie an ein Ereignis, das Sie grenzenlos begeisterte. Was waren die Gründe für Ihre Begeisterung?

Gute Laune, Fröhlichkeit und Optimismus sind unglaublich anziehend. Nicht ohne Grund heißt es in einem alten italienischen Sprichwort: „Frohsinn eines Weibes fesselt einen Mann länger als Schönheit." Nicht die perfekte Schönheit ist entscheidend, sondern die persönliche Stimmungslage, die ein Mensch ausstrahlt. Das englische Forscherehepaar Ruben und Raquel Gur hat herausgefunden, dass Männergehirne gegen traurige Frauengesichter sogar immun sind.

Ein positiver Gesichtsausdruck ist für das Gegenüber immer auch ein Zeichen der Bestätigung und Zuneigung. Ein positiver, lächelnder Blick hat etwas unglaublich Ermutigendes und Motivierendes. Das gilt sowohl für Frauen als auch für Männer. Probieren Sie es aus: Lächeln Sie Menschen zu und viele werden zurücklächeln.

Wer Lebensfreude – die Freude am Leben – empfindet und diese auch für alle sichtbar ausdrücken kann, wirkt auf andere Menschen positiv, denn Freude ist immer etwas Erfrischendes, Ansteckendes. Wenn Sie Barack Obama beobachten, dann hat man immer das Gefühl, dass er seine Sache sehr gerne macht, dass er wirklich gerne da ist und sich auf die Begegnungen freut. Das sieht man am beschwingten Gang, am lächelnden Gesicht und am frohen Klang der Stimme. Er wirkt nie genervt und man sieht ihm die Last seines Amtes nicht an, sondern selbst in schwierigen Situationen zeigt er eine positive Miene und findet konstruktive Worte. Beobachtet man hingegen die meisten deutschen Manager oder Politiker, dann sieht man keine Lebensfreude. Auch Begeisterung zu zeigen fällt ihnen unglaublich schwer, und wenn sie schon einmal klatschen, dann möglichst unmotiviert und gelangweilt. Wirklich anziehend ist das nicht.

Zur Lebensfreude gehört auch die Fähigkeit, Dankbarkeit zu empfinden und auszudrücken. Zum Beispiel für die Zuwendung, die andere uns geben. Danke zu sagen steigert die eigene Lebensqualität und die der anderen nachhaltig! Lebensfreude führt auch zu Zuversicht und Vertrauen – auch wieder bei sich selbst und bei anderen, die man an seiner Lebensfreude teilhaben lässt. Zu Lebensfreude gehört auch die Fähigkeit, zu genießen und sich an den kleinen Dingen des Lebens zu erfreuen.

Sichtbarste Zeichen der Freude sind ein Lächeln, strahlende Augen und ein kurzes Heben der Augenbrauen. Das wird in allen Kulturen der Welt als Willkommenszeichen verstanden und nimmt den Menschen die Angst. Alles, was Sie tun, um Ihre Lebensfreude zu steigern, wird somit auch Ihre Ausstrahlung verbessern. Dazu kann neben den kleinen Freuden des Alltags auch gehören, sich mit geschmackvollen Dingen zu umgeben, sich Gutes zu tun, sich schön zu kleiden und für seinen Körper zu sorgen. Zu Lebensfreude gehört der Spaß, gehört Spiel, das fröhliche Miteinander. Überschneidungen mit Vitalität, Kraft und Energie sind hier nicht zufällig, eines verstärkt das andere, so wie auch Ruhe und Konzentration zu mehr Lebensfreude führen.

Die Partnerin der Lebensfreude ist die Begeisterung. Begeisterung ist ein herrliches Gefühl. Sie durchströmt uns und wir fühlen uns glücklich, entrückt, verzückt. Begeisterung ist selten etwas, das man nur für sich allein erlebt. Häufig tritt sie auf, wenn eine große Menge von Menschen gemeinsam etwas erlebt, zum Beispiel ein tolles Konzert oder eine mitreißende Rede. Sie tritt auf, wenn Menschen etwas erleben, das ihre Erwartungen mehr als erfüllt – ein beeindruckendes Service im Hotel oder im Restaurant, ein gelungener Event – oder wenn man sich gemeinsam an einer herausragenden Leistung freut, zum Beispiel im Sport. Von begeisternden Erlebnissen erzählt man anderen, man erinnert sich immer wieder daran und bewahrt sich vielleicht sogar ein Andenken daran auf.

Begeisterung und Lebensfreude sind zwei untrennbare Faktoren, denn ohne Freude am Dasein wird man sich nicht für andere begeistern können und man wird selbst nicht in der Lage sein, andere zu begeistern. Begeisterungsfähigkeit ist eine wichtige Voraussetzung, um andere überzeugen und führen zu können. Denn wer positiv auf andere wirken will, diese durch eine positive Ausstrahlung gewinnen und beeinflussen will, muss begeistern können.

Charismatische Menschen sind von sich auf eine gesunde Art und Weise überzeugt und können andere für ihre Ideen und Gedanken begeistern. Sie wissen, was sie wollen und was sie tun. Dies ist einer der Hauptfaktoren von Charisma: andere zu begeistern und zu inspirieren, sie mitzuziehen und an sich zu binden.

Wann aber kann der Funke der Begeisterung auf andere überspringen?

Wie wir an den Reden von Barack Obama immer wieder sehen können: Worte sind ganz wichtig, um andere zu begeistern. Geschichten, die die Gefühle der Menschen ansprechen, und einfache, einprägsame Botschaften, die die Bedürfnisse der Menschen adressieren, Visionen und Träume, in Worte gefasst. Doch die Worte allein reichen niemals aus, wenn man selbst keine Lebensfreude verkörpert. Körpersprache, Stimme, Augen, die gesamte Erscheinung beeinflusst den Grad der Begeisterung, den andere wahrnehmen und empfinden. Das begeisterte und begeisternde „Yes We Can!“ hat so Millionen von Menschen mitgezogen und tut es noch immer – diese drei Worte sind fast so etwas wie ein Zauberspruch, eine Beschwörung, mit der Barack Obama die Menschen für die Umsetzung seiner Ideen und Visionen begeistert, sie in ihrem Selbstvertrauen stärkt. Begeisterung ist eng verbunden mit Enthusiasmus, und dieser Enthusiasmus wirkt ansteckend. „Yes We Can“, eine Aussage, die vor Lebensfreude und Veränderungswillen nur so strotzt, lädt die Menschen mit Enthusiasmus auf und fördert das Zusammengehörigkeitsgefühl.

Wann ist jemand begeistert? Wenn er von seiner Idee, seiner Vision, seiner Arbeit überzeugt ist, wenn er Sinn darin sieht, das zu tun, was er tut. Begeisterung ist daher auch ein wichtiger Faktor bei der Führung von Menschen in Unternehmen, Begeisterung von Mitarbeitern und Kunden ist unerlässlich, um gute Umsätze zu machen. Ein Kunde, der begeistert ist, empfiehlt die Produkte des Unternehmens weiter. Ein begeisterter Mitarbeiter bringt andere gute Mitarbeiter ins Unternehmen.

Die Macht der Begeisterung

Der Faktor Begeisterung ist ohne starke, positive Gefühle nicht zu denken. Wer Menschen begeistern kann, spricht sie direkt bei ihren Emotionen an. Begeisterung und Lebensfreude können unglaubliche Energien freisetzen. Diese Energie potenziert sich, wenn sie viele Menschen gleichzeitig empfinden. Wer Begeisterung hervorrufen kann, hat daher auch eine unglaubliche Macht über die Menschen, die er begeistert – mit allen Vorteilen und Gefahren, die damit verbunden sein können.

- Begeisterung ist der Anfang aller Wunder.
- Begeisterung motiviert Menschen zum Handeln.
- Begeisterung zeigt, dass Sie einen Standpunkt haben.
- Begeisterung ist Doping für Körper, Geist und Gehirn.
- Begeisterung hilft selbst größte Ziele zu erreichen.
- Begeisterung verwandelt das Negative und verstärkt das Positive.
- Begeisterung macht Sie anziehend und sympathisch.
- Begeisterung nimmt Befehlen die Härte.

- Begeisterung heißt, Menschen zu beeinflussen, ohne zu dominieren.
- Durch Begeisterung können Sie die Gedanken und Gefühle anderer lenken.
- Begeisterung erweckt Begeisterung, Mut und Zuversicht.
- Ein begeisterter Mensch zieht keine Vergleiche.
- Begeisterung verleiht Ihrer Persönlichkeit Glanz.
- Begeisterung ist ein Zeichen, dass Sie kein Schattendasein führen.

Wer selbst begeisterungsfähig ist und andere zu begeistern versteht, hat einen der wichtigsten Schlüssel zu Erfolg und Einfluss in der Hand!

Merkmale, die mit Lebensfreude und Begeisterung verbunden sind

- Lächeln
- Zuversicht
- Vision
- Träume
- Ziele
- Humor
- Botschaft
- Überzeugung
- Positive Gefühle
- Beeinflussung
- Macht

Wie wirken Sie auf andere?

- Lebensfreude: Was bedeutet das für Sie?
- Wann haben Sie diese empfunden, wie fördern Sie diese?
- Was macht Ihnen Spaß?
- Was begeistert Sie?
- Wofür lassen Sie sich von anderen begeistern?
- Wann haben Sie andere begeistert?
- Was waren die Auslöser und Gründe für diese Begeisterung?

Das Charisma-Barometer für den Charisma-Faktor Lebensfreude und Begeisterung

Bitte markieren Sie mit Pfeilen Ihren Ist- und Ihren Wunsch-Zustand:

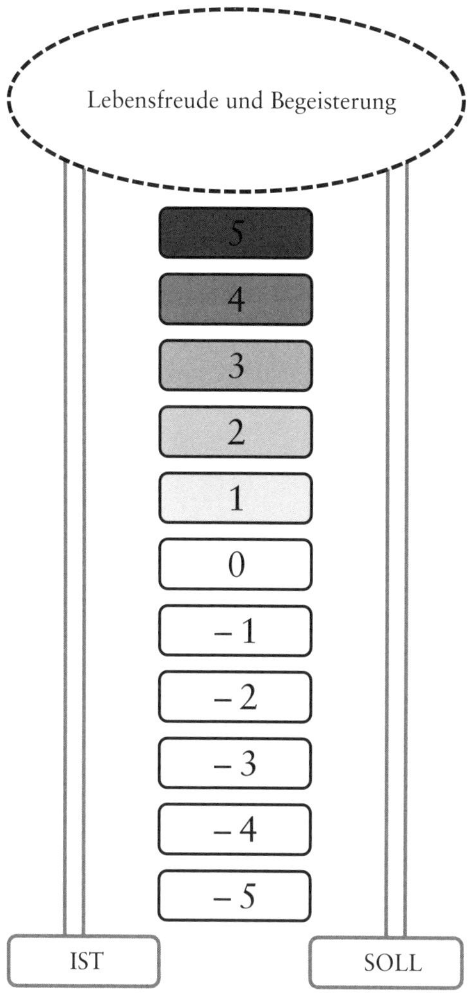

Charisma-Faktor 4: Emotion

Menschen werden stärker von
Emotionen als vom Intellekt gesteuert.

Nikolaus B. Enkelmann

Was uns wirklich beeindruckt

Achten Sie bewusst auf emotionale Reaktionen und Äußerungen von anderen: Freude, Stolz, Trauer, Enttäuschung, Ärger, Wut ...

- Wie drücken Menschen diese Gefühle aus?
- Was empfinden Sie dabei?

Nehmen Sie wieder Ihre Liste charismatischer Personen zur Hand:

- Welche Gefühle bringen Sie mit den einzelnen Personen in Verbindung?
- Welche Ereignisse fallen Ihnen ein, bei denen diese Personen Gefühle zeigten?
- Was haben diese Gefühlsbezeugungen in Ihnen ausgelöst?

Bei der Fußballweltmeisterschaft in Deutschland umarmten sich wildfremde Menschen auf den Fanmeilen, das ganze Land wurde von einer Welle der Freude und Begeisterung überflutet. Der Tod von Lady Di löste eine globale Welle der Trauer aus, die so stark war, dass das englische Königshaus aufgrund der Nichtreaktion der Queen auf den Unfalltod der „Königin der Herzen" in seinem Image und in seinen Grundfesten erschüttert wurde. Hillary Clinton weinte während des Präsidentschaftswahlkampfs in den USA vor laufenden Kameras Tränen der Enttäuschung und wurde dafür mit Sympathiepunkten belohnt.

Der Sozialpsychologe Ronald Riggio stellt fest: Ein charismatischer Mensch hat eine starke emotionale Ausdrucksfähigkeit, artikuliert seine Gefühle auf eine Weise, die Zuhörer anspricht, begeistert und zum Handeln motiviert. Charismatische Menschen sind gefühlvolle Menschen. Sie stehen zu ihren Emotionen und können diese auch ausdrücken. Dabei ist die Wirkung umso größer, je stärker und glaubwürdiger die Emotionen sind. Gerade Emotionen, die von Herzen kommen, finden den Weg mitten in die Herzen der Menschen. Mehr noch: Die Menschen sehnen sich nach mehr Gefühl, und wenn ihnen ein Weltstar wie Robbie Williams auf der Bühne versichert, wie lieb er sie hat, dann kreischen die Fans in Ekstase.

Zeigt jemand Gefühle, wirkt er menschlich. Es ist dann leichter, sich mit ihm zu identifizieren. Kommen die Gefühlsbezeugungen aufgesetzt hinüber, schadet es der Wirkung, da es unglaubwürdig wirken kann. Die erwähnten Tränen von Hillary Clinton wurden beispielsweise in den Medien weltweit hinterfragt und analysiert. Der angeblich so „kalte Fisch“ Hillary wurde des kalkulierten Schluchzens bezichtigt, mit dem sie das Ruder im Wahlkampf um die Nominierung zur Präsidentschaftskandidatin herumreißen wollte. Und die Fernsehrede der Queen zum Tod von Lady Di wirkte als das, was sie war: eine emotionslos dargebrachte Pflichtübung, um das Image der Monarchie zu retten. Ganz anders hingegen die Rede Barack Obamas am 4. November 2008 in Chicago anlässlich seines Wahlsieges. Er zeigte seine Freude und seinen Stolz über das Erreichte und bedankte sich bei seiner Familie, seinen Helfern und Unterstützern und seinen Wählern mit den Worten: „Aber darüber hinaus werde ich nie vergessen, wem dieser Sieg wirklich gehört: Er gehört Euch. Er gehört Euch!“

Charismatische Menschen haben ein sehr feines Gespür dafür, welche Gefühle sie mit den Menschen teilen sollten und welche nicht. So werden sie ihre Mitmenschen nicht täglich mit ihren aktuellen Gefühlsschwankungen behelligen, sondern sehr genau überlegen, was angebracht und angemessen ist. Als Gerhard Schröder im Kanzlerduell 2005 seiner Frau Doris öffentlich eine Liebeserklärung machte, gewann er das Duell für sich.

Charismatische Menschen empfinden Emotionen sehr stark, und sie sind in der Lage, auch andere Menschen diese Gefühle stark empfinden zu lassen, so der britische Psychologe Richard Wiseman. Ob Freude oder Trauer, solche Gefühle wirken immer ansteckend und vertiefen die Bindung zu den Menschen.

Wie ansteckend Gefühle sind, haben Joyce Bono und Remus Ilies untersucht. Sie fanden heraus, dass charismatische Führungskräfte deutlich mehr positive Worte verwenden und mehr positive Gefühle ausdrücken. Mehr noch konnten sie belegen, dass die positive Gefühls- und Stimmungslage dieser Führungskräfte sich auf ihre Mitarbeiter überträgt. Sie übertragen also ihre Gefühle von Hoffnung, Zuversicht und Optimismus auf ihr Umfeld und werden zum Dank noch als deutlich effektivere Führungskräfte eingeschätzt. Gefühle zu zeigen zahlt sich also aus. Dieser Effekt hat jedoch auch viel mit Status und Position in der Hierarchie zu tun, wie eine Studie von Anderson, John und Keltner herausfand. Demnach ist die „Ansteckungsgefahr" deutlich größer, wenn die Gefühle von der mächtigeren Person ausgehen. Sie übertragen sich also eher von der Führungskraft auf den Mitarbeiter als umgekehrt.

Gefühle spielen immer eine Rolle. Bei vielen charismatischen Menschen waren und sind Gefühle starke Antreiber. Bei Martin Luther King, Nelson Mandela oder Mahatma Gandhi zum Beispiel waren dies Gerechtigkeitsempfinden, Sehnsucht nach einer besseren Gesellschaft, Hoffnung, Liebe, der Wunsch nach Freiheit. Sie haben damit die Gefühle der Massen ausgedrückt und Geschichte geschrieben, indem sie zu einschneidenden politischen Veränderungen in der Welt beigetragen haben, die ohne diese Menschen so nicht passiert wären.

Sehr gut sichtbar sind Gefühle im Sport, wo Freude und Enttäuschung sehr nah beieinander liegen und wo Tränen nichts Ungewöhnliches sind. Sportereignisse sind immer mit starken Gefühlen verbunden, bei den Sportlern wie beim Publikum. Die besten Bilder, die von sportlichen Großereignissen, von glücklichen Siegern und enttäuschten Verlierern transportiert werden, sind immer stark emotionalisierend.

Wer nie Gefühle zeigt, wirkt kalt und unnahbar. Wenn jemand auf diese Weise absichtlich eine Distanz aufbaut, wird er keine charismatische Wirkung erzielen, sondern er wird auf Dauer sein Umfeld eher verunsichern und einschüchtern. Gefühle zuzulassen und auszudrücken ist also nicht unprofessionell, sondern kann die Glaubwürdigkeit der Person unterstützen. Wer seine Mitmenschen beeinflussen will, wer auf sie positiv wirken will, sollte kein Pokerface aufsetzen und er sollte den Mut haben, Gefühle zu zeigen.

Merkmale, die mit dem Charisma-Faktor Emotion verbunden sind

- Begeisterung
- Vertrauen
- Verständnis
- Glaubwürdigkeit
- Menschlichkeit
- Nähe
- Hoffnung
- Vision
- Traum
- Botschaft

Wie wirken Sie auf andere?

- Wann hatten Sie das letzte Mal einen öffentlichen, einen wirkungsvollen Gefühlsausbruch?
- Liebe, Freude, Trauer, Enttäuschung, Wut ... wie haben sich Ihre Gefühle geäußert?
- Wie ging Ihr Umfeld damit um?
- Wie gehen Sie gewöhnlich mit Emotionen um? Verbergen Sie diese, zeigen Sie diese?
- Welche Gefühle zeigen Sie und welche lieber nicht?

Das Charisma-Barometer für den Charisma-Faktor Emotion

Bitte markieren Sie mit Pfeilen Ihren Ist- und Ihren Wunsch-Zustand:

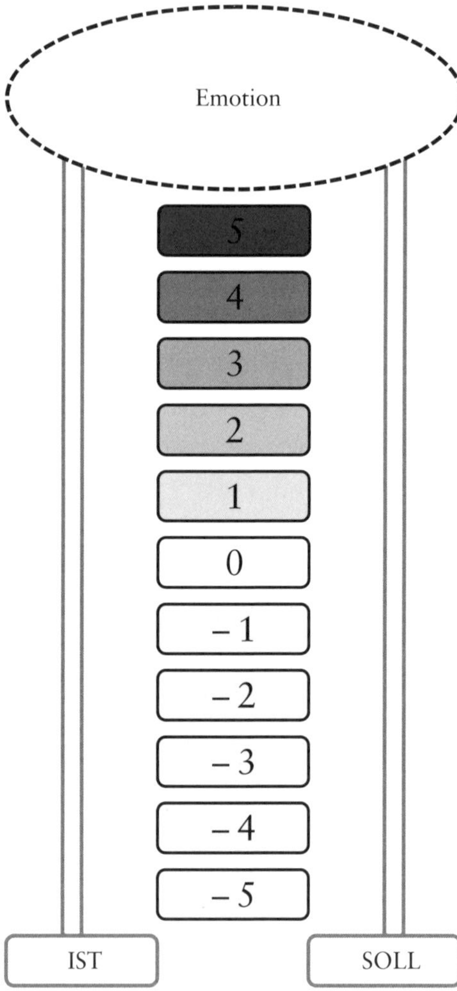

Charisma-Faktor 5: Empathie

I feel your pain!

Bill Clinton

Was uns wirklich beeindruckt

Denken Sie wieder an die Liste der Ihnen bekannten charismatischen Personen.

- Benennen Sie jene, von denen Sie annehmen, dass sie ein starkes Einfühlungsvermögen haben.
- Woran erkennen Sie das?

Wie kommt es bei Ihnen an, wenn jemand mit Ihnen mitfühlt?

Empathie bedeutet, mit anderen Menschen mitzufühlen, sich in ihre Lage versetzen zu können. Mitfühlen zu können bedeutet, zu spüren, was der andere fühlt, und gleichzeitig mit eigenen Gefühlen darauf entsprechend zu reagieren. Nicht gleichgültig gegenüber dem Schicksal anderer zu sein, sondern Anteilnahme zu zeigen. Ein empathischer Mensch stellt sich also vor, wie es dem anderen geht, und kann so fühlen, wahrnehmen und denken, als wäre er der andere.

Charismatische Menschen können sich in andere sehr gut einfühlen und zeigen dies auch. Dazu gehört zum einen, wirklich gut zuhören, zum anderen aber auch, Körpersprache und Mimik erfassen zu können und die Gefühle des anderen auf unterschiedlichen Ebenen zu erfassen. Verbal äußert sich Empathie zum Beispiel in Aussagen wie „Ich fühle mit Ihnen", ein Satz, der Bill Clinton zugeschrieben wird. Er hat ihn in den Neunziger Jahren bei Begegnungen mit Aidskranken und Arbeitslosen immer wieder verwendet, um sein Mitgefühl mit ihrem Leid auszudrücken. Typisch ist in diesem Zusammenhang auch das Bild des Politikers, der einen von einer Naturkatastrophe gezeichneten Landstrich besucht oder anlässlich eines opferreichen Flugzeugabsturzes oder ähnlicher Ereignisse die Angehörigen seines Mitgefühls versichert. Als Angela Merkel im Kanzlerduell 2005 auf den Hurrikan Katrina angesprochen wurde, zeigte sie jedoch wenig Mitgefühl. Eher war sie bemüht, ihren damaligen Amtskollegen George W. Bush nicht zu verärgern. Auf die Frage „Frau Merkel, würden Sie sagen, die US-Führung hat hier in der Hilfeleistung versagt?" reagierte sie mit: „Ich finde es richtig, dass die Bundesregierung und auch unsere Bundesländer versuchen, den Amerikanern zu helfen. Das ist jetzt nicht die Stunde – Sie haben von den schrecklichen Bildern gesprochen. Ich kann nur sagen, ich spreche über unsere Gesellschaft." Angela Merkel lenkte von der in der Frage enthaltenen Kritik am Krisenmanagement von Bush ab und versuchte, ihre Empathie für die sozial benachteiligten Bevölkerungsgruppen in Deutschland auszudrücken, was aber angesichts der Auswirkungen des Hurrikans in New Orleans gar keine gute Wirkung hinterließ.

Viele charismatische Prominente, zum Beispiel Schauspieler, wirken für Wohltätigkeitsorganisationen als „Botschafter" und zeigen ihr Mitgefühl öffentlich, was ihnen Aufmerksamkeit in den Medien verspricht und der Organisation ein erhöhtes Spendenaufkommen sichert. Mutter Teresa hat ihr Charisma zu einem großen Teil aus ihrer empathischen Haltung gezogen, ihre ganze Arbeit war darauf gegründet, Mitgefühl zu zeigen, zu wecken und damit den Ärmsten der Armen zu helfen.

Empathie ist ein ganz starker Charisma-Faktor, und ohne Empathie ist Charisma kaum denkbar. Wahre Charismatiker werden daher auch keine Egozentriker sein, sie werden immer danach trachten, dass es den anderen gut geht und dass diese erfolgreich sind. Führungskräfte, deren Aufgabe es ist, andere zu leiten und ihnen Visionen aufzuzeigen, müssen daher zur Empathie fähig sein, wenn sie erfolgreich sein wollen.

Besonders wichtig ist dieser Charisma-Faktor für Ärzte. Sie haben wahrscheinlich schon Ärzte erlebt, für die Sie nur eine Nummer waren, die nicht zugehört haben oder die in brutalstmöglicher Weise Todesurteile überbracht haben. Was jedoch aus Sicht der Patienten einen guten Arzt ausmacht, ist, dass die Patienten das Gefühl haben, ernst genommen zu werden und dem Arzt nicht egal zu sein. Sie wollen sich verstanden fühlen. Und wer sich verstanden fühlt, verklagt seinen Arzt nicht, auch wenn dieser nachweislich einen Fehler begangen hat, wie Malcolm Gladwell in *Blink!* beschreibt. Dabei bezieht der Autor sich auf Studien, die zeigen, dass Ärzte, die sich Zeit für ihre Patienten nehmen, ihnen zuhören und mitfühlend und humorvoll mit ihnen sprechen, nie auf Schmerzengeld verklagt werden, andere hingegen, die sich wenig Zeit für die Patienten nehmen, ihnen Befunde nicht erklären und sich nicht mit ihnen unterhalten, nachweislich öfter vor Gericht landen. Dabei liegt der Unterschied weder in einer besseren Aufklärung über den Gesundheitszustand noch in der Medikation, sondern einzig und allein darin, wie die Ärzte sich mit den Patienten unterhalten.

Empathie wird über den Körper, die Körpersprache, die Stimme und die Augen ausgedrückt. Herzlichkeit, Zuwendung, Dank, Lob, Humor sind Ausdrucksformen von Empathie.

Merkmale, die mit dem Charisma-Faktor Empathie verbunden sind

- Aufmerksam zuhören
- Lächeln
- Interesse
- Nachfragen
- Sprechen
- Berühren
- Nähe zulassen
- Vorurteile abbauen
- Wertfreiheit

Wie wirken Sie auf andere?

Denken Sie an Situationen, in denen Sie mit Problemen anderer konfrontiert wurden.

- Wie haben Sie reagiert, was haben Sie dabei gefühlt?
- Wie gut können Sie sich in die Sichtweise, die Position anderer Menschen versetzen?
- Kennen Sie die Probleme Ihrer Zielgruppe?

Das Charisma-Barometer für den Charisma-Faktor Empathie

Bitte markieren Sie mit Pfeilen Ihren Ist- und Ihren Wunsch-Zustand:

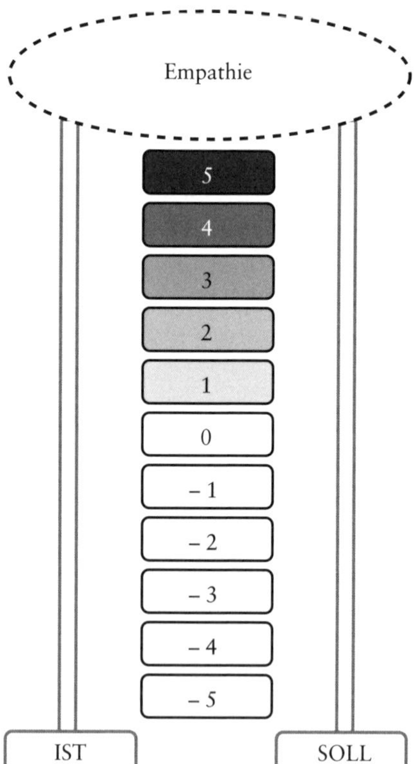

Charisma-Faktor 6: Entschlossenheit

Die Menschen warten darauf, dass Sie sagen, was Sie wollen.

Nikolaus B. Enkelmann

Was uns wirklich beeindruckt

Betrachten Sie wieder Ihre Liste der charismatischen Personen:

- Welche Rolle spielt bei diesen Menschen der Faktor Entschlossenheit?
- Was haben diese Menschen bewirkt oder bewirken sie?
- Wodurch drückt sich die Entschlossenheit dieser Personen aus?
- Fallen Ihnen noch weitere Personen ein, die sich besonders entschlossen zeigen?

Ein entschlossener Mensch packt an. Er ist bereit, Risiken einzugehen, und übernimmt die Verantwortung für sein Handeln. Er stellt bei Bedarf das Wohl der Menschen über das Gesetz – wie das eindrucksvolle Beispiel des damaligen Senators Helmut Schmidt während der Sturmflut in Hamburg 1962 zeigte, der militärische Hilfe anforderte, obwohl er verfassungsrechtlich dazu nicht befugt war. Entschlossenheit, Empathie, Professionalität und Konzentration retteten damals vielen Menschen das Leben, und diese Charisma-Faktoren charakterisierten die gesamte Laufbahn von Helmut Schmidt.

Entschlossenheit ist eine sehr seltene Eigenschaft, allerdings ein sehr gewichtiger Karrierefaktor. Die Menschen sehnen sich nach jemandem, der das Heft in die Hand nimmt und genau weiß, was zu tun ist. In Zeiten einer immer größer werdenden Unübersichtlichkeit, mit unglaublich vielen Wahlmöglichkeiten, braucht es Menschen, die anderen Wege aufzeigen und Entscheidungen abnehmen. Und zur Entschlossenheit gehört es, Entscheidungen zu treffen. Und davor fürchten sich viele, weil sie die Konsequenzen fürchten. Fehlende Entschlossenheit ist manchmal auch der Grund, warum Frauen nicht aufsteigen – was aber eher ein Kommunikationsproblem als ein Handlungsproblem ist, denn gerade Frauen treffen im Alltag unglaublich viele Entscheidungen, sehen dies aber nicht als Führungsqualität und „verkaufen“ diese Fähigkeit daher auch nicht besonders gut.

Zu Entschlossenheit gehört, die Initiative zu ergreifen, aktiv auf Problemstellungen zuzugehen, Aufgaben zu verteilen. Charismatiker bluffen weniger und handeln mehr, sie packen's an und riskieren etwas. Entschlossenheit ist mit Risikobereitschaft verbunden. Mit der Bereitschaft, Fehler und Scheitern zu riskieren. Und wenn es mal schiefgeht, dann starten sie noch mal durch und probieren es wieder. Fehler sind kein Problem, sondern eine Gelegenheit, zu lernen. Ein zögerlicher Mensch, der sich lieber nach allen Seiten absichert, wird daher weder eine sehr gewinnende Ausstrahlung aufbauen noch andere wirklich beeinflussen können.

Entschlossenheit ist die kongeniale Schwester aller anderen Charisma-Faktoren. Ohne Entschlossenheit würden diese nur schwach oder gar nicht wirken. Denn erst durch Entschlossenheit werden Visionen und Botschaften auch umgesetzt.

Entschlossenheit drückt sich sehr stark in der Körperhaltung aus – es ist mehr als der aufrechte Gang, der feste Schritt, die Ausstrahlung von Vitalität, Kraft und Energie, ein bestimmter Gesichtsausdruck, ein klarer Blick. Entschlossenheit drückt sich in einer starken, kämpferischen Gestik aus. Die Körpersprache der Entschlossenheit sieht anders aus als die Körpersprache eines Langweilers. Entschlossenheit zeigt sich ganz klar darin, ob jemand beim Reden seine Hände zeigt oder diese gar in der Hosentasche oder hinter dem Rücken versteckt. Ein entschlossener Mensch zeigt die Hände und unterstreicht damit sehr stark das Gesagte. Die geballte Faust ist ein sichtbares Zeichen für Entschlossenheit.

Körperlich engagiert zu reden ist etwas ganz anderes als einfach den gleichen Text gelangweilt vom Blatt abzulesen. Text und Inhalt gewinnen erst durch die Entschlossenheit an Kraft, und jeder merkt, dass dem Redner seine Sache sehr am Herzen liegt. Entschlossenheit zeigt sich aber auch in der sehr klaren und lauten Stimme. Hier wird transportiert, dass wirklich jeder zuhören sollte, da es sich um etwas sehr Wichtiges handelt. Die exzellenten Reden von Barack Obama sind eindrucksvolle Beispiele dafür, wie sich

Entschlossenheit in der Sprache und Stimme ausdrückt und wie der Charisma-Faktor Entschlossenheit medienwirksam inszeniert werden kann.

Entschlossenheit ist immer mit einer Botschaft, mit einer Vision, mit Zielen verbunden. Entschlossenheit kann man schwer spielen oder vortäuschen. Wer nicht selbst überzeugt davon ist, was er verkündet oder tut, wird nicht glaubwürdig sein.

Zur Entschlossenheit gehört die Fähigkeit, zu delegieren. Sich selbst auf seine Kernkompetenzen zu konzentrieren und Aufgaben, die andere besser oder schneller erledigen können, diesen zu übertragen. Das heißt auch, nicht alle Anliegen auf einmal durchsetzen zu wollen und sich auf das Wesentliche zu konzentrieren, Schritt für Schritt vorzugehen.

Entschlossenheit bedeutet nicht, keine Angst zu haben, sondern konstruktiv mit der Angst umzugehen, ihr ins Auge zu blicken und über sich hinauszuwachsen, mit gutem Beispiel voranzugehen, andere wachzurütteln, zu begeistern und zu inspirieren. Sie löst in anderen Gefühle aus, verwandelt auch bei anderen Angst in Mut und vermittelt Vertrauen. Wer entschlossen handelt, wird von anderen als Leader anerkannt und Macht erhalten. Die Welt ist voller Probleme, die gelöst werden wollen. Das ist die Chance entschlossener Menschen.

Merkmale, die mit dem Charisma-Faktor Entschlossenheit verbunden sind

- Spontaneität
- Handeln
- Mut
- Entscheidungsstärke
- Risikobereitschaft
- Bereitschaft, sich Kritik auszusetzen
- Fähigkeit, zu delegieren
- Konzentration auf das Wesentliche
- Strategisches Denken

Wie wirken Sie auf andere?

- Wann haben Sie das letzte Mal etwas entschieden, etwas entschlossen in die Hand genommen, etwas aktiv getan?
- Wie ist es Ihnen dabei ergangen, die Macherrolle einzunehmen?
- Wie haben andere darauf reagiert?
- Wann haben Sie gezögert, obwohl Handeln angesagt gewesen wäre, und wie ist es Ihnen dabei gegangen?

Das Charisma-Barometer für den Charisma-Faktor Entschlossenheit

Bitte markieren Sie mit Pfeilen Ihren Ist- und Ihren Wunsch-Zustand:

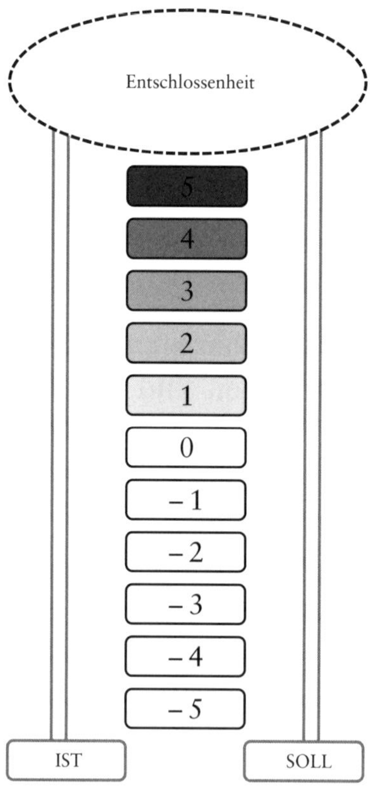

Charisma-Faktor 7: Die Botschaft

Wer einen wirklich klaren Gedanken hat, kann ihn auch darstellen. Ist der Geist einmal der Dinge Herr, folgen die Worte von selbst.

Michel de Montaigne

Was uns wirklich beeindruckt

Nehmen Sie wieder Ihre Liste charismatischer Personen her.

- Wofür stehen diese, was ist ihre Vision, ihre Botschaft?
- Beschreiben Sie diese Botschaft in möglichst wenigen Worten.

Welchen Personen fallen Ihnen noch ein, die mit einer klaren Botschaft verbunden werden können?

Die Namen vieler charismatischer Persönlichkeiten stehen für etwas, was diese Menschen getan oder durch ihre Arbeit bewirkt haben. Nelson Mandela befreite die Schwarzen von der Apartheid. Mahatma Gandhi befreite Indien mit gewaltlosen Mitteln von der Kolonialherrschaft der Briten. Bill Gates brachte den Personal Computer in jedes Wohnzimmer. Bob Geldof und Bono setzen sich für die hungernde Bevölkerung Afrikas ein. Anita Roddick, Body Shop, kämpfte gegen Tierversuche in der Kosmetikindustrie und schuf ein Bewusstsein für fairen Handel. Mutter Teresa steht für die „Missionarinnen der Nächstenliebe", Steve Jobs für die innovativen Produkte von Apple und Barack Obama steht für Change, für einen Neuanfang.

Den Veränderungen und Errungenschaften, die wir mit diesen Menschen verbinden, geht eine Vision voraus und die Bereitschaft, sich dafür einzusetzen. Eine Vision, die sie mit Entschlossenheit verfolgen und in die Tat umsetzen. Im Laufe der Zeit wurden ihre Namen zu Verkörperungen dieser Visionen, dieser Botschaften.

Die Vision, die Botschaft ist einer der wichtigsten Charisma-Faktoren. Darum ist persönliche Zielklarheit so wichtig. Bei jeder Gelegenheit sprechen Sie über das, was Ihnen am Herzen liegt. Erst durch das ständige Wiederholen einer Idee gewinnt diese langsam an Kraft. Je klarer das Profil eines Menschen, je deutlicher es ist, was dieser Mensch tut und vor allem erreichen will, um so leichter ist es, sich damit zu identifizieren oder gar ein Fan zu werden.

Einfach formulierte, auf den Punkt gebrachte und sehr positive Botschaften sind am gefälligsten und machen es den Menschen leicht, sich der Idee anzuschließen und sich mit dem Menschen zu identifizieren. Sich für etwas Bestimmtes einzusetzen, wie zum Beispiel für „Schulen für die Kinder auf den Straßen von Kalkutta", ist dabei immer wirksamer als einfach prinzipiell in der Opposition und damit gegen etwas zu sein, wie nur ganz allgemein „gegen Kinderarbeit in Kalkutta". Die frohe Botschaft könnte dann folgendermaßen lauten: „Sie können Kindern eine Zukunft schenken. Wenn Sie alle, wenn wir alle diese CD kaufen, dann können 10.000 Kinder in Kalkutta zur Schule gehen."

Sich über viele Jahre für eine gute Sache einzusetzen bewirkt, dass bereits der Name in den Menschen etwas auslöst, nämlich Aufmerksamkeit, die Bereitschaft zuzuhören, Identifikation mit den Zielen der Person, Emotion, Begeisterung und den Willen, zum Fürsprecher dieser Botschaft zu werden.

So wie die genannten Persönlichkeiten eine Botschaft haben und hatten, die einen wichtigen Teil ihrer positiven Wirkung ausmacht, so kann dies jeder Mensch auf seinem Gebiet, für seine Persönlichkeit haben. Und für eine maximale positive Ausstrahlung ist die Vision, die Botschaft sogar ein unerlässlicher Teil der eigenen „Marke". Die Botschaft drückt sich in der Lebensaufgabe aus, die ein Mensch auf sich nimmt. Wer diese Aufgabe mit Freude erfüllt, wird Begeisterung zeigen, wird Emotionen zeigen, wird andere über seine Aufgabe, seine Lebensaufgabe informieren, wird sich Ziele setzen und diese konsequent verfolgen. Wichtig dabei ist: Die Aufgabe, die ein Mensch sich setzt oder der er folgt, sollte ihn mit Freude und mit Begeisterung erfüllen.

Die Botschaft hat etwas damit zu tun, was jemand sich zum Ziel gesetzt hat und wo er erfolgreich ist oder sein will. Die Botschaft muss schlüssig sein, in sich konsistent. Es gilt, Widersprüche zu vermeiden. Die Botschaft muss sich in allen Handlungen und Aktivitäten, im Auftreten und in der Sprache konsistent widerspiegeln. Und diese Botschaft trägt dazu bei, andere zu verzaubern. Wichtig bei der Botschaft ist: Kontinuität. Dauerhaftigkeit. Auch wenn sich die Botschaft in Nuancen ändern mag, der Kern bleibt immer gleich.

Im besten Fall wird der Name zur Botschaft. Sobald man den Namen hört oder liest, erinnern wir uns an die Botschaft. Der Name wird so zur Marke mit Wiedererkennungseffekt. Die Botschaft, die Vision gibt die Richtung an, ist eine Handlungsorientierung für den Träger der Botschaft selbst wie für alle, die sich damit identifizieren. Die Botschaft zeigt, wofür Sie stehen, wofür Sie sich einsetzen.

Eine Botschaft ist nicht nur der Inhalt allein. Das ganze Auftreten gehört zur Botschaft, das Outfit, die Körpersprache, die Stimme, die Augen.

Für die Botschaft ist auch der erste Eindruck ganz wichtig. Wenn dieser und die Botschaft nicht zusammenpassen, wenn der erste Eindruck eine andere Botschaft vermittelt als die Botschaft als solche, dann ist es unglaublich schwer, Anhänger und Unterstützer zu finden. Wenn Sie Ihre Botschaft noch nicht definiert haben, dann besteht dringender Handlungsbedarf.

Merkmale, die mit dem Charisma-Faktor Botschaft verbunden sind

- Klarheit
- Emotion
- Identifikation
- Handlungsbereitschaft
- Zielorientiertheit
- Kompetenz
- Begeisterung
- Willenskraft
- Stärke
- Empathie

Wie wirken Sie auf andere?

- Welche Botschaft haben Sie, welche Vision verkörpern Sie?
- Wofür sind Sie Experte?
- Mit welchen Inhalten und Zeichen bringen Sie Ihre Botschaft zum Ausdruck?

Das Charisma-Barometer für den Charisma-Faktor Botschaft

Bitte markieren Sie mit Pfeilen Ihren Ist- und Ihren Wunsch-Zustand:

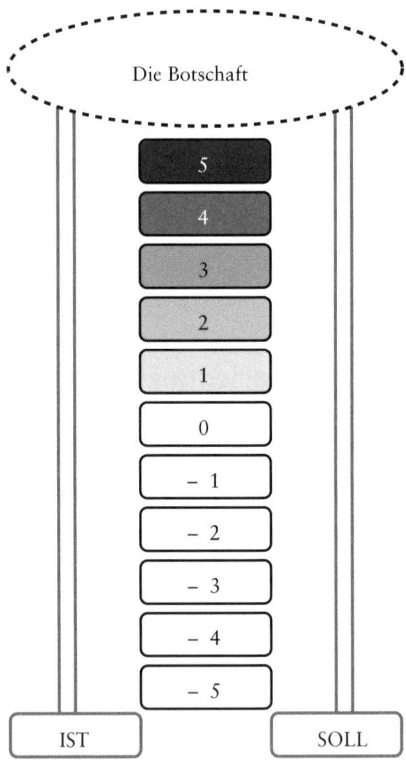

Charisma-Faktor 8: Professionalität

Amateure stören in jedem Beruf,
Profis vertragen sich immer.

Rainer Barzel

Was uns wirklich beeindruckt

Betrachten Sie wieder die Liste der charismatischen Persönlichkeiten.

- Wen davon würden Sie als besonders professionell bezeichnen?
- Was macht diese Professionalität aus?
- Fallen Ihnen noch weitere Menschen ein, die sehr professionell auftreten?

Der Charisma-Faktor Professionalität wirkt auf unterschiedlichen Ebenen, von der der Situation angemessenen äußeren Erscheinung über das Verhalten und den Umgang mit anderen bis hin zur Kommunikation. Das Besondere an diesem Charisma-Faktor: Wenn er fehlt, wird mancher andere Faktor wirkungslos oder gar als peinlich wahrgenommen. Empathie ist ein sehr schöner Charisma-Faktor, allerdings wirkt es nicht professionell, wenn dieses Mitgefühl dazu führt, dass die Unicef-Botschafterin beim Besuch des Kinderheims in Afrika vor laufender Kamera ständig in Tränen ausbricht. Begeisterung und Lebensfreude zu zeigen, wenn das Unternehmen einen schönen Erfolg erzielt hat, ist toll, aber der Chef sollte sich immer dessen bewusst sein, dass hemmungsloses Abtanzen bei der Firmenfeier ihn möglicherweise ein paar Respektspunkte kostet. Professionell bedeutet allerdings nicht, bei einer traurigen oder enttäuschenden Situation mit eiserner Miene dazusitzen. So hat sogar Hillary Clinton, ein Musterbeispiel von Professionalität, schon öffentlich geweint, als sie sehr enttäuscht war. Professionell heißt auch nicht lustfeindlich oder gar perfekt, sondern angemessen, respektvoll und mit einer gewissen Haltung und Selbstsicherheit zu agieren.

Was gehört zu Professionalität?

Charismatische Menschen erscheinen pünktlich zu Terminen und Verabredungen. Sie sind auf die Besprechung oder das Treffen vorbereitet, haben sich für geschäftliche Angelegenheiten schriftliche Notizen gemacht. Sie sind freundlich und behandeln alle Menschen höflich, sie bedanken sich häufig und loben andere. Über Fehler und Fauxpas sehen sie hinweg und kommentieren diese nicht. Machen sie selbst einen Fehler, so stehen sie dazu und entschuldigen sich. Sie klatschen nicht über abwesende Dritte und vermeiden Tratsch.

Bei technischen Pannen oder wenn mal etwas schiefgeht, rasten sie nicht aus oder verfallen sie nicht in Rechtfertigungstiraden und suchen nach Schuldigen, sondern überspielen die Situation gekonnt – so nimmt zum Beispiel das Publikum bei Vorträgen oft gar nicht wahr, wenn die Technik versagt oder eine Folie fehlt, weil der professionelle Redner weiß, wie er die Lage unauffällig in den Griff bekommt.

Der Charisma-Faktor Professionalität drückt sich auch darin aus, wie man Untergebene behandelt – nämlich als gleichwertig. Ein sehr schönes Beispiel, wie diese Haltung in eine Firmenphilosophie integriert werden kann, liefert die Luxus-Hotelkette Ritz-Carlton. Die Mitarbeiter bezeichnen sich dort als „Ladies and Gentlemen serving Ladies and Gentlemen". Dieses Motto kennzeichnet die Dienstleistungen auf allen Ebenen, vom Empfang bis zum Wäscheservice, und führt die Mitarbeiter immer wieder zu Höchstleistungen und die Gäste zu immer neuen begeisternden Erlebnissen.

Professionalität zeigt sich darin, ob jemand seine Zusagen einhält oder gar mehr hält, als er verspricht. Und man verspricht nur Dinge, die man wirklich erfüllen will und kann. Weiß man mal nicht weiter, dann gibt man das zu und weist auf andere Möglichkeiten hin, wo eine Lösung zu finden sein könnte. Ebenso ist es professionell, selbst um Hilfe und um Unterstützung zu bitten. Dies wird von vielen Menschen als Schwäche betrachtet, aber es ist das Gegenteil davon: Wer anderen die Möglichkeit gibt, zu helfen, anerkennt diese und vermittelt ihnen ein gutes Gefühl, es ist also eine Stärke und verleiht Macht.

Zur Professionalität gehört jedoch auch, das nötige Fachwissen und Know-how zu besitzen. Wer nur gut wirkt, ohne entsprechendes Wissen und Können, wird früher oder später als „Schwätzer“ entlarvt. Nicht professionell ist es jedoch, andere bei jeder sich bietenden Gelegenheit mit seinem Fachwissen zwangszubeglücken oder besserwisserisch aufzutreten, andere zu korrigieren und als unwissend bloßzustellen.

Professionalität heißt nicht, kühl und distanziert oder gar arrogant zu sein. Professionell ist, wer die anderen Charisma-Faktoren kennt und einzusetzen weiß. Der weiß, wie er sich in emotionalen Situationen verhält, wie er anderen sein Mitgefühl zeigt, der sich auf Situationen einstellen kann und der, wenn nötig, entschlossen vorgeht.

Professionelle Auftritte sind selten, umso spannender ist es, sie zu studieren und von ihnen zu lernen. Hier kann wieder einmal Barack Obama als glänzendes Beispiel genannt werden, der jeden Tag in vielen unterschiedlichen Situationen bestehen muss und bei jedem Schritt unter Beobachtung steht. Doch er tritt immer professionell auf und weiß, was seine Aufgabe von ihm verlangt.

Merkmale, die mit dem Charisma-Faktor Professionalität verbunden sind

- Verbindlichkeit
- Glaubwürdigkeit
- Stilsicherheit
- Präsenz
- Fachwissen
- Gelassenheit
- Zuverlässigkeit
- Haltung
- Selbstsicherheit
- Kompetenz

Wie wirken Sie auf andere?

Erinnern Sie sich an eine Situation, in der Ihre Professionalität gefragt war.

- Beschreiben Sie für sich die Situation und wie Sie gehandelt haben.
- Was waren die Reaktionen?
- Wie haben Sie sich gefühlt?

Das Charisma-Barometer für den Charisma-Faktor Professionalität

Bitte markieren Sie mit Pfeilen Ihren Ist- und Ihren Wunsch-Zustand:

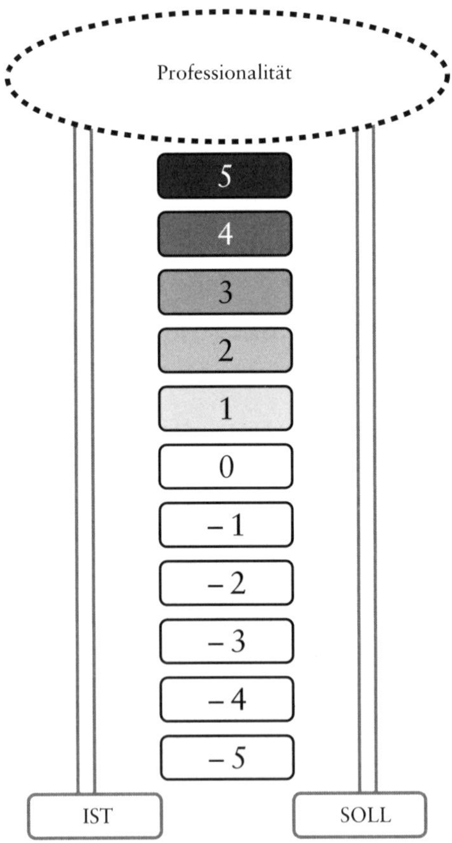

Charisma-Faktor 9: Stimmigkeit

Unsere Glaubwürdigkeit steht und fällt mit der Übereinstimmung unserer Gedanken, Worte und Werke.

Ernst Ferstl

Was uns wirklich beeindruckt

Nehmen Sie nun noch einmal Ihre Liste charismatischer Personen zur Hand und fragen Sie bei jedem Namen, den Sie darauf notiert haben:

Wie gelingt es dieser Person, mich wirklich zu beeindrucken?

Stimmigkeit bedeutet, dass der Gesamteindruck, den Sie bei anderen hinterlassen, eindeutig ist. So wie bei einem Puzzle müssen alle Teile zueinander passen. Sobald ein Puzzleteil nicht passt, ist das Bild nicht in sich geschlossen und verwirrt beziehungsweise verunsichert den Betrachter. Es entsteht beim Betrachter das Gefühl, dass da etwas nicht stimmt. Glaubwürdigkeit ist ohne Stimmigkeit nicht möglich.

Stimmig ist, wenn alle Signale, die Sie aussenden, zusammenpassen. Stimmigkeit ist aber auch, wenn Sie öffentlich die Werte vertreten, die Sie im echten Leben anderen vorleben. Stimmigkeit ist, wenn Ihre Träume dem entsprechen, wie Sie sich geben. Das sind Augenblicke, in denen Ihr Inneres und Ihr Äußeres im Einklang miteinander sind. Sie spielen keine Rolle, sondern sind ganz Sie selbst. Sie fühlen sich in der jeweiligen Situation wohl und vermitteln anderen ein Gefühl des Wohlbefindens und der Sicherheit.

Stimmigkeit bedeutet auch, dass das, was Sie inhaltlich vertreten, zu Ihrer Körpersprache passt. Ihre Botschaft verkörpert das, was Ihnen am Herzen liegt, und nicht nur das, was andere hören möchten. Eine stimmige Persönlichkeit ruht in sich selbst und lässt sich von Kritik nicht verunsichern, sie steht zu sich und ihrer Meinung. In stressigen Situationen bleibt sie gelassen und entscheidungsfreudig. Stimmigkeit ist das Merkmal einer reflektierten Persönlichkeit und so ein wichtiger Faktor für Charisma.

Unstimmig ist, Wasser zu predigen und Wein zu trinken. Wenn jemand für Umweltschutz eintritt, jedoch selbst ein Fahrzeug mit einem enorm hohen CO_2-Ausstoß fährt, dann wird er unglaubwürdig. Besser wäre es, so wie Arnold Schwarzenegger zu agieren, der seinen Hummer auf einen umweltschonenderen Motor umrüsten ließ.

Stimmigkeit ist gleichzeitig das Ergebnis dessen, wie die anderen Charisma-Faktoren sich miteinander verbinden – zu einem stimmigen Bild. Hier zur Erinnerung noch einmal die anderen Faktoren:

- Vitalität, Kraft, Energie
- Ruhe und Konzentration
- Lebensfreude und Begeisterung
- Emotion
- Empathie
- Entschlossenheit
- Die Botschaft
- Professionalität

Ein ausgewogenes Verhältnis von Ruhe und Kraft, von Lebensfreude und Entschlossenheit, von Emotion, Empathie, eine Vision, die sich in einer klaren Botschaft ausdrückt, und dies mit Professionalität – das ist die Grundlage für Charisma. Stimmigkeit entsteht dann, wenn diese Faktoren Ausdruck von Identität und Individualität sind und mit der ganz persönlichen Botschaft, dem Einzigartigen jedes Menschen zu einem Gesamtbild zusammenwachsen, das uns fasziniert und beeindruckt.

Barack Obama ist von seiner Vision, seiner Mission durchdrungen und schafft es, mit Unterstützung eines Teams, das jeden der Charisma-Faktoren genau kennen dürfte, die professionellsten, stimmigsten, persönlichsten Auftritte hinzulegen, die wir bisher bei dermaßen öffentlichen Persönlichkeiten zu sehen bekommen haben. Selbst die privaten Bilder, die von ihm und seiner Familie gezeigt werden, strahlen diese Stimmigkeit aus.

Man könnte nun sagen, das kann mit einem entsprechenden Budget und Beraterteam jeder erreichen, doch ich glaube das nicht. Wären die Charisma-Faktoren nicht in der Person Obama so angelegt, wie sie es sind, wäre seine Vision, seine Botschaft nicht echt und von Herzen kommend, würde es nicht so überzeugend funktionieren. Die Stimmigkeit wäre nicht in dieser Form spürbar und sichtbar, diese Stimmigkeit kann man nämlich nicht herstellen, sie entsteht aus dem magischen Zusammenspiel der anderen Faktoren.

Merkmale, die mit dem Charisma-Faktor Stimmigkeit verbunden sind

- Glaubwürdigkeit
- Konsistente Botschaft
- Outfit passt zur Aufgabe
- Werte
- Verlässlichkeit
- Vertrauen

Wie wirken Sie auf andere?

- Bei welcher Gelegenheit haben Sie zuletzt das Gefühl der Stimmigkeit empfunden?
- In welchen Situationen kommt Ihr Verhalten Ihnen nicht stimmig vor, woran liegt das?
- Was können Sie verändern, worauf werden Sie künftig mehr achten, um stimmig zu wirken?

Das Charisma-Barometer für den Charisma-Faktor Stimmigkeit

Bitte markieren Sie mit Pfeilen Ihren Ist- und Ihren Wunsch-Zustand:

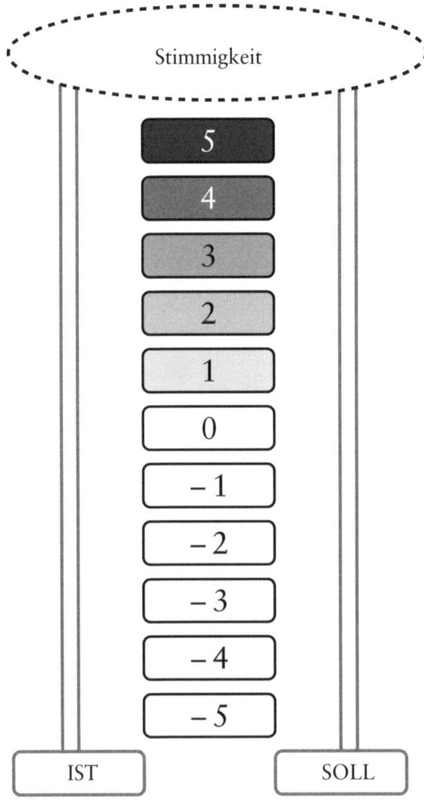

Charisma-Faktor 10: Meisterhaft sprechen

Wer sprechen kann, wird vorgeschickt, wird zum Beauftragten, zum Botschafter, und er wird eines Tages an der Quertafel des Lebens sitzen.

Nikolaus B. Enkelmann

Was uns wirklich beeindruckt

Sehen Sie sich wieder Ihre Liste charismatischer Persönlichkeiten an:

- Was waren die Anlässe, zu denen Ihnen diese Personen aufgefallen sind, woher kennen Sie sie?
- Welche der Personen kennen Sie von persönlichen Gesprächen, von Auftritten, von Reden oder Vorträgen?
- Woran erinnern Sie sich dabei besonders?

Fallen Ihnen weitere Personen ein, die Ihnen aufgrund ihres meisterhaften Sprechens in Erinnerung geblieben sind?

Mit großen Charismatikern verbinden wir oft ihre eindrucksvollen Reden oder einzelne Schlüsselsätze daraus. „Ich bin ein Berliner", „I Have a Dream", „Yes We Can" – jeder kann die drei Sätze, die immerhin Weltgeschichte geschrieben haben, sofort zuordnen. John F. Kennedy, Martin Luther King und Barack Obama haben sich die Macht des gesprochenen Wortes auf meisterhafte Weise zunutze gemacht, um die Massen für ihre großen Ziele zu begeistern. Und sie haben sich mit diesen einfachen Worten dauerhaft ins Gedächtnis ganzer Generationen eingeprägt. Bei genauerer Betrachtung wird eines klar: Alle großen Charismatiker waren auch große Redner, und daher ist die Rhetorik ein entscheidender Schlüssel zur Macht!

Charisma entsteht in der Interaktion mit anderen, im stillen Kämmerlein wird die charismatischste Ausstrahlung nicht wirken. Sie müssen mit anderen kommunizieren, um sie zu beeinflussen. Dies werden in der Regel Gesprächssituationen sein, in kleineren und größeren Gruppen, zu den unterschiedlichsten Anlässen – vom Smalltalk unter vier Augen bis zur Rede vor einem großen Auditorum. Viele Menschen haben ein Problem mit dem vermeintlich oberflächlichen Smalltalk – noch viel mehr fürchten sich vor Auftritten vor größeren Gruppen. Doch wahrhaft charismatische Menschen entwickeln im Laufe ihrer Karriere ein immer besser werdendes Gespür für Gesprächssituationen und die Macht der Sprache, sodass sie sich schließlich auf der ganzen Bandbreite von Sprechsituationen zunehmend sicherer bewegen, und – die gute Nachricht – auch Sie können und sollten alles lernen, was Sie dazu brauchen.

Meisterhaft zu sprechen ist der Bonusfaktor, wenn es darum geht, wirklich nachhaltig Charisma aufzubauen. Sie brauchen das gesprochene Wort für die Verbreitung Ihrer Vision, Ihrer Botschaft; mit Worten drücken Sie anderen Ihr Mitgefühl aus, mit Worten begeistern Sie andere. Und dies sowohl im intimen Zweiergespräch wie bei der Rede vor hundert oder gar tausend Leuten.

Charismatische Persönlichkeiten halten nicht jeden Tag eine große Rede, aber sie sprechen jeden Tag mit anderen, und jedes Wort wirkt – ob überlegt oder unüberlegt, Worte sind die stärksten „Waffen", die dem Menschen zur Verfügung stehen, und deshalb wählen charismatische Menschen sie immer mit Bedacht. Meisterhaft zu sprechen ist also nicht nur dann einen Anforderung, wenn es um die großen, medienwirksamen Auftritte geht, sondern in jeder Gesprächssituation.

Die Voraussetzungen für Meisterschaft

Der erfolgreiche Leben beginnt mit der Fähigkeit, erfolgreich zu sprechen.

Nikolaus B. Enkelmann

Welche Grundlagen bringen charismatische Menschen mit, um zu Meistern des Sprechens zu werden?

Mut und Sicherheit: Viele Menschen meiden Gesprächssituationen, weil sie sich unsicher fühlen. Diese Unsicherheit verspüren sie bereits im Zusammenhang mit Smalltalk, ganz zu schweigen von größeren Auftritten. Mut und Sicherheit erlangt man nur durch Training, durch Wiederholung.

Geistige Beweglichkeit: Meisterhafte Sprecher gehen auf andere nicht nur körperlich zu, sondern auch thematisch. Sie verstehen sich darauf, die Themen zu lenken, und selbst wenn sie von einem Thema gar keine Ahnung haben, werden sie im Gespräch mit Interesse und Offenheit dem anderen zuhören und nachfragen, um mehr zu erfahren.

Die Bereitschaft, zu loben und zu danken: Charismatische Menschen verstehen es, in ihren Äußerungen und Antworten auf Fragen immer wieder anerkennende Worte einzuflechten: „Danke für diese Frage …", „Das haben Sie sehr schön formuliert …", „Ich sehe, Sie haben sich mit dem Thema intensiv auseinandergesetzt, lassen Sie mich dazu Folgendes sagen …", „Sie haben die Problematik gut zusammengefasst, meine Meinung dazu ist …". Damit bauen meisterhafte Sprecher im anderen positive Gefühle auf, sie wirken sympathisch und wertschätzend.

Interesse am anderen und an seiner Meinung: Meisterhafte Sprecher verstehen es, andere in einen Dialog einzubeziehen, indem sie immer wieder Fragen stellen, Interesse zeigen und auf das Gesagte eingehen.

Charismatiker kennen das wichtigste Wort jedes Menschen! Welches ist das wichtigste Wort im Leben eines Menschen? Sein Name. Meisterhafte Sprecher wissen das und sie verwenden das wichtigste Wort ihres Gegenübers so oft wie möglich. Bei der Vorstellung werden sie den Namen kurz wiederholen, um ihn sich einzuprägen, und im Gespräch werden sie ihn immer wieder verwenden. Dies gilt übrigens auch fürsTelefon. Auch hier wirkt die Ansprache mit dem Namen äußerst gewinnend und hinterlässt einen bleibenden Eindruck.

Charismatiker sprechen mehr über die anderen als über sich selbst. Meisterhafte Sprecher wissen um die Kraft des „Wir“, und sie werden es so oft wie möglich verwenden. Sie erzählen Geschichten über Erfolge anderer und fordern die anderen mit positiver, aktiver Sprache zu Handlungen auf, sie loben und danken bei jeder Gelegenheit.

Meisterhafte Reden sind immer nach bestimmten Prinzipien aufgebaut. Exzellente Redner wissen das und befolgen diese Regeln. Sie lernen sie im Kapitel „Einfach mehr Charisma“ kennen.

Merkmale, die mit dem Charisma-Faktor Meisterhaft sprechen verbunden sind

- Positive Ausdrucksweise
- Einfache Worte
- Konzentration
- Humor
- Enthusiasmus
- Einfühlungsvermögen
- Interesse
- Flexibilität
- Fragen stellen
- Zuhören
- Selbstsicherheit

Wie wirken Sie auf andere?

Erinnern Sie sich an eine oder mehrere Situationen, in denen Sie vor anderen sprechen durften oder mussten.

- Wie ist es Ihnen davor gegangen?
- Wie haben Sie sich vorbereitet?

- Wie haben Sie sich in der Situation gefühlt?
- Wie ging es Ihnen nach Ihrem Statement, Ihrer Rede, Ihrem Vortrag?
- Welches Feedback haben Sie bekommen?
- Was möchten Sie verbessern?

Das Charisma-Barometer für den Charisma-Faktor Meisterhaft sprechen

Bitte markieren Sie mit Pfeilen Ihren Ist- und Ihren Wunsch-Zustand:

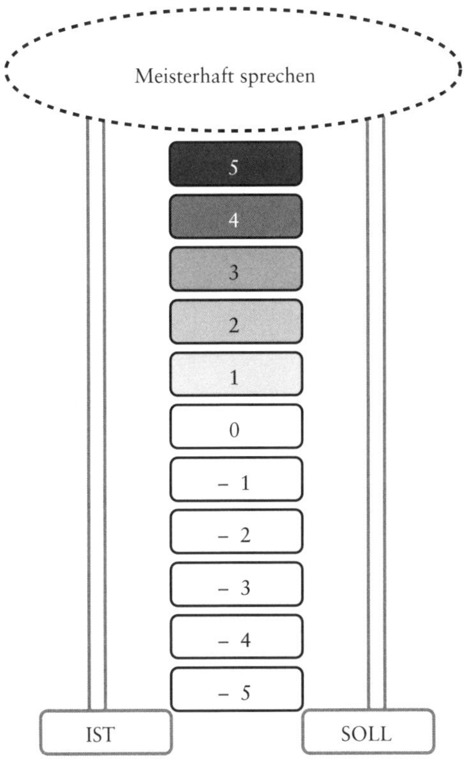

Charisma-Barometer: Ihre Charisma-Faktoren im Überblick

Übertragen Sie nun alle Barometerdaten in die Tabelle. Sehen Sie sich das Ergebnis noch einmal an: Wo haben Sie besonders hohe Werte, wo liegen Sie im Mittelfeld und woran werden Sie noch arbeiten? **Überprüfen Sie Ihre Charisma-Werte regelmäßig und tragen Sie die Veränderungen in die Tabelle ein!**

Datum	Meine 10 Charisma-Faktoren																			
	Vitalität Kraft		Ruhe Konzentration		Lebensfreude Begeisterung		Emotion		Empathie		Entschlossenheit		Die Botschaft		Professionalität		Stimmigkeit		Meisterhaft sprechen	
	Ist	Soll	Ist	Soll	Ist	Soll	Ist	Soll	Ist	Soll	Ist	Soll	Ist	Soll	Ist	Soll	Ist	Soll	Ist	Soll

Charisma-Barometer: So werden Sie von anderen gesehen

Um Ihre Wirkung auf andere zu überprüfen, können Sie das Charisma-Barometer nun auch von anderen ausfüllen lassen. Ich habe für Sie eine Tabelle speziell für diese Fremdbewertung vorbereitet; sie enthält nur eine Spalte für die Zahlenwerte, da Ihre Bewerter ja nur Ihren Ist-Zustand bewerten können. Kopieren Sie die Tabelle auf Seite 130 in ausreichender Anzahl und lassen Sie sie von drei Personen ausfüllen. Vergleichen Sie die Ergebnisse mit Ihrer Selbsteinschätzung! Auch diesen Test können Sie mit zeitlichem Abstand immer wieder durchführen und so Ihre Fortschritte überprüfen.

Aufgabe

Bewerten Sie auch Ihre charismatischen Vorbilder

Setzen Sie das Charisma-Barometer auch ein, um Ihre Vorbilder und die Persönlichkeiten aus Ihrer Liste zu bewerten. Üben Sie diese Bewertung regelmäßig, Sie können damit Ihre Wahrnehmung der Charisma-Faktoren trainieren.

Die 10 Charisma-Faktoren – das Wichtigste in Kürze

- Die zehn Charisma-Faktoren drücken sich vor allem über die Körpersprache, die Augen und Stimme eines Menschen aus.
- Vitalität, Kraft und Energie nehmen zu, je mehr positive Gedanken Sie in sich tragen.
- Ruhe und Konzentration vermitteln den Eindruck von Kompetenz und Sicherheit.
- Wer Lebensfreude empfindet und diese auch für alle sichtbar ausdrücken kann, wirkt auf andere Menschen positiv.

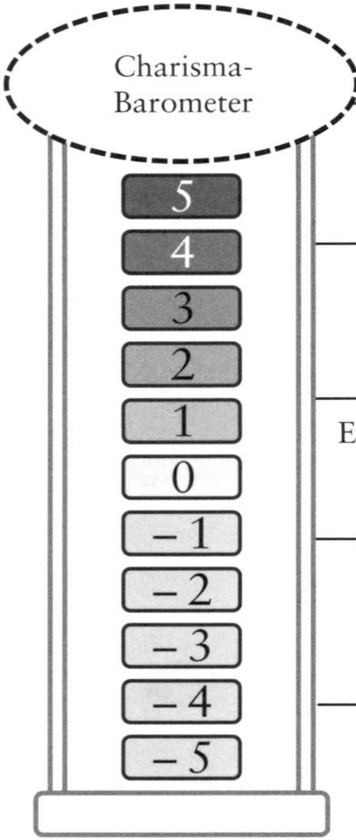

Vitalität Kraft Energie	Ruhe Konzentration	Lebensfreude Begeisterung	Emotion	Empathie
Entschlossen- heit	Die Botschaft	Professionalität	Stimmigkeit	Meisterhaft sprechen

- Charismatische Menschen sind von sich auf eine gesunde Art und Weise überzeugt und können andere für ihre Ideen und Gedanken begeistern.
- Charismatische Menschen empfinden Emotionen sehr stark, und sie sind in der Lage, auch andere Menschen diese Gefühle stark empfinden zu lassen.
- Charismatische Menschen können sich in andere sehr gut einfühlen und zeigen dies auch.
- Wer entschlossen handelt, wird von anderen als Leader anerkannt und Macht erhalten. Denn die Welt ist voller Probleme, die gelöst werden wollen. Das ist die Chance entschlossener Menschen.
- Die Vision, die Botschaft ist einer der wichtigsten Charisma-Faktoren. Einfach formulierte, auf den Punkt gebrachte und sehr positive Botschaften sind am gefälligsten und machen es den Menschen leicht, sich der Idee anzuschließen und sich mit dem Menschen, der sie vertritt, zu identifizieren.
- Im besten Fall wird Ihr Name zur Botschaft.
- Ein stimmiges Verhältnis von Ruhe und Kraft, von Lebensfreude und Entschlossenheit, von Emotion, Empathie, eine Vision, die sich in einer klaren Botschaft ausdrückt, und dies mit Professionalität – das ist die Grundlage für Charisma.
- Meisterhaftes Sprechen ist der Bonusfaktor, wenn es darum geht, wirklich nachhaltig Charisma aufzubauen.

5 Einfach mehr Charisma

Die bewusste Entscheidung ist wichtig. Wir müssen anfangen, einmalig zu werden und unserer Individualität gemäß zu leben.

Nikolaus B. Enkelmann

Charisma ist nicht angeboren, aber jeder Mensch hat die Gaben in sich, die er braucht, um eine positive Wirkung, eine gewinnende Ausstrahlung zu erzeugen. Das ist doch wirklich eine gute Nachricht. Dazu ist es eigentlich nur wichtig, sich über die Bedeutung der einzelnen Faktoren klar zu sein. Die Charisma-Faktoren findet man bei allen charismatischen Menschen in der einen oder anderen Weise, mehr oder weniger ausgeprägt. Wir haben sie uns jetzt einzeln angeschaut, aber in der Wirklichkeit geht es um einen Gesamteindruck, den man aufgrund der Kombination der Faktoren erzeugt. Die Charisma-Faktoren setzen sich zu einem Gesamtbild zusammen, das mehr ist als die Summe seiner Einzelteile. Eine gewinnende Ausstrahlung entsteht durch die richtige Dosierung der einzelnen Faktoren. Eine starke Übertreibung eines einzelnen Faktors wird nicht zu einem stimmigen Gesamteindruck führen.

Die wichtigsten drei Punkte, die unbedingt stimmen müssen, sind Kraft, Ruhe und Lebensfreude. Diese drei Faktoren sind wesentlich für eine gewinnende Ausstrahlung. Wer schlaff und gelangweilt herumhängt oder hektisch durch die Gegend hetzt und wem seine Unzufriedenheit ins Gesicht geschrieben ist, wird nicht positiv beeindrucken.

Verbesserungen sind auf den Ebenen Körper, Augen, Stimme und Inhalt möglich. Wobei der Inhalt nicht zufällig an letzter Stelle steht, denn: Es ist wichtiger, wie wir etwas sagen als was wir sagen! Im Idealfall erzeugt das „Wie“ Sympathie und Vertrauen und ein gutes „Was“ überzeugt.

Charisma gibt es nicht nur in einer Stärke oder Ausprägung, sondern in verschiedenen Abstufungen, und je nachdem, welche Facette beziehungsweise welcher Charisma-Faktor am stärksten ausgeprägt ist, auch in ganz unterschiedlichen Varianten. Die charismatische Wirkung von Menschen ist unterschiedlich stark. Wir gehen davon aus, dass man sie in jedem Fall verstärken kann und muss. Ich lade Sie ein, Ihre Wirkung auf andere zu entfalten, zu steigern und zu vervielfältigen, und ich werde Ihnen in diesem Kapitel die Werkzeuge und das Wissen dazu mit auf Ihren Weg geben.

Idealtypische Merkmale einer charismatischen Persönlichkeit

Da jedes Talent sich erst durch Betätigung, also durch Training entwickelt, trifft dies auch auf die Fähigkeit zu, Menschen in seinen Bann zu ziehen. Ein Mensch besitzt dann Charisma, wenn es ihm gelingt, Menschen für sich zu gewinnen. Ob dies nun Wähler, Befürworter, Sympathisanten, Anhänger oder Fans sind. Nicht die Eigenschaften eines Menschen per se, sondern erst die Wahrnehmung der anderen macht einen Menschen charismatisch. Das Zusammenspiel der Charisma-Faktoren stimmig zu gestalten ist die Kunst. Strahlkraft und Anziehungskraft müssen wie ein Muskel trainiert werden, damit ihre Wirkung auf andere begeisternd wirkt. In der Praxis sind diese „Muskeln", die es zu trainieren gilt, jene Merkmale, die aus einer Person eine Persönlichkeit machen: der Einsatz von Körper, Augen und Stimme, das richtige Verhalten zur richtigen Zeit, die Steuerung des ersten Eindrucks, die Vermittlung ihrer Botschaft, die Interaktion mit anderen. Eine charismatische Persönlichkeit

- besitzt ein positives Selbstwertgefühl.
- hat die Körpersprache eines Siegers.
- überträgt mit ihrer Stimme, ihren Augen und ihrer Mimik Kraft, Ruhe und Lebensfreude.
- kleidet sich ihrer „Aufgabe" entsprechend.
- geht offen auf andere zu; macht den ersten Schritt.
- ist ein sehr guter, zustimmender und ermutigender Zuhörer.

- hat eine selbstwertsteigernde Wirkung auf andere, macht andere groß.
- besitzt ein enormes Identifikationspotenzial.
- bittet andere Menschen um Hilfe und Unterstützung.
- ist ein Meister in der Kunst der Dankbarkeit.
- hat den Mut, zu polarisieren.
- ist humorvoll und beweist Humor.
- hat eine sehr gute Story und kennt die Macht von Geschichten.
- nutzt positive, suggestive Sprachmuster und führt mit Sprache.
- ist empathisch, zeigt und überträgt Gefühle und Mitgefühl.
- hat sich auf einem Gebiet einen Namen gemacht.
- ist ein meisterhafter Redner.
- weiß um die Macht des Vorbildes.
- hat eine Vision: Je klarer die Botschaft oder die Vision, umso größer die Ausstrahlung.
- macht Mut und Hoffnung, hat eine antidepressive Wirkung auf andere!

So stärken Sie Ihr Selbstwertgefühl

Viele Menschen verharren in der Vergangenheit, denken immer wieder darüber nach, was sie in ihrem Leben schon alles falsch gemacht haben, denken an Misserfolge und an negative Erlebnisse. Die Konzentration auf vermeintliche Schwächen und Fehler aber wirkt sich immer negativ auf das Selbstwertgefühl aus.

Beschäftigen Sie sich stattdessen mit den Dingen, die Sie verursachen wollen. Ihre Vergangenheit können Sie nicht mehr verändern, aber Ihre Zukunft können Sie so erfreulich wie möglich gestalten. Charismatische Menschen leben im Jetzt, und sie blicken zuversichtlich in die Zukunft. Sie sind die Gestalter ihres Daseins. Sie lernen aus ihren Misserfolgen und geben nicht auf, denn sie wissen, erfolgreich ist derjenige, der einmal öfter aufsteht, als er hinfällt.

Wie können Sie Ihr Selbstwertgefühl verstärken?

- Machen Sie sich bewusst, was Sie in Ihrem Leben schon alles erreicht haben.
- Messen Sie sich an Ihren Erfolgen, nicht an Ihren Misserfolgen.
- Arbeiten Sie an Ihren Stärken!
- Versuchen Sie nicht, perfekt zu sein.

Das Selbstwertgefühl hängt ganz stark mit dem Gefühl von Stolz zusammen. Daher ist es wichtig, dass Sie sich immer wieder darauf besinnen, worauf Sie stolz sind und was Ihnen in der Vergangenheit gut gelungen ist. Arbeiten Sie Ihre eigene Biografie positiv auf. Natürlich haben Sie so wie alle Menschen in Ihrem Leben auch vieles falsch gemacht, doch am Ende zählt nur das Gesamtergebnis. Die Fähigkeit, sich auf seine Stärken zu konzentrieren, und zu akzeptieren, dass man auch Schwächen hat, ist ein entscheidender Schritt in die richtige Richtung.

Aufgabe

Bauen Sie Ihr Selbstwertgefühl auf

Nehmen Sie sich ein wenig Zeit und denken Sie über folgende Fragen nach:

- Worauf sind Sie stolz?
- Was sind Ihre Stärken?
- Was würden Sie tun, wenn nichts und niemand Sie hemmen würde?

Was uns zurückhält und hemmt, sind Selbstkritik und Angst, die zu lähmenden Gedanken führen. Angst „frisst“ Energie auf, die dann für die Strahlkraft fehlt. Alles, was Ihr Selbstwertgefühl verbessert, ist also gut für Ihr Charisma.

Empfehlung

Dokumentieren Sie Ihre Erfolge

Im Kapitel „Das Geheimnis der positiven Wirkung“ habe ich Ihnen bereits den Tipp gegeben, ein Erfolgstagebuch zu führen. Das möchte ich Ihnen an dieser Stelle noch einmal ans Herz legen. Richten Sie ergänzend dazu eine „Wall of Fame“ ein, eine Wand in Ihrer Wohnung oder eine Pinnwand, an der Sie alles aufhängen, was Sie daran erinnert, wie gut Sie sind. Jeder Sportler hat so eine Wand, die ihm zeigt, was er schon alles geleistet hat, und eine Wall of Fame wird auch Sie immer wieder motivieren, aus sich und Ihrem Leben ein wahres Meisterwerk zu machen.

Die Quelle Ihres Selbstwertgefühls

Ohne den Glauben an unsere Einzigartigkeit fehlt uns der Schlüssel zur Tür unseres Selbstbewusstseins.

Ernst Ferstl

Was ist die Quelle Ihres Selbstwertgefühls? Ihre Einzigartigkeit. Um Ihre Wirkkraft maximal entfalten zu können, ist es wichtig, dass Sie sich Ihrer persönlichen Einzigartigkeit bewusst sind. Das Herausarbeiten Ihrer Stärken hilft Ihnen dabei, Ihr Alleinstellungsmerkmal zu benennen und eine Strategie zu entwickeln, wie Sie sich einen Namen machen und dieses Alleinstellungsmerkmal transportieren. Der Name ist, wie die Marke eines Produkts, ein Mittel zur Kommunikation Ihrer Stärken, Talente und besonderen Fähigkeiten. Dazu müssen das Einzigartige und das Unverwechselbare so herausgearbeitet und publik gemacht werden, dass in den Köpfen aller, die Ihren Namen hören, sofort das von Ihnen gewünschte Bild entsteht.

Aufgabe

Arbeiten Sie Ihr Alleinstellungsmerkmal heraus

Wofür steht Ihr Name?

- Wofür möchten Sie stehen und für wen möchten Sie Vorbild sein?
- Welche Erfolge sind bereits mit Ihrem Namen verbunden?
- Was können Sie besser als andere?
- Wovon haben Sie mehr Ahnung als andere?
- Für welche Werte stehen Sie?
- Wie möchten Sie von anderen Menschen gesehen werden?
- Entspricht dieses Bild Ihrer Persönlichkeit, Ihren Werten und Ihren eigenen Vorstellungen von sich?

Überprüfen Sie regelmäßig Ihre Lebensplanung

Ein positives Selbstwertgefühl ist ganz wichtig für eine positive Wirkung auf andere. Wer weiß, was er will, welche Ziele er hat und wie er sie erreicht, wird auch Selbstbewusstsein aufbauen können. Doch das Leben ist nicht berechenbar, es gibt immer wieder Dinge, die einen aus der Bahn werfen können. In solchen Situationen wird es manchmal nötig sein, die eigenen Ziele zu überprüfen und neu auszurichten. Mit den Grundlagen, die Sie sich erarbeitet haben, wird Ihnen dies sicher leichter fallen, als wenn Sie sich einfach nur von den Umständen treiben lassen und auf sie reagieren statt proaktiv vorzugehen. Mit der Arbeit an Ihrer Wirkung und Ausstrahlung sorgen Sie für die Wechselfälle des Lebens vor. Sie werden vielleicht Ihren Arbeitsplatz wechseln müssen, aber das wird für Sie eine Chance sein und kein Unglück.

Erfolgsorientierte Menschen fürchten sich nicht vor Veränderungen, sondern sie nehmen sie an und werden zum Gestalter ihrer Umstände. Mit der Auseinandersetzung mit Ihrer Persönlichkeit und dem Wissen um die Charisma-Faktoren haben Sie einen Wissensvorsprung und die Möglichkeit, die Vorzüge Ihrer Person und Ihre Kompetenz in jeder Situation immer wieder unter Beweis zu stellen, und werden andere im Handumdrehen von sich überzeugen können.

Aufgabe

Sind Sie auf dem richtigen Weg?

Nehmen Sie sich regelmäßig einen Tag Auszeit, fahren Sie an einen Ort, den Sie lieben, und überprüfen Sie Ihre aktuelle Situation, Ihre Ziele und den Weg, diese Ziele zu erreichen. Erst wenn Sie genau wissen, was Sie wollen, entsteht eine große innere Ruhe und Gelassenheit. Sprechen Sie darüber auch mit Ihrem Partner und Ihrer Familie. Schließlich hat man Erfolg am besten gemeinsam.

Selbstbild und Fremdbild

Charisma entfaltet sich nur in der Interaktion mit anderen, in einem bestimmten Umfeld und in bestimmten Situationen. Wie uns die anderen sehen, spielt daher eine wesentliche Rolle. Nur wenige Menschen sind in der Lage, die Perspektive zu wechseln und sich mal mit den Augen anderer zu betrachten. Doch Sie als Wirkungsprofi wissen natürlich, dass es einen Unterschied zwischen Selbstbild und Fremdbild gibt, und Sie können sich mit den Augen Ihrer Mitmenschen betrachten. Wie werden Sie von anderen wahrgenommen? Für Ihr Selbstwertgefühl ist es ganz wichtig, sich mit dem Fremdbild zu befassen, damit, wie Sie bei anderen ankommen und wo Sie etwas verändern sollten, um noch besser anzukommen, um Ihre Ausstrahlung zu verbessern und die einzelnen Charisma-Faktoren entsprechend auszubauen.

Aufgabe

Wie werden Sie von anderen wahrgenommen?

Versetzen Sie sich in die Position der anderen und überlegen Sie:

- Wie wirken Sie auf Ihren Partner, Ihre Partnerin, auf Ihren Chef, Ihre Kollegen, Ihre Mitarbeiter?
- Worum beneiden andere Sie?
- Was mögen andere an Ihnen, was mögen sie nicht?
- Wie sehen Fremde Sie? Beim Einkaufen, im Fitness-Center, im Flugzeug ...
- Warum reagiert XY immer so ..... auf Sie?
- Welche Signale senden Sie aus?
- Welche Menschen mögen Sie?
- Wofür werden Sie kritisiert?
- Wofür werden Sie gelobt?
- Was vermittelt Ihre Art und Weise der Selbstdarstellung?
- Wie kommen Ihre Worte, Ihre Gesten, Ihre Tonlage bei anderen an?
- Können Sie Ihre Persönlichkeit richtig darstellen?
- Welche Aspekte Ihrer Persönlichkeit betonen Sie?
- Welche Eigenschaften verbergen Sie?
- Können Sie Ihre Meinung, Ihre Gefühle, Ihre Einstellung richtig ausdrücken?
- Haben Sie eine positive Ausstrahlung?
- Können Sie Ihre Ideen überzeugend vermitteln?
- Haben Sie eine selbstwertsteigernde Wirkung auf andere?
- Was tragen Sie zu dem Bild bei, das andere von Ihnen haben?
- Ist Ihr Verhalten eindeutig oder sind Sie undurchschaubar?

Entwickeln Sie einen wohlwollenden Blick auf sich selbst

Charismatische Menschen sehen sich übrigens selbst sehr viel positiver, als andere es tun. Wobei das Selbstwertgefühl auch mit dem „Sinngehalt" der eigenen Existenz steigt. Wenn Sie das Gefühl haben, es sei ohnehin alles sinnlos, werden Sie auch Ihren eigenen Wert nicht bejahen können. Gehen Sie aber auch davon aus, dass nicht jeder einen Menschen mit einem offen gezeigten starken Selbstwertgefühl mag: So ist nicht jeder ein Fan von Dieter Bohlen; dem ist das aber egal, er zieht sein Ding durch und hat viele Anhänger, für die er ein Vorbild ist. Und wie viel Hohn und Kritik musste Angela Merkel im Laufe ihrer Karriere einstecken? Wer nicht lernt, die Meinung der anderen zu akzeptieren, wird möglicherweise an deren Kritik verzweifeln. Doch wer es schafft, damit umzugehen, der wird umso mehr Wirkung erzielen – bei Anhängern wie bei Kritikern.

Zeigen Sie die Körpersprache eines Siegers

Die Sprache Ihres Körpers ist die Grundlage Ihrer charismatischen Ausstrahlung. Sie brauchen die Körpersprache eines Siegers, um andere wirklich zu beeindrucken. Was zeichnet die Körpersprache eines Siegers aus?

- ein aufrechter, fester Stand
- ein aufrechter Gang
- ein fester Händedruck
- das aktive Zugehen auf andere
- der richtige Umgang mit Distanz und Nähe

Ist Ihnen schon einmal aufgefallen, wie klein viele Schauspielerinnen und Schauspieler sind? Auch viele charismatische Persönlichkeiten der Weltgeschichte waren oder sind klein. Denken Sie zum Beispiel an Napoleon, Nicolas Sarkozy oder die Schauspieler Dustin Hoffman, Tom Cruise und Danny DeVito. Sie müssen nicht groß sein, um groß zu wirken. Mit der Körpersprache eines Siegers können Sie auch mit 1,60 Meter Körpergröße die Aufmerksamkeit aller auf sich ziehen und einen Raum mit Ihrer Persönlichkeit ausfüllen.

Um mit Ihrer Körpersprache zu beeindrucken, muss Ihr Körper Kraft und Energie ausstrahlen. Mit welchen Mitteln erreichen Sie das?

- Treiben Sie regelmäßig Sport und achten Sie auf Ihre Ernährung.
- Legen Sie sich eine bewusst positive Lebenseinstellung zu. Ihre Lebenseinstellung beeinflusst Ihre Körperhaltung!
- Lernen Sie, die Körpersprache eines Siegers darzustellen, und üben Sie dies. Durch Wiederholung wird der feste Stand zu einer neuen Gewohnheit.
- Langsam ist sexy! Verlangsamen Sie Ihre Bewegungen. Sie werden feststellen, dass das nicht nur Ihre Hektik reduziert, sondern auch Ihre Umgebung ruhiger werden lässt.
- Arbeiten Sie stets weiter an Ihrer inneren und äußeren Haltung.

Bewegung ist eine starke Sprache: Was sagt Ihr Körper?

Der Körper ist der größte
Schwätzer aller Zeiten.

Samy Molcho

Die Körpersprache zeigt sehr deutlich, welchen Status Sie einnehmen. Die Prägung, die Sie im Laufe Ihres Lebens aufgrund Ihrer Herkunft und Ihres Umfeldes erfahren haben, ist aus Ihrer Körpersprache ebenso abzulesen wie Unsicherheit und Unbehagen in einer Situation, in der Sie sich nicht wohlfühlen. Einige dieser Statusmerkmale sind (in Anlehnung an Schmidt-Tanger):

Hoher Status	Niedriger Status
ruhige, weiche und fließende Bewegungen	ruckartige, asymmetrische Bewegungen
sichtbare Hände sparsame, aber ausdrucksstarke Gesten	Hände unterm Tisch oder nicht sichtbar am Körper zupfen, ins Gesicht greifen
entspannte Schulterpartie	hochgezogene Schultern Kopf leicht schief halten
breit, den Boden beanspruchend stehen	nach innen gedrehte Füße
Kopf und Blick ruhig halten	mit dem Kopf wackeln

Aufgabe

Welches Statusverhalten zeigen die Menschen?

Beobachten Sie in der nächsten Zeit bewusst die Körpersprache unterschiedlichster Menschen und überlegen Sie, welches Statusverhalten sie zeigen.

Für eine positive Wirkung und gewinnende Ausstrahlung ist es wichtig, dass Ihre Körpersprache keine Widersprüche zeigt. Denn das verwirrt das Gegenüber unbewusst und Sie wirken nicht glaubwürdig. Widersprüchliche Signale senden zum Beispiel junge Hollywoodschauspielerinnen aus, die sich vor der Oscarverleihung in ihren Designerkleidern und High Heels auf dem roten Teppich präsentieren, dabei häufig sehr viel Körper zeigen, gleichzeitig aber mit ihren nach innen gedrehten Füßen und schiefer Kopfhaltung ihrem Unbehagen und ihrer Unsicherheit Ausdruck verleihen, statt selbstbewusst in die Kameras zu blicken. Manchmal mag dies kalkuliertes Kokettieren sein, aber sehr oft ist es unwillkürlicher Ausdruck von Unsicherheit und dem Wunsch, sich vor den Augen der Menschen und den Kameraobjektiven zu verstecken.

Wie können Sie die Wirkung Ihres Körpers verbessern?

Ihr Körper spricht unablässig. Er erzählt, wie Sie sich fühlen, ob Sie selbstbewusst oder unsicher sind, ob Sie gern hier sind oder am liebsten davonlaufen würden. Er erzählt, ob Sie sich für Ihr Gegenüber, Ihre Gepráchspartner interessieren, ob Sie zuversichtlich sind oder Zweifel haben. Alle diese Signale werden von Ihnen unbewusst erzeugt und unbewusst vom Gegenüber wahrgenommen, und entsprechend reagieren die Menschen auf Sie. Für die Stärkung Ihrer positiven Wirkung, Ihrer Ausstrahlung, Ihres Charismas ist es daher von großer Wichtigkeit, dass Sie sich über die Rolle der Körpersprache im Klaren sind. Arbeiten Sie gezielt daran, sich vom ersten Augenblick an mit der Körpersprache des Siegers zu präsentieren und Ihr gesamtes Verhalten darauf auszurichten, die richtigen Signale auszusenden. So hinterlassen Sie in den anderen einen konsistenten Eindruck eines selbstbewussten Menschen, der sich seiner Sache sicher ist. Bewegung ist eine starke Sprache und Sprachen kann man lernen. Man kann sich neue körpersprachliche Ausdruckformen aneignen und so den Eindruck, den man von sich vermittelt, verändern.

Strahlen Sie Ruhe aus

Wie ich schon zu den Charisma-Faktoren Vitalität, Kraft, Energie und Ruhe erläutert habe, stehen diese nicht in Widerspruch, sondern bedingen und ergänzen einander. Für eine charismatische Ausstrahlung ist der Faktor Ruhe gar nicht hoch genug einzuschätzen. Langsam ist sexy und verleiht Ihnen Macht. Entspannte Bewegungen signalisieren Sicherheit. In unserer hektischen Zeit, in der jeder gestresst und in Hektik ist, fällt es umso mehr auf, wenn jemand ruhig ist und sich den vermeintlichen Luxus von

Langsamkeit leistet. Dabei ist das gar kein Luxus, sondern es obliegt einzig und allein Ihnen, sich für Langsamkeit zu entscheiden. Wirklich erfolgreiche Menschen werden nie abgehetzt wirken. Es ist vielmehr ein typisches Missverständnis von „Aufsteiger-Typen", dass sie immer abgehetzt erscheinen müssten, um zu zeigen, wie wichtig sie sind.

Ruhe und bewusste Langsamkeit sind nicht zu trennen von Selbstsicherheit. Mit der Erhöhung Ihrer Selbstsicherheit werden Sie auch mehr Ruhe und Konzentration ausstrahlen. Damit vermitteln Sie Kraft, Stärke und Vertrauen. Ruhe wird auch verbunden mit Sicherheit und Zielsicherheit. Das heißt, ein Mensch mit einem stabilen Selbstwertgefühl wirkt deshalb so angenehm auf andere Menschen, weil sein Körper signalisiert, dass keinerlei Gefahr besteht. Ein hektischer, nervöser Mensch vermittelt uns den Eindruck, dass er nicht weiß, was er will, dass er seine Zeit nicht unter Kontrolle hat, dass er seine Aufgaben nicht bewältigt. So jemandem kann man nur schwer Vertrauen entgegenbringen.

Vielen Menschen fällt es schwer, im hektischen Alltag Ruhe auszustrahlen. Doch man kann das, wie auch alle anderen Charisma-Faktoren, trainieren. Dabei helfen Entspannungsübungen – und charismatische Menschen machen diese regelmäßig, wie zum Beispiel der Dalai Lama, der diese Übungen fix in seinen Tagesablauf integriert.

Übung

Extra verlangsamen

Eine sehr gute Übung, um buchstäblich „zur Ruhe" zu kommen, ist, alles, was man tut, bewusst zu verlangsamen. Fangen Sie am Morgen beim Aufstehen an, bewegen Sie sich bei Ihren morgendlichen Verrichtungen bewusst langsam, machen Sie eine Sache nach der anderen, nicht gleichzeitig, wie vielleicht sonst. Setzen Sie dies über den Tag hinweg fort. Nehmen Sie sich immer, wenn Sie das Gefühl von Hektik und Stress haben, bewusst vor, sich herunterzubremsen, und verlangsamen Sie Ihre Bewegungen, treten Sie innerlich einen Schritt zurück und beobachten Sie sich dabei, wie Sie in Zeitlupe agieren.

Mit dieser Übung können Sie eine ganz neue Beziehung zu Tempo und Bewegung finden. Für eine dauerhafte „Beruhigung" empfehle ich Ihnen, regelmäßig Entspannungsübungen zu machen. Entspannungsübungen helfen Ihnen, ruhiger zu werden und es auch in stressigen Situationen zu bleiben.

Übung

Entspannung im Alpha-Zustand

Denken ist ein elektromagnetischer Prozess im Gehirn, den man messen kann. Wir unterscheiden vier verschiedene Gehirnzustände: Im Delta-Zustand bewegen sich die Gehirnströme bei 0 bis 4 Hertz, wir befinden uns im traumlosen Tiefschlaf. Als Theta-Zustand bezeichnen wir den weniger tiefen Schlaf mit Gehirnstromaktivitäten zwischen 4 und 7 Hertz. Im Alpha-Zustand sind wir zwar geistig wach, aber sehr entspannt und aufnahmefähig. Die Gehirnströme bewegen sich bei 7 bis 14 Hertz. Zwischen 15 und 35 Hertz befinden wir uns im Beta-Zustand, unserem alltäglichen Wachzustand. Der hohe Beta-Bereich zwischen 21 und 38 Hertz ist typisch für die meisten Menschen in der heutigen Zeit. Wir sind hektisch, gereizt, aggressiv, unsere Energien sind blockiert, wir nehmen nur einen Teil dessen wahr, was um uns herum geschieht.

Für uns ist der Alpha-Zustand besonders wichtig: Hier können wir unser Unterbewusstsein für uns arbeiten lassen, die Grenzen zwischen den einzelnen Bewusstseinsebenen werden durchlässig, die drei Gehirne des Menschen arbeiten in diesem Zustand optimal miteinander. Je häufiger es gelingt, einen Zustand echter Entspannung zu erreichen, umso mehr können wir Kreativität und unterbewusste Wahrnehmungen zur Lösungsfindung einsetzen. Der Grund hierfür: Im Alpha-Zustand wird die Grenze zwischen den einzelnen Bewusstseinsebenen durchlässig. Durch den Entspannungszustand arbeiten linke und rechte Gehirnhälfte optimal zusammen und Sie können aus Ihrem inneren Reichtum schöpfen – vorausgesetzt, das Unterbewusstsein wird entsprechend programmiert. Mehr noch laden sich in diesem Zustand unsere Nervenbatterien auf, und wir alle brauchen starke Nerven. Typische Anzeichen einer leeren Nervenbatterie sind eine zu hohe Stimme und zu schnelles Sprechen, der unruhige Blick und das Herumzappeln. Alles Dinge, die für eine gute Ausstrahlung ganz und gar nicht nützlich sind.

Darum: Legen Sie gezielt mehrmals am Tag kleine Alpha-Pausen ein, in denen Sie abschalten und sich mit positiven Gedanken und Emotionen aufladen. Mit ein wenig Übung wird es Ihnen immer leichter fallen, diese Entspannungszustände zu erreichen, und Sie werden feststellen, dass Sie Ihr Unterbewusstsein durch Ihre Gedanken und Stimmungen lenken und programmieren können. Es gibt viele Hilfsmittel, diesen Zustand herbeizuführen. Hören Sie Ihre Lieblingsmusik, blicken Sie auf eine Blume oder in eine Flamme. Auch die gezielte, ruhige Atmung und das sanfte Schließen der Augen sind gute Hilfsmittel. Finden Sie heraus, wie Sie sich am schnellsten in einen Entspannungszustand versetzen können.

Am einfachsten geht es mit einer professionellen Entspannungs-CD. Dazu empfehle ich die CD von meinem Vater Nikolaus B. Enkelmann „Durch persönliche Anziehungskraft gewinnen“ (Gabal Verlag).

Wo heutzutage so viele Menschen abgehetzt und gestresst sind, gibt es zum Glück eine Neubesinnung darauf, wie wichtig die Konzentrationsfähigkeit ist. Nicht ohne Grund ist seit Jahren unser Seminar „Mentales Training“ immer ausgebucht. Viele Menschen haben erkannt, dass wir wieder lernen müssen, uns zu entspannen, und dass dies unglaublich erholsam ist. So fühlen sich die Teilnehmer nach drei Tagen so, als kämen sie gerade aus einem zweiwöchigen Urlaub.

Wenn Sie Routine darin entwickeln, den Alpha-Zustand zu erreichen, versetzen Sie sich in die Lage, scheinbar Unmögliches zu bewältigen und zu erreichen. Das Unterbewusstsein ist in diesem Zustand wesentlich aufnahmefähiger und Sie können sich programmieren, Ihren Zielen und Wünschen zu folgen.

Stehen Sie wie eine deutsche Eiche

Das wichtigste Signal der Sicherheit ist der feste Stand. Die meisten Redner wandern und tanzen vor dem Publikum hin und her, einige finden sich sehr lässig, wenn sie eingeknickt, wie ein Fragezeichen, auf einem Bein vor den Menschen stehen. Das ist alles andere als beeindruckend. Beeindruckend ist es, wenn Sie in den ersten drei Minuten fest verankert stehen. Das zeigt allen, dass Sie einen Standpunkt haben und kein Hampelmann sind. Natürlich dürfen Sie nach ein paar Minuten auch mal Ihren Standpunkt wechseln, doch immer, immer wenn Sie über etwas Wichtiges sprechen, müssen Sie wieder fest stehen. Am Anfang werden Sie merken, dass Ihre Füße und Beine das so gar nicht wollen, doch mit etwas Übung wird dieser Siegerstand zur zweiten Natur. Unterschätzen Sie niemals, wie wichtig der feste Stand für eine überzeugende und selbstbewusste Ausstrahlung ist. Ich garantiere Ihnen, dass schon allein durch diese Änderung Ihre Ausstrahlung um bis zu 35 Prozent zunehmen wird!

Hände hoch!

Wenn Sie das nächste Mal eine sehr mächtige Person im Fernsehen beobachten, drehen Sie unbedingt den Ton ab und schauen Sie sich einfach nur an, was zum Beispiel Barack Obama mit seinen Füßen und Händen macht.

Ihre Hände zeigen, ob Sie bereit sind zu handeln. Deshalb gilt die Regel, die Hände immer zu zeigen. Zudem sollten sich die Arme und Hände immer oberhalb Ihrer Gürtellinie befinden. Wenn jemand begeistert spricht und dabei die Hände unterhalb der Gürtellinie hat, dann wirkt das niemals. Es kommt dann eher wie eine leere Absichtserklärung an, ohne jede motivierende Kraft, die andere zum Handeln bringt. Also nehmen Sie die Hände hoch. Je höher die Hände kommen, um so positiver wirken Sie. Daher sind im Laufe einer Präsentation einige sehr hohe Gesten, in Höhe des Kopfes und sogar noch etwas höher, sehr gut.

Immer und überall!

Das Training Ihrer Körpersprache sollten Sie als fixen Bestandteil in Ihren Alltag integrieren. Sie können damit sofort anfangen, und erste Veränderungen und Erfolge werden nicht lange auf sich warten lassen. Es macht Spaß, andere zu beobachten, und es macht Spaß, die eigenen Veränderungen an der Umwelt zu testen. Üben Sie wirklich bei jeder Gelegenheit: den festen Stand, Ihren aufrechten Gang, die Art und Weise, wie Sie sich anderen bei Unterhaltungen zuwenden, die Haltung Ihres Kopfes, Ihrer Füße. Üben Sie Gesten und Handbewegungen, Ihren Händedruck.

Achten Sie darauf, Ruhe auszustrahlen. Ein wirklich charismatischer Mensch wird nie aussehen, als würde er sich abrackern oder schwitzen. Er strahlt Leichtigkeit aus – und diese Leichtigkeit resultiert aus Übung und Wiederholung. Wenn etwas nach Arbeit und Anstrengung aussieht, wirkt es nicht charismatisch. Bill Clinton beispielsweise sieht immer aus, als würde er gerade aus dem Urlaub kommen, selbst nach der Entlassung aus dem Krankenhaus nach einer vierfachen Bypass-Operation. Barack Obama verliert selbst in schwierigsten Situationen nicht seine dynamische Ausstrahlung.

Gehen Sie in Ihren nächsten öffentlichen Auftritt, sei dies eine Firmenbesprechung oder der Elternabend in der Schule Ihres Kindes, mit dem Bewusstsein, dass Ihr Körper Ihre Haltung, Ihre Einstellung, Ihre Selbstsicherheit ausdrückt. Strahlen Sie Leichtigkeit aus und vermeiden Sie es, angestrengt, hektisch und nervös zu wirken. Sie werden feststellen, je öfter Sie dies in alltäglichen Situationen trainieren, umso mehr werden Sie sich diese Haltung zu eigen machen. Ihre Körpersprache wird Sie immer mehr dabei unterstützen, Ihre Botschaft zu vermitteln, andere zu faszinieren und erfolgreich zu sein.

Übung

Wer weicht aus?

Gehen Sie auf einer belebten Straße mit flottem Schritt und nehmen Sie sich vor, auf Ihrer Spur zu bleiben und nicht auszuweichen, wenn Ihnen jemand genau auf Ihrer Linie entgegenkommt. Dies ist eine gute Übung, um Status auszuhandeln und Ihr Machtgefühl zu trainieren.

- Welche Körperhaltung nehmen Sie ein?
- Wie fühlen Sie sich?
- Was machen Sie, wenn jemand nicht ausweicht?

Ihre Stimme: Ausdruck von Kraft, Ruhe und Lebensfreude

Wer an seiner Stimme arbeitet,
arbeitet an seiner Persönlichkeit.

Nikolaus B. Enkelmann

Gehören Sie auch zu den Menschen, die ihre Stimme nicht gern hören? Viele Menschen mögen ihre Stimme nicht, weil sie zu gepresst klingt, weil sie zu hoch ist, weil ihre Sprache monoton oder zu schnell ist oder weil sie nuscheln. Nur wenige Menschen tun allerdings aktiv etwas gegen diesen Zustand und nehmen ihre Stimme als gegeben hin. Dabei kann man die eigene Stimme und die Ausdrucksweise trainieren. Und wer mit seiner

Stimme nicht zufrieden ist, sollte dies auf jeden Fall tun, denn, so eine Untersuchung des Netzwerks Stimme.at: Bewerber mit guter Stimme und Sprechweise werden jenen, die nicht so gut klingen, vorgezogen.

Wie Sie etwas sagen, hat mehr Wirkkraft als *was* Sie sagen. Sich mit der Qualität der eigenen Stimme zu beschäftigen, kann also wichtig für Ihre Karriere sein, auf jeden Fall aber ist es unerlässlich, wenn Sie Ihre Wirkung auf andere Menschen erhöhen wollen, wenn Sie mehr Charisma ausstrahlen möchten. Denn wer erfolgreich sein will, muss im Sprechen beherrscht und im Tonfall seiner Stimme absolut sicher sein.

Was sagt die Stimme?

Die Stimme kommt aus dem Innersten des Menschen. Sie verrät alles über ihn, wie er sich fühlt, ob er müde ist, wie er gelaunt ist, ob er gestresst ist, ob er sich freut oder ärgert, ob er optimistisch oder pessimistisch ist. Und auch Ihr Gesprächspartner, Ihre Zuhörer können dies aus Ihrer Stimme erkennen. Mehr noch überträgt sich Ihre „Stimmung" auf die anderen: Wenn Sie gut gelaunt sind, versetzen Sie Ihre Mitmenschen auch in gute Laune. Alle Gefühle drücken sich in der Stimme aus – Freude, Harmonie, Stolz, Leid, Disharmonie. Und nicht die Fakten übertragen sich, sondern die Gefühle: Hoffnung oder Hoffnungslosigkeit, Mut und Kraft oder Angst, Liebe oder Ablehnung.

Was sagt Ihre Stimme?

Zur Verstärkung Ihrer Ausstrahlung und Ihrer Anziehungskraft ist die Arbeit an Ihrer Stimme ein ganz wichtiger Beitrag. Die Stimme ist ein unglaublich wichtiges Instrument, um andere zu beeinflussen und seine eigene Wirkung zu verstärken, und deshalb sollten Sie Ihre Stimme gut kennen und ständig trainieren. Fangen Sie am besten mit folgender Übung an:

Übung

Lernen Sie Ihre Stimme kennen

Nehmen Sie – mit dem Einverständnis der anderen – ein Gespräch im Familien- oder Freundeskreis auf und achten Sie beim Abhören auf folgende Punkte:

- Wie verändert sich Ihre Stimmlage, wenn Sie zustimmen, jemanden überzeugen wollen, etwas ablehnen?
- Wie klingt Ihre Stimme, wenn Sie sich ärgern oder anderer Meinung sind?
- Wie klingt Ihr Lachen?
- Wie ist Ihre Aussprache?
- Können Sie andere überzeugen?
- Können Sie mit Ihrer Stimme begeistern und motivieren?
- Welche Stimmung drückt Ihre Stimme aus?

Fragen Sie auch die anderen, wie sie Ihre Stimme empfinden. Sie können so auch Ihre Selbsteinschätzung mit der Fremdeinschätzung vergleichen und sehen, ob Sie richtig liegen.

Wie können Sie die Wirkung Ihrer Stimme verbessern?

Frauen neigen dazu, ihre Stimme nach oben zu drücken, dabei kommt dann häufig eine piepsige und zaghafte Stimme heraus, Männer drücken ihre Stimme oft zu sehr nach unten. Wichtig ist, die ideale Sprechstimmlage zu finden, wobei eine eher tiefe, harmonische Stimme am besten wirkt. Eine tiefe Stimme weckt Vertrauen, man hört ihr gern und konzentriert zu. Mehr noch hält man Menschen mit einer tiefen und harmonischen Stimme immer für intelligenter. Sie wissen gar nicht, wie viele Karrieren an einer „hässlichen“ Stimme scheitern. Die ehemalige Kandidatin für das Amt der Vizepräsidentin bei der letzten US-Wahl möchte im Jahr 2012 als Präsidentschaftskandidatin gegen Barack Obama antreten. Diese zwar sehr attraktive Frau hat jedoch die quäkende Stimme einer Ente und wird mit dieser bestimmt nicht gewählt werden. Hier wird die Stimme zum echten Karriere- und Ausstrahlungskiller.

Der zweite wichtige Punkt in Zusammenhang mit Ihrer Stimme ist die Sprechgeschwindigkeit. „Nur langsam ist sexy!" gilt auch hier. Viele Menschen sprechen zu schnell, ohne Punkt und Komma und bis ihnen die Luft ausgeht. Als wäre das im persönlichen Zweiergespräch oder in einer Gruppe nicht schon schlimm genug, meinen auch manche Vortragende, die ihre Redezeit überzogen haben und schnell zum Ende kommen wollen, durch eine Erhöhung des Tempos ihren Inhalt doch noch durchbringen zu können. Das ist in höchstem Maße kontraproduktiv, denn zum einen können die Zuhörer bei stakkatoartig vorgetragenen Fakten nicht folgen, zum anderen wirkt zu schnelles Sprechen einfach nicht kompetent. Langsames Sprechen hingegen vermittelt einen intelligenten, kompetenten Eindruck. Der langsame Sprecher kann auch viel eher seine Rede unterbrechen und auf Fragen reagieren, er lässt dem anderen die Chance, einzuhaken und auch mal was zu sagen. Und: Er verbreitet Ruhe, während der hektische Sprecher seine ganze Umgebung nervös macht.

Auch die Länge der Sätze und die Anzahl der Sprechpausen hat einen großen Einfluss darauf, wie Ihre Stimme und Ihre Sprache wirkt. Sprechen Sie in kurzen Sätzen und machen Sie viele Pausen, das erhält die Wirkung des Gesagten, weil Ihnen die Zuhörer leichter folgen können und Zeit haben, das Gehörte zu verarbeiten. Pausen verstärken so die Haftkraft Ihrer Worte. Achten Sie bei guten Rednern bewusst darauf, wie lang ihre Sätze sind, was sie betonen, was sie wiederholen und wie viele Pausen sie einbauen. Sie werden feststellen, dass die Dramaturgie einer Rede oder eines Vortrags umso besser wirkt, je mehr Pausen der Redner macht.

Übung

Trainieren Sie das langsame Sprechen

Lesen Sie einen Text bewusst ganz langsam laut vor. Unterstreichen Sie Stellen, die Sie betonen möchten. Bauen Sie Pausen von mindestens drei Sekunden ein.
Diese Übung ist sehr wirkungsvoll, denn das, was Sie dabei lernen, übertragen Sie automatisch auch auf andere Sprechsituationen.

Stimme erzeugt Stimmung – und das sollte Ihnen bei Ihrem Vorhaben, einfach mehr Charisma auszustrahlen, ganz besonders wichtig sein. Empathie, Emotion, Ruhe, Kraft, Lebensfreude, Professionalität: Der richtige Einsatz Ihrer Stimme ist von der Wirkung der Charisma-Faktoren nicht zu trennen.

Stimmtraining ist Körpertraining, und hier zählen, wie auch bei der Körpersprache, ein fester Stand, eine aufrechte Haltung, eine unverkrampfte Schulterhaltung und – ganz wichtig – die richtige Atmung. Der Atem sollte aus dem Bauch kommen, damit wird auch Ihre Stimme tiefer. Achten Sie auf eine langsame und gleichmäßige Atmung, denn je kurzatmiger Sie sind, umso höher wird Ihre Stimmlage und umso gehetzter klingen Sie.

Mit Stimmübungen können Sie Ihre Stimme verbessern. Ein sehr wirkungsvolles Stimmtraining ist das sogenannte „Psychodynamische Stimmtraining“. Psychodynamisch bedeutet, dass Sie damit nicht nur die Qualität Ihrer Stimme wesentlich verbessern können, sondern Ihr Wohlbefinden wird sich ingesamt steigern und Sie entwickeln damit Ihre Persönlichkeit weiter.

Übung

Mit Stimmtraining zu einer guten Ausstrahlung

Machen Sie diese Übung regelmäßig, am besten morgens. Stellen Sie sich dazu vor einen Spiegel. Atmen Sie aus, ein, und dann sprechen Sie jeden Buchstaben laut aus, solange Ihr Atem reicht. Die Reihenfolge der Buchstaben ist übrigens nicht zufällig, denn wir beginnen mit dem Buchstaben mit der höchsten Frequenz, dem „I". Legen Sie Ihre Hand auf den Kopf, Sie werden ein leichtes Vibrieren der Kopfhaut spüren. Die Durchblutung verbessert sich und damit die Versorgung mit Energie. Das „E" aktiviert den Halsbereich – legen Sie die Hand an Ihre Kehle. Beim „A" öffenen Sie den Mund ganz weit, so wird der Brustbereich mit Energie versorgt. „O" belebt den Oberbauch, „U" hat die tiefste Frequenz und diese wirkt im Unterbauch.

I – E – A – O – U

Sprechen Sie die Buchstaben langsam nacheinander aus und wiederholen Sie dies dreimal.

Nun aktivieren Sie Brust- und Bauchraum. Summen Sie mit geschlossenen Lippen „MMMMM". Auch dies machen Sie dreimal, wobei Sie das Summen bei jedem Mal verstärken. Beim dritten Mal summen Sie mit aller Kraft. Wenn Sie dabei die Hand auf den Bauch legen, werden Sie die starke Vibration spüren.

Die Stimme wird wesentlich kraft- und ausdrucksvoller, wenn Sie das Zungen-R verwenden. Rollen Sie dazu die Zunge am Oberkiefer, direkt hinter den Schneidezähnen, zu einem stimmlosen „RRRRR". Auch hier wieder: ausatmen, einatmen, „RRRRR". Dann sprechen Sie mit übertriebenem „R" laut folgende Worte:

Rasen – Rennen – Rollen – Reifen – Riemen – reiten – Reiter – Meister – Bier – wir – Tier – verirren – girren – irren – verwirren und so weiter.

Mit der CD „Ein positiver Tag beginnt" von meinem Vater Nikolaus B. Enkelmann können Sie dieses Training noch viel leichter und wirkungsvoller durchführen. Erwarten Sie bitte nicht, dass andere diese Übungen verstehen oder gar gutheißen werden. Wie sollten sie denn auch wissen, wie unglaublich wichtig die Stimme für unsere Ausstrahlung ist.

Mit Stimmtraining können Sie Ihre Stimme und Ihre Ausdruckskraft laufend verbessern und damit auch Ihre Ausstrahlung. Je schöner Ihre Stimme wird, umso unwiderstehlicher werden Sie sein und umso mehr Einfluss werden Sie gewinnen. Wie Eliza Doolittle in *My Fair Lady* werden sich Ihnen ganz neue Welten eröffnen, ganz neue Möglichkeiten und Chancen. Vielleicht schauen Sie sich das Musical bei nächster Gelegenheit noch einmal ganz bewusst an, denn Sie werden es nun mit ganz anderen Augen sehen.

Die Wirkung Ihrer Augen

Kann der Blick nicht überzeugen,
überredet die Lippe nicht.

Franz Grillparzer

Was sagen die Augen?

Wir wirken durch unser Gesicht: Ein freundliches Mienenspiel ist unerlässlich, um unsere Mitmenschen zu gewinnen. Eine besondere Rolle nehmen dabei die Augen ein. Mit den Augen sehen wir und nehmen wir wahr, wir gewähren anderen Menschen aber auch Einblick in unsere Seele. Die Augen sind die Fenster zu Ihrem Inneren. Wie die Stimme sagen auch die Augen sehr viel darüber aus, wie es Ihnen geht. Ihre Gefühle werden in den Augen widergespiegelt. Mit einem festen, ruhigen Blick werden Ihre Augen Vertrauen wecken und Sicherheit ausstrahlen.

Im Wort „Augenkontakt“ steckt es schon drin: Mit den Augen nehmen wir Kontakt auf, unsere Augen sprechen. Wer den Augenkontakt hält, hat die Kontrolle, zeigt Dominanz und einen höheren Status gegenüber jenem, der wegschaut und sich unterwürfig zeigt. Doch auch wer dem Augenkontakt bewusst ausweicht, wie zum Beispiel der Träger einer Sonnenbrille – im Extremfall einer spiegelnden Brille, die dem Gegenüber sein eigenes Bild zurückwirft – oder der Schauspieler auf dem roten Teppich, der von Kameraobjektiven und von Zaungästen „angestarrt“ wird, signalisiert damit einen höheren Status.

Wie wir die Augenlider bewegen, ist ebenso wichtig wie unsere Pupillen. Sie öffnen sich, wenn wir etwas sehen, das uns gefällt. Dies ist auch ein Zeichen der Bestätigung für andere, denn je größer unsere Pupillen sind, umso sympathischer finden wir das Gegenüber. Genau diese Sympathiebekundung lässt uns in den Augen anderer noch sympathischer erscheinen.

Was sagen Ihre Augen?

Um auf andere anziehend zu wirken und sie zu beeindrucken, ist die Sprache Ihrer Augen ganz wichtig. Was sagen Ihre Augen? Achten Sie bewusst darauf und fragen Sie auch andere, wie sie die Sprache Ihrer Augen empfinden.

Aufgabe

Welche Sprache sprechen Ihre Augen?

- Fragen Sie Ihren Partner, Ihre Freunde, wie Ihre Augen auf sie wirken.
- Lächeln Sie sich im Spiegel an, was passiert mit Ihren Augen?

Wie können Sie die Wirkung der Augen verbessern?

„Ansehen“ kommt von ansehen.

Nikolaus B. Enkelmann

Die Augen sind im Zusammenspiel Ihres gesamten Erscheinungbildes ebenso wichtig wie die Körpersprache und die Stimme. Wirkung und Faszination hängen sehr stark von Ihren Augen ab, und mit regelmäßigem Augentraining können Sie diese Wirkung merklich steigern.

Übung

So steigern Sie die Anziehungskraft Ihrer Augen

Ein ruhiger Blick vermittelt innere Ruhe, ein unsteter Blick drückt Unsicherheit und innere Unruhe aus. Wandert der Blick ständig hin und her, zeigt er, dass wir uns nicht konzentrieren, auch nicht auf den Gesprächspartner. So kann weder Vertrauen aufgebaut noch Überzeugung geweckt werden. Zur Entwicklung Ihres Charismas ist es also ganz besonders wichtig, die Sprache, die Anziehungskraft Ihrer Augen zu trainieren. Besonders wirkungsvoll ist das folgende Programm zum Training Ihrer Augen.

Der „lange Blick“: Nehmen Sie ein Blatt Papier und malen Sie in die Mitte einen Punkt. Ziehen Sie einen Kreis um den Punkt. Setzen Sie sich bequem hin und richten Sie Ihren freundlichen Blick auf diesen Punkt. Sehen Sie nur diesen Punkt an, sonst nichts. Halten Sie den Blick so lange wie möglich. Beginnen Ihre Augen zu tränen oder zucken Ihre Lider, dann schließen Sie die Augen für 20 Sekunden. So entspannen Sie Ihre Augenmuskulatur und kräftigen sie.

Das Ziel der Übung: Halten Sie den Blick mindestens drei Minuten, ohne Blinzeln, ohne Zucken der Lider und ohne dass die Augen zu tränen beginnen.

In der Praxis: Haben Sie bisher vermieden, anderen Menschen direkt ins Gesicht zu blicken, probieren Sie den „langen Blick" erst an Gegenständen und bei Familienmitgliedern oder Freunden aus. Mit der Zeit wird dieser Blick zu Ihrer Gewohnheit, zu Ihrem normalen Blick. Vermeiden Sie allerdings, die Menschen anzustarren, und achten Sie darauf, dass den anderen Ihr Blick nicht unangenehm wird.

Das „dritte Auge": Machen Sie es sich vor einem Spiegel bequem und malen Sie einen Punkt zwischen die Augenbrauen – wie das Dritte Auge, das wir aus verschiedenen Religionen kennen. Richten Sie Ihren freundlichen Blick auf den Punkt und halten Sie den Blick, solange Sie können. Fangen die Augen zu tränen oder die Augenlider zu zucken an, schließen Sie die Augen und denken Sie:

Meine Augen entspannen sich.
Ich bin ruhig und mein Blick drückt diese Ruhe aus.
Mein Blick wird immer ruhiger, immer konzentrierter, immer freundlicher. Mein Blick drückt meine Kraft aus und strahlt gleichzeitig Vertrauen und Liebe aus.
Mein Blick ist ruhig und freundlich.

Das Ziel der Übung: Halten Sie den Blick mindestens drei Minuten.

In der Praxis: Machen Sie diese Übung, wann immer Sie vor dem Spiegel stehen.

Trockentraining: Wenn Sie das Trainingsziel der beiden Übungen erreicht haben, gehen Sie einen Schritt weiter. Üben Sie nun an einer Fotografie. Richten Sie Ihren Blick auf den Punkt zwischen den Augenbrauen und fixieren Sie diesen Punkt, solange Sie können. Machen Sie die gleiche Übung beim Fernsehen: Fixieren Sie Ihren Blick auf die Stirn des Nachrichtensprechers, der Moderatorin.

Ziel der Übung: ein natürlicher, konzentrierter Blick.

In der Praxis: Wenn der konzentrierte Blick zu Ihrer Gewohnheit geworden ist, können Sie ihn in der Praxis anwenden, bei Begegnungen zu allen nur erdenklichen Anlässen. Dieses Training wird Ihren Blick verändern. Und damit Ihre Wirkung, Ihre Ausstrahlung, Ihre Anziehungskraft – Ihr Charisma!

Das Wechselspiel der Blicke

Blicken Sie Ihren Gesprächspartner ruhig und direkt an, wie Sie es in der Übung trainiert haben. Ein ruhiger, konzentrierter Blick verstärkt Ihre Wirkung und Ihre Einflussnahme. Wenn der aktive Part wechselt und Ihr Partner spricht, wird er seinen Blick auf Ihre Stirn richten und so die Führung übernehmen. Sie richten nun den Blick auf die Lippen Ihres Gegenübers und zeigen ihm: Ich hänge an deinen Lippen, ich höre dir zu. Wenn Sie wieder den aktiven Part übernehmen, wandert Ihr Blick wieder zwischen die Augenbrauen Ihres Gesprächspartners. Vermeiden Sie Blickduelle und starren Sie das Gegenüber nicht an. Ein guter Zuhörer hält den Blickkontakt, während der Sprecher den Blick auch einmal abwenden darf. Im Wechselspiel mit dem anderen geben Sie diesem das Gefühl, dass Sie ihm zuhören, dass Sie ihn akzeptieren und seine Aussagen schätzen. Stellen Sie den anderen in den Mittelpunkt Ihrer Aufmerksamkeit, wird er bereit sein, sich Ihnen zu öffnen und sich von Ihnen beeinflussen zu lassen.

Augenkontakt pur: Die Technik des Flirtens

Die Augen sind für Ihre Ausstrahlung besonders wichtig. Woran ließe sich das besser beweisen als an einer jahrtausendealten Strategie, den anderen zu betören? Beim Flirten werden sämtliche Wirkungsgeschütze aufgefahren, die uns zur Verfügung stehen. Die Augen spielen dabei eine ganz besondere Rolle.

Flirten ist eine Strategie, bei der durch bestimmte Signale die Fantasie beflügelt wird. Durch nonverbale Zeichen geben Sie zu verstehen, dass Sie am anderen interessiert sind. Wer gekonnt zu flirten versteht, übt Macht über den anderen aus. Und selbst die härtesten Männer können einer verführerischen Frau nur schwer widerstehen und werden streichelweich.

Psychologen und Verhaltensforscher in verschiedenen Einrichtungen, darunter auch am Max-Planck-Institut, haben sich mit den Kommunikationsmustern des Flirtens beschäftigt und festgestellt, dass es über 52 typische, nonverbale Flirtsignale von Frauen gibt, mit denen Frauen einen Mann umwerben. Diese werden normalerweise völlig unbewusst ausgestrahlt. Die wichtigsten dieser Signale und der idealtypische Ablauf eines erfolgreichen Flirts:

1. Das erste Signal ist meist ein Lachen oder Lächeln – wobei die Wissenschaftler festgestellt haben, dass dies meist von der Frau ausgeht.
2. Darauf folgt ein Augenkontakt von zirka drei Sekunden.
3. Als Nächstes fährt die Flirtende sich durch die Haare und streicht sich scheinbar zufällig die Haare aus dem Gesicht oder hinters Ohr. Ein ganz typisches Flirtsignal!
4. Die dezente Befeuchtung der Lippen ist das nächste Signal. Wenn Sie jetzt denken, das sei alles völliger Unsinn, beobachten Sie mal an einem Abend im Restaurant oder in einer Bar die Leute – beim Flirten. Sie werden sehen, dass dieses jahrtausendealte Programm rundherum abläuft. Beobachten Sie die Frauen, wie sie ein „Männchen“, das ihnen gefällt, nach diesem Muster anlocken. Und wie der Mann die Signale sammelt, um sicherzugehen, dass sie wirklich ihn meint. Schließlich will er ja als Sieger vom Platz gehen und sich nicht einen Korb holen.
5. Es folgt „die Parade“: Die flirtende Dame wird beispielsweise aufstehen und etwas aus der Garderobe holen oder die Toilette aufsuchen. Dabei kann sie ihren ganzen Körper präsentieren.

6. Das nächste Signal: wiederholte kurze Blicke und schüchternes Lächeln. Man will dem anderen zu verstehen geben, dass man nicht so einfach zu haben ist, sondern dass man umworben werden will. Wer auf eine längere, glückliche Beziehung Wert legt, sollte dieses Signal nicht unterschätzen denn …
7. … ein allzu kesses Lächeln führt an dieser Stelle höchstens zu einer schnellen Eroberung mit One-Night-Stand-Charakter.
8. Ganz wichtig: das leichte Neigen des Kopfes. Dies ist eine klassische Unterwerfungsgeste aus dem Tierreich und signalisiert, dass man nicht mit dem oder gegen das Gegenüber kämpfen will.
9. Das liebevolle Streicheln des Glases oder eines anderen Gegenstandes lenkt die Gedanken des anderen auf das, was er sich sehnlichst wünscht: „Lass mich dieser Gegenstand sein."
10. Herumnesteln an der Kleidung lenkt die Aufmerksamkeit auf den Körper.
11. Auf einer Party oder in einer Bar gehört das leichte Bewegen zur Musik zu den Flirtsignalen.
12. Sie wirft ihm dabei immer wieder kurze Blicke zu.
13. Erst jetzt, wo der andere beginnt, die Flirtende intensiv zu beobachten, spitzt diese ihre Lippen und deutet so einen Kussmund an. Gefolgt von einem kurzen Hochziehen der Augenbrauen, was immer so viel bedeutet wie: Willkommen!

Für Frauen wie für Männer kommt es beim Flirten darauf an, das Spiel der Geschlechter gut zu beherrschen. Die nonverbalen Signale des Flirtens zu verstehen, die vor allem über die Augen, über Blicke, über Ansehen und Gesehenwerden, ablaufen, ist der wichtigste Teil in dieser frühen Phase des erfolgreichen Beziehungsaufbaus.

Dieser kleine Ausflug in die Kunst des Flirtens sollte zeigen, wie wichtig unbewusste Verhaltensweisen und nonverbale Signale für unsere Kommunikation sind. Wer um diese Signale weiß und sie gezielt einzusetzen versteht, wird mehr für seine Ausstrahlung tun können als jemand, der sich damit nicht auseinandergesetzt hat und daher auch nicht weiß, dass er selbst auch nach bestimmten Mustern vorgeht oder reagiert. Und die Augen spielen, wie wir ja nun schon öfter angesprochen haben, eine ganz besonders wichtige Rolle für Ihre Wirkung.

Gerade das Flirten ist der ideale Beweis dafür, wie wichtig Körpersprache und Augen für die menschliche Kommunikation sind. Erst wenn diese beiden Hürden erfolgreich gemeistert wurden, kommt die Stimme ins Spiel. Vielleicht haben auch Sie schon einmal geflirtet und waren von Ihrem Gegenüber hin und weg. Doch dann kam der Augenblick, als er oder sie zu reden begann ... und plötzlich war der ganze Zauber verflogen.

Blickkontakt und Beeinflussung

Die Augen sind die Tore zur Seele – mit dem richtigen Einsatz Ihrer Augen werden Sie motivieren, begeistern und beeindrucken. Sie werden aber auch beeinflussen: Die Zuhörer werden nämlich immer genau dorthin schauen, wo Sie hinsehen. Und je besser Sie das Spiel Ihrer Augen beherrschen, umso wirkungsvoller werden Sie anderen etwas vermitteln können. Berücksichtigen Sie bei Vorträgen allerdings eines: Die Zuschauer können nicht gleichzeitig zwei Sachen anschauen, Präsentationsfolien können daher Ihre Wirkung und die Suggestivkraft Ihrer Worte enorm reduzieren! Ein Punkt, den Charisma-Profis wissen – sie treten ohne Unterstützung von PowerPoint auf und hinterlassen dennoch einen nachhaltigeren Eindruck, als die schönste Präsentation es bewirken könnte. Mit PowerPoint können Sie informieren, nicht aber faszinieren und motivieren. Oder haben Sie Barack Obama oder den Papst schon jemals vor einer Leinwand mit Beamer-Projektion stehen gesehen? Wahre Leader verwenden keine PowerPoint-Präsentation. Ausnahmen bestätigen jedoch die Regel: Steve Jobs präsentiert vor einer Riesenleinwand und vermittelt so das Charisma der Marke Apple. Er informiert über Zahlen, neue Produkte und Produktfeatures, aber das auf eine Art, die weniger der Information als vielmehr der Motivation dient – sich noch mehr mit der Marke zu identifizieren. Wenn Sie jedoch mit Powerpoint arbeiten müssen, dann bitte immer nur im Mittelteil Ihrer Präsentation und nicht in der Einleitung oder am Schluss, denn hier müssen Sie führen und beweisen, dass Sie Herr der Lage sind und sich nicht hinter irgendwelchen Zahlen verstecken.

Entscheidend für Ihre Wirkung ist ein Punkt, den faszinierende Redner immer berücksichtigen: Sie schauen für eine Satzlänge oder einen Gedankengang immer nur einen einzigen Menschen an. Diesen Blickkontakt halten sie mindestens fünf Sekunden. Hält ein Redner nur schlecht Blickkontakt, so wird er 30 Prozent weniger wirken, als er könnte. Je schlechter der Augenkontakt, umso weniger Suggestivkraft hat ein Redner. Darum ist der Rat, einen wohlwollenden Blick in die Runde zu werfen, ein schlechter Rat. Natürlich sollen Sie mehrere Menschen anschauen, allerdings nicht alle auf einmal, sondern nacheinander – ein ganz wichtiges Geheimnis jedes charismatischen Redners, das Sie bei der nächsten Gelegenheit sofort in der Praxis ausprobieren sollten.

Kleiden Sie sich wie ein König

Nackte Menschen haben wenig bis überhaupt keinen Einfluss auf die Gesellschaft.

Mark Twain

Übung

Lassen Sie uns anschauen, was Sie tragen

Wenn ein Fremder Sie vom Bahnhof abholen müsste, wie würden Sie sich beschreiben?

Ihr äußeres Erscheinungsbild muss mit dem Image übereinstimmen, das Sie vermitteln wollen, es muss stimmig sein. Die Verpackung – und nichts anderes ist Ihre Kleidung – muss zu Ihrer Botschaft, Ihrer Vision passen. Mutter Teresa im Chanel-Kostüm, das hätte nicht gepasst. Der Chef der Deutschen Bank sollte sich nicht mal im Urlaub in Shorts und Flipflops von einem Paparazzo erwischen lassen. Angela Merkels Dekolleté bei der Eröffnung der Norwegischen Nationaloper in Oslo 2008 war eine stilistische Gratwanderung, die in den Medien heftig diskutiert wurde.

Jede Branche hat ihre eigenen ungeschriebenen Gesetze, was Kleidung angeht. Die Mitglieder erkennen sich untereinander an sichtbaren Ähnlichkeiten wie auch am ähnlichen Habitus, also am Verhalten generell. Dies zeigt sich an unterschiedlichen Geschmäckern und Vorlieben, aber auch an einer unterschiedlichen Körpersprache. Anwälte, Investmentbanker, Werbeleute – alle haben ihre „Uniformen". Die Kleidung beziehungsweise „Verpackung" ist nie zufällig gewählt, sie ist immer Ausdruck einer Zugehörigkeit, ob bewusst oder unbewusst.

Nach dem Prinzip „Ein König muss aussehen wie ein König" gilt es, der Aufgabe und dem Beruf, dem Anlass und den persönlichen Zielen entsprechend gekleidet zu sein.

Die Kleidung vermittelt nun mal die gesellschaftliche Position, den Status und die Macht, die man hat, sie zeigt die Gruppenzugehörigkeit und – ein wichtiger Punkt – mit der Kleidung zeigen Sie Respekt vor anderen.

Die typische „Uniform der Macht" ist der Anzug. Nicholas Antongiavanni, Autor des Stilratgebers *The Suit*, empfiehlt als Grundausstattung einen grauen und einen marineblauen Anzug, dazu ein paar Hemden in Weiß und Hellblau, ein paar Krawatten und braune sowie schwarze Schuhe. Als Beispiel für die Macht-These führt er Bill Clinton an, der sich in seinem ersten Wahlkampf sehr nachlässig gekleidet hatte. Nach einem schlechten Ergebnis in New Hampshire wandelte er sich rasch in einen stilbewussten Anzugträger mit den Grundzutaten Marineblau, weißes Hemd und rote Krawatte, auch „Washingtoner Uniform" genannt, was ihn wieder auf die Erfolgsbahn brachte. Nachdem er Donna Karan kennengelernt hatte, trug er bevorzugt ihre Designeranzüge – bis er sich aus der Lewinsky-Affäre manövrieren musste, wozu er sich wieder in die Washingtoner Uniform warf. Als er seine Frau Hillary während ihres Wahlkampfes begleitete, wirkte seine Uniform eher harmlos: ausgebeulte Hose und altes Freizeithemd sollten signalisieren: Ich bin nicht mehr der Boss.

Antongiavanni, der sich als Redenschreiber von George W. Bush und des ehemaligen Bürgermeisters von New York Rudolph Giuliani in den Zentren der Macht gut auskennt, kann gefärbten Haaren, Piercings und ins Haar gesteckten Sonnenbrillen wenig abgewinnen. Ich ergänze: Auch Tätowierungen sollten sich nicht unbedingt an sichtbaren Körperstellen finden. Und auch wenn so manche Stilberatung darin endet, dass der Kunde sich mit peppigen Farben für Krawatte und Stecktuch anfreundet, ist das nicht unbedingt immer auch zum Vorteil des Trägers. Wichtiger als „Mut zur Farbe“ ist auf jeden Fall das Bekenntnis zur Qualität. Polyesteranzüge wirken nicht sehr anziehend, und auch bei den Schuhen sollte man nicht sparen. Analog dazu gilt dies auch für Frauen, die noch viel größeren Gefahren stilistischer Fehlgriffe ausgesetzt sind als die Männer und die darauf achten sollten, welche Signale sie aussenden möchten und welche Signale ihre Kleidung wirklich aussendet. Gerade Frauen wünschen sich im Beruf mehr Respekt, Anerkennung und Aufstiegsmöglichkeiten, sie sollten also besonders darauf achten, ob ihre Kleidung, ihr äußeres Erscheinungsbild das auch vermittelt. Das klassische Business-Outfit für Frauen entspricht dabei nie den neuesten Modetrends, es ist also nicht nötig, sich jedes halbe Jahr komplett neu auszustatten. Besser, Sie setzen auf hochwertige Basics, die sich gut miteinander kombinieren lassen. Dabei finden sich im kompletten Outfit nicht mehr als zwei Farben. Dies gilt auch für weniger businessorientierte Kleidung – Qualität und zeitloser Stil sind meist besser, als jeden Trend mitzumachen.

Aufgabe

Fühlen Sie den Unterschied

Gehen Sie in die teuersten Geschäfte der Stadt und fühlen Sie die Stoffe. Mehr noch, probieren Sie hochwertige Kleidung und Schuhe an und erleben Sie, wie man sich darin fühlt.
Sie fühlen sich darin unwohl? Das liegt vielleicht daran, dass es für Sie ungewohnt ist, solche Stücke zu tragen, oder Sie können sich nicht vorstellen, so viel Geld für eine hochwertige Jacke, den edlen Pullover, die rahmengenähten Schuhe auszugeben. Hinterfragen Sie in diesem Fall ganz konkret, woher Ihr Unbehagen kommt und ob es möglicherweise mit Ihrem Selbstwertgefühl zu tun hat.

Das äußere Erscheinungsbild ist Ausdruck der inneren Haltung. Mehr noch: Die äußere Erscheinung wirkt sich auf die innere Haltung aus. Kleiden Sie sich heute schon für Ihre Position von morgen und lassen Sie Ihre Verpackung für sich sprechen.

Aufgabe

Was ziehen Sie an?

Betrachten Sie Ihre Garderobe nach folgenden Gesichtspunkten und statten Sie sich bei Bedarf entsprechend aus:

- Was will ich vermitteln (z. B. Seriosität, Unabhängigkeit, Sportlichkeit)?
- In welchem Umfeld bewege ich mich (z. B. konservativ, progressiv)?
- Wie will ich gesehen werden (z. B. als Businessman oder Künstler, Rocker oder Oberarzt)?
- Was will ich erreichen (z. B. ein Gefühl der Gemeinsamkeit, Aufmerksamkeit für ein bestimmtes Thema, Provokation)?
- Womit kann ich meine Einzigartigkeit auch äußerlich darstellen?

Ihr gutes Image muss durchgängig sein. Weitere Ausdrucksmittel Ihrer Persönlichkeit sind Ihr Schmuck, Ihre Accessoires und Gegenstände, mit denen Sie sich umgeben und die Sie nützen. Achten Sie auch hier auf Stimmigkeit und darauf, welche Signale Sie damit aussenden. Welches Auto fahren Sie? Wie ist Ihre Wohnung eingerichtet?

Visitenkarten sind ein kleines, aber äußerst wirkungsvolles Mittel, Ihre Persönlichkeit auszudrücken. Sparen Sie auch hier nicht an der falschen Stelle, ein etwas dickeres Papier und hochwertiger Druck sagt viel über Ihr Qualitätsbewusstsein aus, ebenso Ihr Briefpapier. Wie ist Ihre Handschrift, wie sieht Ihre Unterschrift aus? Handschriftlich geschriebene Karten und Briefe kommen wieder in Mode und man kann sich damit auf sehr wirkungsvolle Weise bei anderen in Erinnerung rufen oder bedanken.

Bei vielen Gelegenheiten brauchen Sie Fotos von sich, von der Bewerbung bis zum Interview für Medien, zu dem man Sie als Expertin oder Experten für Ihr Fachgebiet einlädt. Lassen Sie hochwertige Bilder für unterschiedliche Zwecke bei einem professionellen Porträtfotografen erstellen. Achten Sie auch sehr darauf, welche Bilder von Ihnen im Internet stehen, diese sollten Ihre Reputation fördern und nicht schädigen.

Kleidung, Accessoires und Gegenstände, die Sie verwenden, bilden einen Gesamteindruck, der stimmig sein sollte. Schaffen Sie sich eine „Personal Identity“, die Ihrer Botschaft entspricht und diese unterstreicht.

Aufgabe

Entwickeln Sie ein Auge für guten Stil

- Nehmen Sie Ihre Liste der charismatischen Persönlichkeiten zur Hand und überlegen Sie zu jeder der Personen, was Ihnen zu ihrem Outfit und zu ihrem Stil einfällt.
- Sammeln Sie Bilder von Persönlichkeiten, die für guten Stil stehen, und überlegen Sie, worauf dieses Stilempfinden beruht.
- Was können Sie selbst tun, um Ihren persönlichen Stil zu optimieren?

Wir dürfen uns nicht wundern, dass man uns unterschätzt, wenn wir keinen Wert aufs Äußere legen. Overdressed ist unter diesem Gesichtspunkt besser als underdressed und zu nachlässig. Kleiden Sie sich Ihrer Position entsprechend, besser noch: der Position entsprechend, die Sie künftig einnehmen möchten. Orientieren Sie sich dabei an Ihren Vorbildern. Tun Sie, als ob – indem Sie sich so geben, wie Sie gern wären. Sie werden staunen, wie gut das wirkt.

Machen Sie den ersten Schritt, gehen Sie offen auf andere zu

Kontaktfähigkeit öffnet Ihnen viele Türen. Je weniger Sie sich davor scheuen, auf andere Menschen zuzugehen, je geschickter Sie im Umgang mit anderen sind, umso leichter wird es für Sie, Ihre Ziele zu erreichen. Viele Menschen haben Hemmungen, den ersten Schritt zu machen, und so verpassen sie viele Chancen, die richtigen Leute kennenzulernen, die ihnen auf ihrem Weg weiterhelfen könnten. Alle sprechen vom Netzwerken, es gibt unglaublich viele Möglichkeiten, den Umgang mit anderen, das Zugehen auf Fremde zu trainieren. Gehen Sie zu solchen Treffen und zeigen Sie Ihre Kontaktbereitschaft. Sie werden überrascht sein, wie das auch Ihre Umwelt beeindrucken wird: erstens jene Menschen, die Sie ansprechen, und zweitens jene, die kontaktscheu sind und Angst haben, auf Fremde zuzugehen.

Wie erleichtern Sie sich den ersten Schritt, wie gestalten Sie den Umgang mit Fremden konstruktiv?

- Verhalten Sie sich wohlwollend.
- Stellen Sie einfach viele Fragen.
- Drücken Sie Dankbarkeit aus.
- Zeigen Sie Interesse.
- Geben Sie direkte oder indirekte Komplimente.
- Ignorieren Sie „Feinde“ höflich.
- Reagieren Sie auf Kritik nicht mit Verteidigung oder einem Gegenangriff.
- Werden Sie der „weltbeste“ Zuhörer!

Wenn Sie ein Problem damit haben, Smalltalk zu betreiben, ändern Sie diese Haltung. Charismatische Persönlichkeiten sind kontaktfreudig und sie wissen, Smalltalk ist ein gutes Mittel, um mehr von Menschen zu erfahren und um ihnen die eigene Persönlichkeit näherzubringen. Smalltalk ist mehr als nur oberflächliches Geplänkel, es ist ein Instrument, um Türen zu öffnen und Einfluss zu gewinnen.

Aufgabe

Sprechen Sie Menschen an

Nützen Sie jeden Tag, um mindestens eine fremde Person anzusprechen. An der Haltestelle, im Kaufhaus, im Café, wo immer Sie sich aufhalten, es gibt zahlreiche Gelegenheiten, andere in ein Gespräch zu verwickeln. Beginnen Sie mit einer belanglosen Frage oder einem Kompliment, je öfter Sie das machen, umso leichter wird es Ihnen fallen.

Hören Sie zu

Interessiere dich für andere, und
man interessiert sich für dich.

Dale Carnegie

Aufgabe

Wie hören Menschen zu?

Gehen Sie in ein belebtes Café, wo viele Menschen sich miteinander unterhalten. Achten Sie dabei auf die Augenbewegungen und Blicke, wie die Menschen sich im Dialog abwechseln und wie das Gegenüber jeweils reagiert. Wer zeigt Interesse an anderen, wer blickt gelangweilt, wer hält den Blickkontakt, wessen Blick schweift in die Umgebung ab? Beobachten Sie die Menschen, wie sie zuhören, und bestimmen Sie allein aufgrund dieses Merkmals, wie sympathisch Ihnen jemand ist.

Jemand, der sehr ernst oder uninteressiert schaut, wird als weniger sympathisch eingeschätzt. Jemand, der dem anderen interessiert zuhört, an seinen Lippen hängt, vielleicht leicht nickt und den Blickkontakt mit dem Gesicht des anderen hält, wird als sympathischer eingeschätzt.

Die meisten Menschen sind sehr schlechte Zuhörer. Sie werden immer wieder auf Zuhörer treffen, die anderen beweisen wollen, dass sie klüger sind, anstatt empathisch zu reagieren. Viele Menschen meinen, man könne andere in erster Linie dadurch von sich überzeugen, indem man ständig von sich selbst spricht und bei jeder Gelegenheit die eigenen Leistungen preist.

Nichts ist weniger richtig als das. Wirklich charismatische Menschen sprechen nur sehr wenig über sich selbst, sie sprechen mehr über Anliegen, die ihnen wichtig sind, und über andere – und vor allem hören sie zu. Aktives Zuhören und ehrliches Interesse am anderen sind das Erfolgsgeheimnis vieler anziehender Persönlichkeiten. Stellen Sie Fragen und zwar nicht nur, um sich zu profilieren, sondern, um mehr vom Gegenüber zu erfahren. Viele Fragen!

Der Klassiker unter den Erfolgsautoren, Dale Carnegie, meinte dazu einmal, man könne in zwei Monaten mehr Freunde durch wirkliches Interesse am anderen gewinnen als damit, zwei Jahre lang zu versuchen, andere für sich zu interessieren. Mit anderen Worten: Der beste Weg, Freunde zu gewinnen, ist, selbst einer zu sein.

Ein guter Verkäufer wird nie über seine Produkte sprechen, sondern über Lösungen für seine Kunden. Und bevor er diese Lösungen vorschlägt, wird er zuhören, wo den Kunden der Schuh drückt. Ein Arzt kann fachlich noch so exzellent sein, wenn er nicht zuhört und sich in seine Patienten einfühlen kann, wird er von diesen nicht als guter Arzt wahrgenommen werden.

Die Kunst beim Zuhören ist, das Selbstwertgefühl der anderen zu stärken, indem man sich für sie interessiert. Eine Dame, die die Ehre hatte, mit den beiden britischen Staatsmännern Benjamin Disraeli und William Gladstone zu dinieren, beschrieb dies so: „Als ich den Raum verließ, nachdem ich neben Mr. Gladstone gesessen hatte, dachte ich, er sei der gescheiteste Mann Englands. Aber als ich neben Mr. Disreali gesessen hatte, dachte ich, ich sei die gescheiteste Frau Englands." Welcher der beiden Herren hat wohl den größeren Eindruck in der Lady hinterlassen und welcher hatte das größere Charisma?

Helfen Sie anderen, erfolgreich zu sein, und stärken Sie deren Selbstwertgefühl

Ermutigen Sie andere bei jeder Gelegenheit. Sprechen Sie über deren Ziele und fragen Sie, ob und wie Sie ihnen helfen können. Empfehlen Sie Menschen weiter, von deren Fähigkeiten Sie überzeugt sind und die wiederum andere Menschen bei der Erreichung ihrer Ziele unterstützen können. Machen Sie andere auf Informationen aufmerksam, senden Sie ihnen Informationen mit Nutzwert wie Buchtipps, Veranstaltungstipps, Artikel aus Fachzeitschriften, Hinweise auf interessante Websites und Ähnliches.

Sprechen Sie anderen Anerkennung aus. Loben ist das mächtigste Instrument, um andere Menschen zu motivieren. Wer gelobt wird, wird in seinem Selbstwert gefördert, erhält eine positive Rückmeldung zu seiner Person und zu seiner Leistung. Ob in der Familie, unter Freunden oder Mitarbeitern und Kollegen im Büro: Loben Sie, und das jeden Tag. (Übrigens gilt das auch für Ihren Partner und Ihre Kinder!) Es gibt unglaublich viele Gelegenheiten, andere zu loben, Komplimente zu verteilen und mit einem guten Wort die Stimmung zu verbessern. Damit dies nicht aufgesetzt und übertrieben wirkt, sollten Sie jedoch wirklich auf Ihr Gegenüber eingehen und nicht nur allgemeine Phrasen dreschen, die auf jeden und alles passen – als Persönlichkeit, die bewusst in ihrer positiven Wirkung arbeitet, wissen Sie das aber bereits.

Wenn Sie sich an folgende Punkte halten, wird Ihr Lob auf jeden Fall gut ankommen:

- Loben Sie mit einer Aussage, die speziell an den Empfänger angepasst ist, die einzigartig ist und die ihn von allen anderen Personen abhebt.

- Loben Sie täglich, nützen Sie jede Gelegenheit, machen Sie sich das Loben zur Gewohnheit, finden Sie jeden Tag aufs Neue das Gute in anderen Menschen und informieren Sie die Welt darüber.
- Übertreiben Sie ruhig, denn jedes Kompliment kommt beim anderen, besonders bei Frauen, eine Stufe schwächer an. Das heißt aber nicht, dass Sie schwindeln sollen, dies wäre der schnellste Weg, Ihre Glaubwürdigkeit zu verlieren.
- Fühlen Sie sich in Ihr Gegenüber ein und achten Sie darauf, wie die Person das Lob aufnimmt. Die meisten Menschen reagieren zunächst verunsichert. Lassen Sie sich davon nicht irritieren, denn Ihre Worte wirken nach.
- Geben Sie der Situation angemessene Komplimente, auf die Person maßgeschneidert.
- Finden Sie die Stärken jeder Person heraus, benennen Sie das Gute.
- Loben Sie konkret. Vermeiden Sie schwammige Formulierungen und Plattheiten, sondern beziehen Sie sich auf den Anlass des Lobes. Denn: Je konkreter das Lob, umso größer seine Wirkkraft! Hier ein paar Beispiele:
  - Es ist wirklich sehr beeindruckend, wie Sie …
  - Das war sehr vorausschauend von dir, dass du …
  - Ich schätze deine Unterstützung bei …
  - Das ist ein gewaltiger Erfolg, wie Sie …
  - Das zeigt mir, wie engagiert du bist …
  - Du bist auf dem richtigen Weg, das so zu …
  - Mir gefällt die Art, wie du …
  - Ich unterstütze Sie hundertprozentig bei …
  - Ich bin froh, dass ich in Ihrem Team bin …

In einem meiner Seminare wurde ich einmal von einer Teilnehmerin gefragt: Darf ich eigentlich auch meinen Chef loben? Meine Antwort: Auch Ihr Vorgesetzter ist ein Mensch. Und jeder Mensch braucht Lob und

Anerkennung. Auch ein Chef freut sich, wenn er ehrlich gelobt wird. Oder wenn er mal ein Kompliment von seinen Mitarbeitern bekommt. Das gute Gefühl, das durch Lob im Gelobten wie im Lobenden entsteht, beflügelt beide. Und so ist es auch nicht verwunderlich, dass Lob auch die Produktivität fördert. Wer lobt, erzeugt also in vielerlei Hinsicht eine positive Wirkung. Wer lobt, fördert seine Karriere und macht andere glücklich. Und glückliche Menschen werden erfolgreicher sein als frustrierte und verunsicherte, die für ihre Leistung kein positives Feedback bekommen.

Zum guten Umgang mit Lob und Komplimenten gehört es auch, diese annehmen zu können. Freuen Sie sich, wenn man Sie lobt, bedanken Sie sich dafür und genießen Sie es.

Warnhinweis: Ein Lob, ein anerkennendes Wort oder eine Ermutigung wirken meist nicht sofort, sondern sie brauchen eine Vorlaufzeit. Sie pflanzen damit einen Gedanken beim anderen ein, und dieser Gedanke muss nun langsam heranreifen. Daher sollte man sich nicht entmutigen lassen, wenn Menschen einem nicht gleich mit Begeisterung um den Hals fallen, wenn man ihnen etwas Nettes sagt.

Aufgabe

Laden Sie andere positiv auf

- Wie stärken Sie das Selbstwertgefühl Ihrer Mitmenschen?
- Haben Sie auf andere eine ermutigende oder entmutigende Wirkung?
- Machen Sie täglich mindestens drei Menschen ein Kompliment!

Bieten Sie Identifikationspotenzial

Ob Sie eine Führungsrolle in einem Unternehmen bekleiden oder als Familienmanager oder Familienmanagerin agieren, ob Sie einen hochbezahlten Job ausüben oder ehrenamtlich arbeiten, ob Sie gerade am Anfang Ihrer Karriere stehen oder schon viele Jahre Ihre Aufgaben in Unternehmen oder als Unternehmer erfüllen: Es ist nie zu spät, an der eigenen Wirkung zu arbeiten und Vorbildqualitäten zu entwickeln. Dazu ist es allerdings wichtig, dass Sie von sich und Ihren Fähigkeiten überzeugt sind und dass Sie nicht unsicher und zögerlich auftreten. Konzentrieren Sie sich daher auf Ihre Stärken und übernehmen Sie Verantwortung, gehen Sie auf die Menschen zu.

Offenbaren Sie private Interessen, stehen Sie zu kleinen Schwächen und kokettieren Sie auch mal mit kleinen Missgeschicken. Sprechen Sie über Ihre Werte, Ihre Leidenschaften und Träume. Darüber, wie Sie schwierige Situationen überwunden haben. Über Dinge, in denen sich Menschen wiederfinden können. Jede Ähnlichkeit, die Menschen – bei aller bleibenden Distanz – zu Ihnen empfinden, macht es möglich, sich mit Ihnen zu identifizieren. Ein guter Grund, warum die Menschen in Amerika Oprah Winfrey so sehr mögen, ist, dass sie mal dick und mal dünn ist. Jeder Mensch, der (so wie ich ;-)) auch mit seinem Gewicht kämpft, kann sich wunderbar mit ihr identifizieren. Genau das macht sie unglaublich sympathisch. Wie unsympathisch wäre sie, wenn sie essen könnte, was sie will, und dabei kein Gramm zunehmen würde?

Barack Obamas Tränen im Wahlkampf nach dem Tod seiner geliebten Großmutter waren Leid, das jeder mitempfinden konnte, und alle, die schon einmal einen geliebten Menschen verloren haben, fühlten sich ihm, dem zukünftigen Präsidenten, näher denn je.

Roland Koch, der langjährige Ministerpräsident Hessens, war nie ein besonders großer Sympathieträger, wenngleich ein unglaublich gescheiter und fähiger Mann, mit einem guten Sinn für Humor. Öffentlich jedoch mochte er nie Gefühle zeigen. Punkten konnte er, als in einer Talkshow eine seiner heimlichen Leidenschaften herauskam: Er kennt alle McDonald's-Standorte in Hessen, und es passierte nicht selten, dass er nach einem langen Tag mit seinen Personenschützern und Begleitern unerwartet in einem Mc-Donald's-Restaurant auftauchte. Plötzlich merkte man, dass sich hinter dem distanziert wirkenden Politprofi ein ganz sympathischer Mensch verbirgt.

Die amerikanische Schauspielerin Sandra Bullock gewann durch die Untreue ihres Mannes sehr viel Sympathie in der Bevölkerung. Kurz nachdem sie im März 2010 einen Oscar als beste Hauptdarstellerin bekommen hatte, wurde bekannt, dass ihr Ehemann sie schon längere Zeit mit unzähligen Tattoo-Ludern betrogen hatte. Sie reichte kurz darauf die Scheidung ein, und es schien, als ob alle an ihrem Leid Anteil nahmen. Die Sympathie für Sandra Bullock war schon immer groß, weil sie sich seit Langem sehr stark sozial engagiert, so hat sie im September 2001 eine Million Dollar für das amerikanische Rote Kreuz gespendet und je eine weitere Million an die Opfer der Tsunami-Katastrophe in Asien und nach dem Erdbeben in Haiti an die Organisation Ärzte ohne Grenzen. Ihre Entscheidung, die kurz vor dem Oscar an sie verliehene „Goldene Himbeere" für die schlechteste Darstellung einer Hauptrolle persönlich abzuholen – was Schauspieler üblicherweise aus Imagegründen vermeiden –, begründete sie so: „Ich muss das genauso genießen wie einen Oscar zu gewinnen. Zwischen diesen beiden Polen bewegt sich dieses Geschäft." Mit ihrer Natürlichkeit hat sie sich an die Spitze der Schauspielerinnenriege gespielt und gehört heute zu den bestbezahlten Schauspielerinnen Hollywoods.

Mit einer alglatten, perfekten Oberfläche, einem Pokergesicht und einer zu sachlichen Stimme kann man sich nicht identifizieren. Das wirkt nur kalt und unnahbar. Schlimmer noch ein Mensch, der immer beweisen will, dass er alles besser weiß, und viel zu oft das Wort „ich" verwendet.

Aufgabe

Sammeln Sie Sympathiepunkte

- Überlegen Sie, mit welchen Schwächen Sie kokettieren könnten.
- Welche kleinen Missgeschicke könnten Sie in kleine Anekdoten über sich verpacken?
- Worin sind Sie ungeübt und was können Sie gar nicht, sodass Sie sich damit immer wieder auf humorvolle Art „angreifbar" machen könnten?

Die Charisma-Faktoren sind die Basis für Ihre gewinnende Ausstrahlung. Ihre Fähigkeit, mit Ihrer positiven Wirkung andere Menschen zu bezaubern, einen positiven Eindruck zu hinterlassen und Einfluss auszuüben, wird Ihnen dabei helfen, erfolgreich und glücklich zu sein. Die Instrumente dazu sind Ihr äußeres Erscheinungsbild, Ihr Auftreten und Ihre Sprache. Und mit Ihren Worten und Ihren Taten überzeugen Sie andere von sich. Ihre Botschaft wird mit Ihrem Namen verbunden und Sie werden zu einer einflussreichen Persönlichkeit. Sie strahlen Vertrauen und Zuversicht aus. Ihr Optimismus ist Ihnen ins Gesicht geschrieben und Ihre Erfolge motivieren andere, es Ihnen gleichzutun. Ihre positive Wirkung, Ihre gewinnende Ausstrahlung, Ihr Charisma machen Sie zu einem Vorbild für andere.

Bitten Sie andere Menschen um Hilfe und Unterstützung

Wann wurden Sie das letzte Mal um Hilfe oder Unterstützung gebeten? Wie ist es Ihnen dabei gegangen? Meist helfen wir gerne, vor allem, wenn man uns darum bittet. Doch viele Menschen scheuen sich, andere um etwas zu bitten. Die Gründe dafür reichen von der Angst vor einem Nein bis zum Glauben, alles selbst machen zu müssen, weil es nur dann perfekt umgesetzt wird. Oder man fürchtet, sich dem anderen gegenüber zu verpflichten, ihm etwas „schuldig" zu sein, wenn man sich helfen lässt. Umgekehrt wird ein Schuh daraus: Wer in eine Sache investiert, also Zeit, Ressourcen oder auch Geld beisteuert, entwickelt ein höheres Commitment. Das heißt, er fühlt sich der Sache unbewusst ganz anders verpflichtet und wird sich stärker identifizieren und entsprechend einsetzen. Um Hilfe zu bitten ist daher ein Zeichen von Stärke und nicht von Schwäche.

Aufgabe

Holen Sie sich Unterstützung

Bitten Sie jeden Tag jemanden konkret um Hilfe. Fangen Sie im häuslichen Umfeld an, üben Sie im Job, im Laden, im Restaurant.

- Wie fühlen Sie sich dabei?
- Wie reagiert der andere?

Charismatische Menschen bitten sehr oft um Hilfe und Unterstützung: Sie lassen sich von Wohltätigkeitsorganisationen als Unterstützer einsetzen, schmücken Charity-Events mit ihrer Anwesenheit, übernehmen Patenschaften für Menschen, Tiere und Projekte, bitten um Spenden und stellen ihre Prominenz in den Dienst der guten Sache. Ohne diesen Einsatz gäbe es unglaublich viele positive Dinge auf dieser Welt nicht – und Sie können das auch. Geben und nehmen zu können sind Stärken, und so, wie Sie täglich Menschen um Hilfe oder einen Gefallen bitten sollten, so sollten Sie auch viel öfters fragen: „Was kann ich für Sie tun?"

Aufgabe

Sammeln Sie für einen guten Zweck

Sammeln Sie in den nächsten Wochen für einen guten Zweck Geld. Um das erfolgreich zu tun, müssen Sie natürlich möglichst viele Menschen ansprechen und viele innere Hemmungen überwinden.

- Wie geht es Ihnen damit?
- Welche Reaktionen erhalten Sie?

Werden Sie ein Meister in der Kunst der Dankbarkeit

Der Undank ist immer eine Art Schwäche.
Ich habe nie gesehen, dass tüchtige
Menschen undankbar gewesen wären.

Johann Wolfgang von Goethe

Danke zu sagen erzeugt ebenso eine positive Wirkung auf andere wie Lob. Charismatische Persönlichkeiten bedanken sich sehr häufig bei ihren Mitmenschen, bei ihrem Team, ihren Helfern. Auch Barack Obama bedankt sich bei jeder Gelegenheit beim amerikanischen Volk für seine Unterstützung, und er bringt seinen Dank immer sehr glaubwürdig zum Ausdruck. Er begrüßt Menschen mit dem Satz „I appreciate you" – „Ich schätze Sie". Die Dankesreden bei der Oscarverleihung sind geballte Emotion und rühren oft die Zuschauer zu Tränen.

Dank kann sehr viele Gefühle auslösen, Dank kann sehr motivierend wirken, und mit Dank können Sie zeigen, dass Sie den anderen und seinen Beitrag schätzen, dass Sie sich dessen bewusst sind, dass die Hilfe und die Unterstützung anderer wichtig und eine Voraussetzung für Ihren oder den gemeinsamen Erfolg ist.

Warum ist Dank so wirkungsvoll? Weil die Menschen nach Anerkennung hungern, und wie Lob ist auch Dank enorm selbstwertsteigernd. Sie können sich also gar nicht oft genug bedanken. Achten Sie dabei allerdings darauf, dass der Dank nicht übertrieben wirkt und den anderen nicht in Verlegenheit bringt. Das gilt übrigens auch für teure Geschenke.

Es gibt viele Gelegenheiten, danke zu sagen, nützen Sie sie, und Sie werden Ihre Wirkung und Anziehungskraft auf andere ständig verbessern.

Aufgabe

Sagen Sie „Danke"

Bei wem sollten Sie sich schon längst einmal sehr herzlich bedanken? Tun Sie es und beachten Sie, wie es Ihnen geht und was Sie in Ihrem Gegenüber damit auslösen.

Trauen Sie sich, zu polarisieren

Charismatische Menschen besitzen nicht deswegen so eine große Ausstrahlung, weil sie sich anpassen und versuchen, es allen recht zu machen. Sie zeigen Flagge, sie vertreten ihre Meinung und nehmen einen Standpunkt ein. Und das ist in der Regel nicht der Standpunkt der Masse – wenngleich viele es schaffen, die Massen hinter sich zu scharen, wenn es ihnen gelingt, die Botschaft erfolgreich zu verbreiten. Doch der Weg dahin ist oft von Kritik bis hin zu Anfeindungen gepflastert. Nehmen Sie zum Beispiel Dieter Bohlen. Oder Stefan Raab, der sich vom Metzger zum innovativen TV-Entertainer und Unternehmer entwickelt hat, und das eindeutig nicht durch Anpassung. Er polarisiert extrem, entweder mag man ihn oder man mag ihn nicht, aber zweifelsohne hat er sich selbst zu einer Marke gemacht, die für massentaugliche Fernseh-Events mit hoher Quote sorgt. Und nicht erst seit dem Sieg „seiner" Kandidatin Lena beim Eurovision Song Contest 2010 ist er eine der einflussreichsten Persönlichkeiten in der deutschen Fernsehlandschaft. Ein Polarisierer ist auch Götz W. Werner, der Gründer von dm-drogeriemarkt, der mit seiner Initiative für ein bedingungsloses Grundeinkommen die Meinungen spaltet. Denken Sie auch an Gregor Gysi oder seinen Politfreund Oskar Lafontaine.

Was bedeutet polarisieren?

- Regeln zu brechen
- Zustände beim Namen zu nennen
- Menschen mit Tatsachen, Daten, Bildern zu konfrontieren, wenn es der Sache dient

- für etwas einzutreten, wo andere vielleicht nicht so gern hinschauen
- Neues in die Welt zu bringen, auch gegen Widerstände
- sich auch gegen Kritik anderer für etwas zu engagieren, wovon man überzeugt ist

Polarisierung hängt primär von der persönlichen Wirkung ab, aber zuweilen auch von der Botschaft, der Vision, die ein Mensch vertritt und die ihn antreibt. Polarisieren allein um der Provokation willen ist nicht sinnvoll und wird auf Dauer nicht gutgehen, wenn nicht echtes Engagement dahintersteckt. Bei allem Willen zur Aufdeckung von Widersprüchen sollten Sie immer darauf achten, Ihre positive Grundhaltung nicht aufs Spiel zu setzen, und nicht zum Streithansel mutieren. Ein kluger Spruch sagt: „Wer diskutiert, verliert." Wichtig ist, friedlich zu seiner eigenen Meinung zu stehen, ohne dabei andere zu belehren. Die Kunst zu polarisieren ist mit der Fähigkeit verbunden, unterschiedliche Meinungen und Standpunkte zu akzeptieren, Widersprüche auszuhalten und auch zu akzeptieren, dass manche Idee länger braucht, um greifbare Ergebnisse zu bringen.

Zeigen Sie Humor

Wer Menschen zum Lachen bringt, der kann auch ihre Herzen bewegen. Der Dalai Lama erheitert die Menschen, der Begründer der Baghwan-Bewegung und spirituelle Lehrer Osho war ein Meister im Erzählen von Witzen, und die ehemalige amerikanische Außenministerin Madeleine Albright wirkte durch ihren Humor weitaus menschlicher und wärmer als ihre Vorgänger und Nachfolger.

Viele Menschen verlieren auf dem Weg nach oben ihren Humor. Dabei macht gerade der Humor den Charme eines Charismatikers aus. Humor nimmt Distanz, und wer Witz versprüht, versprüht positive Energie. Wenn gemeinsam gelacht wird, entsteht Sympathie, und diese ist unverzichtbar, um einen positiven Eindruck zu hinterlassen. Gute Redner werden beispielsweise danach trachten, mit den ersten Sätzen ihres Vortrags ihr Publikum zum Lachen zu bringen, weil sie wissen, dass das die Herzen öffnet und die Menschen auf ihre Seite bringt.

Trainieren Sie also unbedingt Ihren Humor-Muskel! Sammeln Sie Witze und Anekdoten und bringen Sie hin und wieder ein freundliches Späßchen an. Nehmen Sie sich selbst nicht zu ernst und nützen Sie kleine Fehler, die Ihnen passieren, als Grundlage für witzige Storys, die Sie bei passender Gelegenheit zum Besten geben. Sie nehmen damit auch anderen den Wind aus den Segeln, die Ihnen vielleicht mit Schadenfreude begegnen, weil Sie ins Fettnäpfchen getreten sind oder sich sonstwie ungeschickt angestellt haben. Humor ist ein wichtiges Charisma-Elixier und deshalb sollten Sie jeden Tag eine Dosis davon zu sich nehmen und an andere verteilen.

Achten Sie darauf: Sehr charismatische Persönlichkeiten bringen ihre Zuhörer schon in den ersten 90 Sekunden zum Lachen. Sie lockern auch jeden Vortrag spätestens alle zehn Minuten mit Humor auf.

Aufgabe

Haben die Menschen bei Ihnen auch etwas zu lachen?

- Wann hatten Sie zum letzten Mal die Lacher auf Ihrer Seite?
- Wie fühlte es sich an, andere zum Lachen zu bringen?
- Was könnten Sie tun, um dieses Erlebnis häufiger zu wiederholen?

Nutzen Sie die Macht der Geschichten

Geschichten sind seit Menschengedenken ein wichtiges Instrument, um die Identifikation der Menschen mit einer Sache, einer Botschaft, einer Person zu stärken, aber auch, um Wissen weiterzugeben und „merkbar" zu machen. Eine Botschaft in eine Geschichte verpackt wird eine ungleich stärkere Wirkung entfalten als eine kursorische Aufzählung von Daten und Fakten, Geboten und Verboten – das funktioniert seit altersher, von der Bibel über den Struwwelpeter bis zu Gründungslegenden von Unternehmen und Biografien von Einzelpersonen. Die Macht von Geschichten ist groß, weil sie, wenn sie gut erzählt und stimmig sind, unsere tiefsten Gefühle und Bedürfnisse ansprechen. Es ist ganz einfach: Menschen lieben Geschichten! Und Charisma basiert sehr häufig auf gut erzählten Geschichten und auf der Fähigkeit der charismatischen Persönlichkeit, Geschichten zu erzählen.

Jede große charismatische Persönlichkeit hat eine Story zu bieten – und der Film läuft in uns ab, sobald wir den Namen hören. Machen Sie die Probe aufs Exempel und denken Sie zum Beispiel an John F. Kennedy. Welche Bilder kommen da in Ihnen hoch, welche Ereignisse und Personen fallen Ihnen ein? Und mit welchen Emotionen ist das verbunden? Denken Sie auch hier wieder an Barack Obama, der aufgrund seiner Herkunft und seiner Hautfarbe eine Geschichte erzählen kann, mit der sich eine sehr breite Schicht der amerikanischen Bevölkerung sehr stark identifiziert. Er kann allein durch die Tatsache, dass seine Eltern, ein Afrikaner und eine weiße Amerikanerin, 1961 auf Hawaii geheiratet haben, als in Teilen der USA eine Heirat zwischen Schwarzen und Weißen noch verboten war, eine Legende um seine Person aufbauen, die von der bis heute andauernden Strahlkraft der Bürgerrechtsbewegung profitierte. Doch man muss gar nicht in die große Weltpolitik gehen, man kann die Wirkung von Storys auch in vielen anderen Zusammenhängen beobachten, von Firmengeschichten über Produktmarken – bis hin zum Bewerbungsbrief samt Lebenslauf.

Aufgabe

Mit Geschichten leben

- Achten Sie in der nächsten Zeit bewusst auf erzählerische Elemente in Zusammenhang mit Personen und darauf, wie diese selbst ihre Geschichte erzählen.
- Wie wirkt das auf Sie?
- Fangen Sie an, Geschichten zu sammeln!
- Welche Geschichten könnten Sie über sich erzählen?

- Lernen Sie, Ihre eigene Lebensgeschichte zu erzählen, und zwar spannend, sodass andere Menschen daraus etwas lernen können.
- Schreiben Sie einen Vorstellungstext, mit dem Sie bei nächster Gelegenheit öffentlich vorgestellt beziehungsweise präsentiert werden möchten.

Führen Sie mit positiver Sprache

Der Mensch wird, was er durch seine Sprache zum Ausdruck bringt.

Nikolaus B. Enkelmann

Sprache ist direkter Ausdruck Ihrer Persönlichkeit und Ihres Status. Sie ist neben der Körpersprache und der Sprache Ihrer Augen und Ihrer Stimme das vierte wichtige Merkmal, mit dem Sie Menschen beeinflussen. Daher: Was immer Sie zu sagen haben, sagen Sie es positiv. Entsorgen Sie negativen Wortmüll und verbessern Sie Ihre Wortwahl. Sprechen Sie zum Beispiel nicht davon, was *nicht* geht, sondern davon, was geht. Empfehlen Sie nicht, etwas zu unterlassen, sondern etwas zu tun. Nennen Sie die handelnden Personen beim Namen und verstecken Sie sich nicht hinter „man". „Man sollte dies tun" wird dazu führen, dass gar nichts geschieht, „Tun wir dies" oder „Ich werde das tun" kommt da schon ganz anders – nämlich handlungsorientiert – rüber. Eine positive Sprache kann erlernt werden, wie uns das Beispiel von Eliza Doolittle, des Blumenmädchens mit dem Cockney-Akzent aus *My Fair Lady* zeigt. Durch phonetisches Training und eine veränderte Wortwahl verändern sich ihre Einstellung, ihr Status und ihre Lebensumstände.

Bei Verbesserungen des eigenen Sprachverhaltens ist es wichtig, zu berücksichtigen, dass die Sprache auch weiterhin zu Ihrer Persönlichkeit passt und nicht zu abgehoben klingt. Wer es nötig hat, mit Fachwörtern um sich zu schmeißen, wird auf andere bestimmt nicht charismatisch wirken. Eine Dialektfärbung sollte nicht immer vollständig wegtrainiert werden – so Sie nicht Schauspieler oder TV-Moderator werden wollen –, und regionaltypische Redewendungen können Sympathiepunkte erzielen.

Wie aber führen Sie mit positiver Sprache?

- Lenken Sie die Aufmerksamkeit durch Fragen, die Sie stellen. Wer fragt, der führt und gibt die Themen vor.
- Vermeiden Sie „Aahhs“ und „Äähhs“ durch lange Pausen. Mit Pausen verstärken Sie die Wirkung und Haftkraft Ihrer Worte!
- Führen Sie immer einen kleinen Notizblock mit sich und schreiben Sie sich gute Formulierungen und Bonmots, die Sie hören oder die Ihnen einfallen, sofort auf. Sobald Sie etwas aufschreiben, setzt es sich in Ihrem Geist fest.
- Sprechen Sie weniger über sich, mehr über die anderen. Aussagen über den eigenen Charakter, wie erfolgreich, beliebt, gutaussehend Sie sind, wirken angeberisch und kommen daher nicht gut an.
- Studieren Sie die Sprache guter Kommunikatoren.

Mit diesen Sprachmustern überwinden Sie Widerstände:

- Wenn Sie Anweisungen erteilen oder Befehle geben, so kombinieren Sie zwei Anweisungen: „Stehen Sie auf und zeigen Sie allen …“. Bei zwei Befehlen gleichzeitig bricht ein möglicherweise vorhandener Widerstand ein.
- Lassen Sie einen Satz mit „oder …“ auslaufen, wenn Sie sich durchsetzen wollen: „Würde es dich stören, wenn ich das letzte Stück Pizza esse, oder …“
- Begründen Sie eine Anweisung oder einen Befehl: „Sie sollten das unbedingt aufschreiben, weil das sehr wichtig ist.“
- Ein Geheimnis anzukündigen erzeugt Nähe und Intimität: „Lassen Sie mich Ihnen ein Geheimnis anvertrauen …“

- Lassen Sie dem anderen die Wahl, sich zu entscheiden:
  - „Machen Sie X nicht, es sei denn, Sie sind sich absolut sicher."
  - „Lesen Sie dieses Kapitel nicht, es sei denn, Sie wollen Ihren Chef wirklich beeindrucken."
  - „Entscheiden Sie nicht, es sei denn, es fühlt sich wirklich gut an."
- „Verkaufen" Sie Informationen als bekannt und feststehend:
  - „Wie Sie sicher wissen, ist ..."
  - „Ihnen ist klar, dass ..."
  - „Wahrscheinlich wissen Sie schon, dass ..."
  - „Sie müssen gehört haben, dass ...".
- Motivieren Sie den anderen, Ihnen einen konkreten Vorschlag, eine Zusage zu machen:
  - „Wie bald/Wann wollen Sie mit dem Umzug beginnen?"
  - „Wie schnell können Sie den Raum fertig haben?"
  - „Wie sehr wird Sie das beeindrucken?"
  - „Wie entspannt werden Sie sein, wenn ...?"
- Wenn Sie selbst den Zeitpunkt, die Mittel oder das Ergebnis bestimmen wollen, stellen Sie Entweder-oder-Fragen:
  - „Können Sie Montag um 8.00 Uhr oder Dienstag um 14.00 Uhr kommen?"
  - „Fahren wir in diesem Jahr ans Meer oder in die Berge?"
  - „Möchten Sie lieber die rote oder lieber die blaue Jacke probieren?"

Viele Menschen denken, eine konsequente Verwendung positiver Sprachmuster sei nicht damit vereinbar, nein zu sagen. Sie fürchten, mit einem Nein würden sie den anderen verletzen, vor den Kopf stoßen und zurückweisen. Das Ergebnis ist dann oft ein halbherziges Ja und eine ebensolche Ausführung des Zugesagten. Es bauen sich negative Gefühle auf, gegen den anderen und gegen sich selbst, weil man wieder mal zu schwach war, nein zu sagen. Ein Muster, das viele Menschen kennen. Besonders jene mit einem ausgeprägten Helfersyndrom, die sich für andere gern aufopfern, um Anerkennung zu finden, um gemocht zu werden. Leider ist es jedoch so, dass diese Haltung sehr oft das Gegenteil bewirkt. Wer immer Ja sagt, wird leicht ausgenützt und wenig respektiert. Wenn Sie Ihre Wirkung und Ihren Einfluss auf andere verstärken wollen, ist es sehr wichtig, sich Respekt zu verschaffen. Ein klares Nein, wenn es Ihnen eigentlich nicht nach Ja zumute ist, hilft Ihnen dabei mehr als immerwährende Verfügbarkeit. Sagen Sie durchaus bedauernd nein und bieten Sie gleich eine mögliche Lösung mit an. Sprechen Sie Ihr Nein aber so aus, dass der andere beziehungsweise Sie beide nicht Ihr Gesicht verlieren:

- „Nein, ich kann leider nicht länger im Büro bleiben und die Präsentation für dich fertigmachen. Aber wenn du möchtest, können wir es morgen Vormittag noch mal durchgehen." (Lassen Sie eine Begründung wie „weil ich heute Abend schon etwas vorhabe" ruhig weg, das bietet nur eine Angriffsfläche und Sie müssen sich schließlich nicht rechtfertigen.)
- „Es tut mir leid, dass ich das heute Abend nicht machen kann, doch ich bin mir sicher, dass Susanne dir weiterhelfen kann."

Haben Sie Geduld mit sich selbst, denn es dauert eine ganze Weile, bis Sie Übung im positiven Neinsagen haben. Sie werden sehen, mit der Zeit fällt es Ihnen immer leichter.

Ein wichtiges Thema, bei dem Ihre Sprache eine große Rolle spielt, sind Reden und Vorträge. Alles, was Sie für erfolgreiche Reden brauchen, finden Sie in einem der folgenden Abschnitte.

Zeigen Sie Gefühl und fühlen Sie mit

Empathie und Emotionen zu zeigen sind zwei wichtige Charisma-Faktoren. Zeigen Sie, dass Sie in der Lage sind, Mitgefühl zu empfinden, gehen Sie auf die Probleme und die Situation des anderen ein: „Ich kann mir vorstellen, dass das nicht leicht war. Erzählen Sie mal ...". Scheuen Sie sich auch nicht, Gefühle zuzulassen und zu zeigen. Freude, Rührung, Trauer zu empfinden ist menschlich und wenn Sie Ihre Gefühle offen zeigen, wird man Sie als glaubwürdig empfinden.

Überlegen Sie vor speziellen, voraussichtlich emotionalen Situationen, was Sie erwarten wird, mit welchen Gefühlen und Gefühlsausbrüchen anderer Sie möglicherweise konfrontiert werden und wie Sie darauf reagieren können. Stellen Sie sich auf die Menschen ein und bereiten Sie sich innerlich auf die Situation vor, legen Sie sich ein paar einfühlende Formulierungen und Fragen zurecht. Die Menschen müssen Sie mögen, und mit Ihrer Bereitschaft, mitzufühlen und Gefühl zu zeigen, erleichtern Sie ihnen dies ungemein.

Machen Sie sich einen Namen

Der Gipfel des Ruhms ist, wenn man seinen Namen überall findet, nur nicht im Telefonbuch.

Henry Fonda

Ein guter Name ist Ihr größtes Kapital. Manchen Menschen wird ein klingender Name in die Wiege gelegt, doch für den größeren Teil der Menschheit trifft dies nicht zu. Und auch ein klingender Name garantiert noch nicht für Erfolg und ein glückliches Leben, das Schicksal hält oft gerade für die Sprösslinge prominenter Dynastien große Herausforderungen bereit. Es kommt also darauf an, was man aus seinem Namen macht.

Je bekannter Ihr Name ist,

- desto mehr traut man Ihnen zu.
- desto schneller öffnen sich Ihnen alle Türen.
- desto größer ist das Vertrauen in Sie.
- desto mehr Einfluss haben Sie auf andere Menschen.
- desto schneller können Sie Ihre Kunden überzeugen.
- desto eher kommt es zu einem Vertragsabschluss.

- desto mehr Interesse und Aufmerksamkeit erregen Sie.
- desto leichter können Sie Ihr Geld verdienen.
- desto mehr Sympathie bringt man Ihnen entgegen.
- desto größere Unterstützung erfahren Sie.

Etwas aus seinem Namen machen: Das klingt nach Planung und Strategie. Und das ist es auch. Wenn Sie die maximal mögliche Wirkung erzielen wollen, muss sich diese Wirkung bereits entfalten, wenn die Mitmenschen Ihren Namen hören oder lesen. Ihr guter Ruf muss Ihnen sozusagen vorauseilen und Assoziationen auslösen, und das nicht nur in der Gegenwart. „Ein Leben dauert eine Generation lang, ein guter Name dauert fort", so ein japanisches Sprichwort. Und dies trifft nicht nur auf herausragende Persönlichkeiten mit globaler Strahlkraft zu, sondern auch im Umfeld von Unternehmen, Organisationen, Familien.

Wie beim Namen eines Produkts oder eines Unternehmens geht es darum, eine Marke zu schaffen. Der Begriff „Marke" stammt aus dem Marketing. Der englische Begriff für Marke ist „Brand", also Brandzeichen. Die Marke steht für alle Eigenschaften, die ein Produkt von anderen Produkten unterscheiden. Auch Dienstleistungen und Unternehmen können Marken sein. Und auch Personen können zu Marken werden und ihre Namen mit bestimmten Eigenschaften aufladen, die schon bei der bloßen Nennung dieses Namens in den Menschen etwas auslösen – im besten Fall Interesse und Identifikation.

Wollen Sie sich einen Namen machen, muss er Ihnen entsprechen, zu Ihnen passen und Sie so darstellen, wie Sie wirklich sind. Sie müssen einen Markennamen entwickeln und sich als Marke profilieren.

In der Praxis bedeutet das:

- Sie müssen sich über Ihre einzigartigen Eigenschaften klar werden, die Sie von anderen abheben. In der Sprache des Marketings heißt das auch USP – *unique selling proposition*, Alleinstellungsmerkmal.

- Sie müssen Ihre Kompetenz, Ihr Wissen oder Ihr Angebot an die Menschen in einer passenden Nische auf dem Markt platzieren.
- Ihr Erscheinungsbild muss Ihre einzigartige Persönlichkeit zum Strahlen bringen, dazu gehören auch Ihre „Marketingmaterialien" wie Visitenkarten, Briefpapier, Ihre Website, Ihr sehr gutes Porträtfoto, Ihr Namensschild an der Tür.
- Sie müssen die Aufmerksamkeit der Menschen auf sich ziehen, indem Sie sich auf Events zeigen, in den Medien präsent sind, Vorträge halten.
- Dazu gehört auch, wie Sie sich am Telefon melden, wie Sie sich anderen vorstellen. Kann man Ihren Namen überhaupt verstehen? Wiederholen Sie ihn öfter und lassen Sie ihn von anderen aussprechen.
- Zur Präsentation des eigenen Namens gehört auch eine schöne Unterschrift.

Dies sind die wichtigsten Maßnahmen, die Sie treffen müssen, um Ihrem Namen zu Klang und Profil zu verhelfen. Das geht nicht von heute auf morgen, aber Sie können sofort damit beginnen und den ersten Schritt setzen.

Was können Sie machen, wenn Ihr Name sehr schwer auszusprechen ist, unangenehme Assoziationen auslöst oder Sie aus einem anderen Grund nicht damit zufrieden sind, wie Sie heißen? Nun, Ihr Name ist nicht in Stein gemeißelt. Wenn er Ihnen nicht gefällt, können Sie ihn ändern. So hat Wolfgang Bernhard, ab Februar 2010 Vorstand der Daimler AG, im Alter von 29 Jahren den Geburtsnamen seiner Mutter angenommen, bis dahin hieß er Wolfgang Ayerle. Im Kulturbereich ist es ganz normal, sich einen Künstlernamen zuzulegen, Autoren schreiben oft unter Pseudonym, manchmal sogar unter mehreren unterschiedlichen Namen.

Bei allen Überlegungen und Strategien im Zusammenhang mit dem Aufbau Ihres guten Namens ist es wichtig, langfristig zu denken. Es nützt wenig, für einen Tag ein Superstar zu sein, wenn Ihre Leistung nach wenigen Wochen vergessen ist und Sie nicht nachhaltig davon profitieren können. Bestand hat nur, was einen Wert hat, als eine große Aufgabe, wertvolle Ziele und große Taten. Denken Sie in diesem Zusammenhang ruhig „groß“, denn in jedem Leben finden sich solche Aufgaben und Ziele.

Aufgabe

Was sagt Ihr Name?

- Was sollen Ihre Mitmenschen denken, wenn sie Ihren Namen hören?
- Wofür möchten Sie stehen und für wen wollen Sie Vorbild sein?
- Welche Erfolge sind bereits mit Ihrem Namen verbunden?
- Wie möchten Sie von anderen gesehen werden?
- Entspricht dieses Bild auch Ihrer Persönlichkeit, Ihren Werten und Ihren eigenen Vorstellungen von sich?

Publizieren Sie!

Eine sehr effiziente und preiswerte Art, Kompetenz zu zeigen und sich einen Namen zu machen, ist, neben öffentlichen Auftritten, das Schreiben. Es muss nicht gleich ein Fachbuch sein, wobei das natürlich die Krönung Ihrer publizistischen Tätigkeit sein könnte. Je nachdem, in welcher Branche Sie arbeiten und auf welchem Fachgebiet Sie kompetent sind, können Sie Fachartikel oder Beiträge für Print- und Onlinemedien verfassen oder auch danach trachten, ins Radio oder ins Fernsehen zu kommen. Sie werden dafür in der Regel zwar kein Honorar oder nur eine Aufwandsentschädigung bekommen, aber der Gegenwert in Form von Reputation und Aufmerksamkeit kann, wenn Sie die Veröffentlichung oder den Auftritt für die Vermehrung Ihrer positiven Außenwirkung nützen, äußerst hoch sein.

Tipps für Veröffentlichungen und Auftritte in den Medien

- Beschränken Sie sich beim Publizieren auf Ihr Spezialgebiet und Ihre Kernkompetenz, um sich ein klares Image aufzubauen.

- Schreiben Sie zu wichtigen Themen, die Sie betreffen, Leserbriefe. Diese werden nicht nur von den Lesern, sondern auch von den Redakteuren der Zeitungen und Zeitschriften gelesen und so werden diese auf Sie aufmerksam.
- Bewahren Sie alle Artikel, Beiträge und Leserbriefe gut auf, denn Sie können sie in leicht abgewandelter Form immer wieder verwenden.
- Beginnen Sie Ihre Publikationstätigkeit bei Fachmedien, die Ihnen vertraut sind, und bei kleineren Medien, und bauen Sie sich so ein paar Referenzen auf.
- Schauen Sie sich nach passenden Onlinemedien um, die zu Ihrem Fachgebiet, Ihrer Branche passen. Artikel in Onlinemedien werden von Suchmaschinen im Internet erfasst und damit auch Ihr Name.
- Liefern Sie ein professionelles Foto von sich mit, in ausreichender Qualität für den Druck. Medien schätzen dies ungemein und Sie haben damit einen großen Vorteil gegenüber jenen, die dies nicht machen.
- Falls Sie Abbildungen von Produkten, Präsentationsfolien und Ähnliches zeigen, achten Sie auch dabei auf Druckfähigkeit und Professionalität.
- Bauen Sie Ihre Artikel oder Links zu Online-Veröffentlichungen auch auf Ihrer Website ein, so Sie eine solche betreiben.
- Seien Sie geduldig und erwarten Sie nicht sofort die große Resonanz in Form von Journalistenanfragen. Der Aufbau der Reputation als Experte dauert einige Zeit, aber irgendwann kommt man auf das Radar von Journalisten und wird als Experte um ein Statement gebeten bis hin zu Einladungen ins Fernsehen.
- Besuchen Sie mein Seminar zum Thema „Charisma" und lassen Sie sich in die Grundlagen gelungener TV- und Rundfunkauftritte einweihen. Dieses Geld ist sehr gut investiert, denn alles, was Sie dort lernen, hilft Ihnen auch, Ihre Ausstrahlung und Ihre Wirkung zu verbessern.

- Senden Sie Sonderdrucke von Fachartikeln per Post an Kunden, potenzielle Kunden oder andere Menschen, die daraus einen Mehrwert ziehen können. Legen Sie eine Karte mit ein paar persönlichen Worten dazu, am besten handgeschrieben, das hinterlässt in Zeiten von E-Mail und SMS einen unglaublich guten Eindruck.

Die Königsdisziplin des Publizierens ist und bleibt – auch und gerade in Zeiten der elektronischen Medien – das eigene Fachbuch. Mit Ihren Fachartikeln können Sie möglicherweise die Grundlage für eine umfangreichere Publikation legen. Falls Sie sich das Konzipieren und Schreiben eines Buches allein noch nicht zutrauen, nützen Sie die Dienste von Redaktionsbüros, freien Lektoren oder Ghostwritern für das Verfassen oder Überarbeiten Ihres Manuskripts. Literaturagenten können Sie beim Konzept und beim Finden eines passenden Verlages unterstützen.

Aufgabe

So starten Sie Ihre Publikationstätigkeit

Abgeleitet von Ihrem Spezialgebiet:

- Worüber könnten Sie Fachartikel und gegebenenfalls auch ein Buch schreiben?
- Welche Fachzeitschriften lesen Sie?
- Kennen Sie Fachredakteure und pflegen Sie Kontakt zu diesen?
- Machen Sie sich eine Liste, zu welchen Themen Sie in welchen Medien etwas veröffentlichen könnten.
- Wo könnten Sie Leserbriefe und Kommentare veröffentlichen?

Reden Sie wie ein Profi

Der Mensch hat die Kraft, Ideen stark und mächtig zu machen, und er hat die Macht, durch die Kraft des gesprochenen Wortes die Zukunft zu gestalten.

Nikolaus B. Enkelmann

Woran erinnert man sich bei Namen wie John F. Kennedy, Martin Luther King, Winston Churchill, Lech Walesa, Michail Gorbatschow, Vaclav Havel, Willy Brandt? An ihre Reden und Ansprachen. Barack Obama hat sich mit seinen Reden ins Präsidentenamt katapultiert und sein „Yes We Can" wird allen, die es je gehört haben, unvergessen bleiben. Reden zu halten ist der Karriereturbo Nummer eins, wer öffentlich spricht, hebt sich von der Masse ab, steht im Mittelpunkt des Interesses, gewinnt Einfluss und Macht.

Viele Menschen, sogar die meisten Führungskräfte, scheuen davor zurück, vor größeren Gruppen zu sprechen. Die Gründe dafür: mangelndes Selbstbewusstsein, die Angst zu versagen, die Angst, sich Kritik auszusetzen oder sich lächerlich zu machen, den roten Faden zu verlieren, und das gefürchtete Lampenfieber. Es ist ja auch nicht verwunderlich, denn im Gegensatz zu den Amerikanern haben wir nicht schon in der Schule und auf der Universität das Reden gelernt. Dabei sind Vorträge und Reden das beste und wirkungsvollste Instrument, Ihren guten Ruf und Ihre charismatische Ausstrahlung zu vermehren, andere zu beeinflussen und die Karriereleiter zügig zu erklimmen. Mehr noch der einfachste Weg sich einen großen Namen zu machen. Wenn Sie also zu jenen gehören, die jeder Gelegenheit, öffentlich zu sprechen, aus dem Wege gehen, sollten Sie ganz schnell an Ihrer Einstellung etwas ändern und sofort mit Ihrer Laufbahn als Redner und Vortragender starten. Die Gelegenheiten zum Üben sind zahlreich, denken Sie nur an Familienfeiern, Vereinsanlässe oder Firmenveranstaltungen im kleineren Rahmen. Es muss ja nicht gleich der Vortrag auf einem Kongress mit 800 Zuhörern sein, auf dem Sie Ihre Rednerkarriere starten. Wenngleich dies natürlich ein sinnvolles Ziel sein könnte, um Sie in völlig neue Erfolgsdimensionen zu befördern.

Reden und Vortragen gehört zu den Fähigkeiten, die man sich am besten dadurch aneignet, indem man sie übt. Learning by doing auf Basis einiger theoretischer Grundlagen, die ich Ihnen nun verraten werde, ist die beste Methode, zu lernen, wie man bei jeder Gelegenheit als Redner eine gute Figur macht. Nach dem Motto „Wir verlieren unsere Angst nur, indem wir das tun, wovor wir Angst haben" ist es am besten, ins kalte Wasser zu springen – und das Wort zu ergreifen.

Ein gutes Rhetorikseminar ist die beste Grundlage, um ein guter Redner zu werden. Im Studium lernen Sie alles, nur nicht, wie man mit Menschen umgeht und wie man ein wirklich großer Redner wird. Und genau so ging es auch mir. Bevor ich wagte, meinen ersten großen Vortrag zu halten, absolvierte ich alle Rhetorik-Seminare meines Vaters Nikolaus B. Enkelmann. Und das nicht nur einmal. Redekunst will geübt sein, und es ist ein tolles Gefühl, wenn Sie von Mal zu Mal spüren, wie Sie immer besser und stärker werden. Doch dafür reicht es (leider) nicht, ein gutes Buch zu lesen. So werden wir nur zu noch größeren „Besserwissern", aber nicht zu „Besserkönnern". Besuchen Sie also schon bei nächster Gelegenheit eines unserer Rhetorik-Seminare in Königstein.

Natürlich gilt auch beim Thema Reden: Suchen Sie sich Vorbilder und schauen Sie sich von guten, von exzellenten Rednern ab, wie es geht! Besuchen Sie Vortragsveranstaltungen, sehen Sie sich Videos von Reden im Internet an, lassen Sie keine Gelegenheit aus, sich in Sachen Rede und Vortrag weiterzubilden. Jede Wortmeldung in einer kleineren oder größeren Gruppe, jedes Statement in der Öffentlichkeit ist eine Übung, bei der Sie trainieren können. Nützen Sie also ab sofort jede Gelegenheit, von der Mieterversammlung über den Elternabend, von der Teambesprechung in der Firma bis zur Präsentation vor Kunden, um sich in der Kunst der Rede zu üben. Sammeln Sie Erfahrungen, wie andere Menschen auf Sie reagieren, überwinden Sie Ihre Angst, vor anderen zu sprechen, und Sie werden von Mal zu Mal mutiger werden und sich an größere Herausforderungen herantrauen.

Die gelungene Rede

Vorbereitung ist das Um und Auf! Je besser Sie ein Gespräch, eine Rede oder einen Vortrag vorbereiten, umso leichter wird es Ihnen fallen, erfolgreich zu sprechen. Zur Vorbereitung gehört neben dem Sammeln und Zusammenstellen des Inhalts, über den Sie sprechen möchten, einiges an weiteren Informationen, die Sie brauchen, um einen optimalen Auftritt hinzulegen.

Für eine gelungene Rede sind mehrere Komponenten wichtig:

- Klarheit über das Ziel, das Sie mit Ihrem Auftritt verfolgen,
- die gute Vorbereitung auf Ihre Rede,
- der erfolgreiche Vortrag selbst.

Was wollen Sie mit Ihrer Rede erreichen?

- Wollen Sie informieren? Überzeugen?
- Was sollen die Menschen tun, zu welcher Handlung fordern Sie sie auf?
- Welchen Nutzen haben die Zuhörer von Ihrer Rede?

Wer ist Ihr Publikum?

- Zu wie vielen Menschen sprechen Sie?
- Welches Vorwissen haben diese Personen?
- Wie lang soll Ihr Vortrag sein?

Nun können Sie Ihre Rede vorbereiten. Sammeln Sie Ihr Redematerial, notieren Sie sich Zitate für die Einleitung und zum Einstreuen. Und dann gehen Sie daran, Ihre Rede zu verfassen. Ein weit verbreiteter Irrtum besagt, dass ein Redner nur dann gut ist, wenn er frei spricht. Viele halten ein Manuskript für ein Zeichen von Schwäche oder Unsicherheit. Doch ist dem nicht so, vielmehr gehört ein sichtbares Konzept, ein Leitfaden zu jeder Rede und zu jeder Präsentation. Und auch zu einem Gespräch sollten Sie einen solchen mitnehmen. Sie zeigen damit, dass Sie sich auf das Zusammentreffen vorbereitet haben und strukturiert vorgehen werden, um nicht die Zeit Ihres Gegenübers und Ihre Zeit zu verschwenden. Durch Ihr Redekonzept zeigen Sie also nicht Unsicherheit, sondern Kompetenz. Es zeigt, Sie haben sich vorbereitet, und das sichert Ihnen den Respekt Ihres Publikums. Ein weiterer Vorteil neben der Image-Aufwertung: Sie halten Ihre Hände automatisch oberhalb der Gürtellinie und wirken damit noch positiver. Sie sollten allerdings Ihre Rede nicht ablesen und die Einleitung und den Schluss auf jeden Fall auswendig lernen.

Der Grundaufbau einer Rede folgt einem einfachen Muster, das Sie bei jeder erfolgreichen Rede immer wieder vorfinden werden: Einleitung – Hauptteil – Schlusssatz.

1. Die Einleitung

Im ersten Teil Ihrer Rede geht es nur darum, die Sympathie Ihrer Zuhörer zu gewinnen. Dies erreichen Sie durch einen einfachen Trick: Sie sprechen in dieser ersten Phase Ihrer Rede nicht über sich und auch nicht über das Thema.

Erzeugen Sie zunächst nur Zustimmung beim Publikum. Das heißt, gehen Sie auf dem Publikum bekannte Tatsachen ein, denen dieses einfach nur aus vollem Herzen zustimmen kann. Wozu kann Ihr Publikum auf Anhieb Ja sagen? Das stellen Sie an den Anfang. Solche „Zustimmungssätze" kann man am besten aus Fakten und aus Gemeinsamkeiten ableiten. Der aktuelle Wochentag ist ein Fakt, ebenso, dass jedes Jahr am 24. Dezember Weihnachten ist oder dass wir in einer Demokratie die Möglichkeit haben, frei zu wählen. Dies können ganz banale Aussagen sein, Hauptsache, die Zuhörer können in den ersten Minuten Ihrer Rede mehrmals innerlich zustimmen. Gemeinsamkeiten können sein, dass alle hergekommen sind, um sich über ihre Altersabsicherung zu informieren, oder dass jeder bestimmt schon einmal verzweifelt nach dem richtigen Geschenk für seinen Lieblingsmenschen gesucht hat. Indem Sie innerlich Zustimmung erzeugen, erreichen Sie, dass die Menschen Ihnen vertrauen, sich verstanden fühlen und sich Ihnen öffnen. Die Menschen sehnen sich nach Vertrautem und wollen nicht schon in den ersten Minuten belehrt werden. Das kann man sehr gut beobachten, wenn man auf ein Musikkonzert geht.

Der Star beginnt immer mit einem seiner größten Songs, bei dem die Zuhörer spontan mitschwingen oder mitsingen können. Reden, ja reden wird er übrigens erst nach dem ersten Lied!

Besonders wirkungsvoll kann es sein, wenn Sie Ihr Publikum schon in den ersten drei Minuten zum Lachen bringen – überlegen Sie sich also, ob und wie Sie ein kleines Scherzchen oder ein humorvolles Zitat einbauen können oder ob Sie eine Anekdote erzählen können, die den Erfahrungsschatz der Zuhörer anspricht oder die es ihnen ermöglicht, sich mit dem von Ihnen geschilderten Erlebnis oder Ihrer Erfahrung zu identifizieren. Ein besonders schönes Mittel, das Publikum für sich einzunehmen, ist Lob. Loben Sie Ihre Zuhörer und Sie werden alle Sympathien auf Ihrer Seite haben.

Vermeiden Sie es außerdem, Neuigkeiten oder negative Informationen zu verkünden.

Tabu ist in den ersten fünf Sätzen das Wort „ich". Es sei denn, Sie sind schon so berühmt wie Obama oder Madonna, dann interessieren sich die Zuhörer für Ihre Befindlichkeit. Redner, die gerade am Anfang zu oft das Wort „ich" verwenden, wirken schnell egozentrisch und so, als ob ihnen die Zuhörer nicht wichtig seien. Weglassen können Sie auch Entschuldigungen und Rechtfertigungen. Entschuldigen Sie sich keinesfalls für Ihre Nervosität oder für technische Gegebenheiten, mit denen Sie möglicherweise kämpfen. Sie lenken die Aufmerksamkeit der anderen dann genau auf diese Punkte, schwächen Ihre Wirkung damit ab und wirken unnötigerweise inkompetent.

Erst nach dieser Einleitung stellen Sie sich kurz selbst vor. Und dann leiten Sie ganz elegant mit folgenden Worten zum Hauptteil über: „Lassen Sie uns heute gemeinsam über … reden."

2. Der Hauptteil

Im Hauptteil behandeln Sie das Thema Ihrer Rede. Sprechen Sie klar und deutlich, vermeiden Sie komplizierte Sätze und Fachjargon. Gehen Sie von der schwächsten zur stärksten Aussage. Am besten beschränken Sie sich dabei auf maximal drei Argumente. Das letzte und wichtigste Argument wird Ihren Zuhörern am besten in Erinnerung bleiben.

Achtung: Wenn Sie spontan gebeten werden, über die wirtschaftliche Lage zu sprechen, funktioniert folgendes Gerüst immer: Bauen Sie den Hauptteil anhand der Zeitfolge auf, das heißt, Sie beginnen mit dem Thema in der Vergangenheit (erster Punkt), gehen dann auf die gegenwärtige Situation ein (zweiter Punkt) und nehmen die Zuhörer dann mit in die Zukunft (dritter Punkt). Beim dritten Punkt prognostizieren Sie, was in Zukunft geschehen wird, und beweisen damit Ihren Weitblick. So können Sie über zahlreiche Themen sprechen und bei Bedarf und mit einiger Übung sogar ohne Vorbereitung und ganz spontan:

- Was war früher?
- Wie ist dies heute?
- Und wie wird es in Zukunft sein?

Mit dieser Technik können Sie kurze Reden zu nahezu jedem Thema halten, zum Beispiel: „Wie kommunizierten die Menschen früher? – Welche Rolle spielt das Telefon heute? – Wie werden wir in Zukunft kommunizieren?"

Aufgabe

Trainieren Sie kurze Reden aus dem Stegreif

Üben Sie regelmäßig spontan kurze Reden zu Themen aus Ihrem Berufs- und Privatleben, mit und ohne Zuhörer. Sie werden feststellen, dass Sie über viele Themen sehr viel wissen und dass dieser Aufbau Ihnen dabei hilft, Ihre Kenntnisse ans Tageslicht zu bringen!

Die Anzahl von drei Elementen, der „Dreiklang", ist übrigens immer gut: Einleitung–Hauptteil–Schluss, drei Wünsche, die Heilige Dreifaltigkeit, Vorspeise–Hauptspeise–Nachspeise, drei Witze, drei Zitate, zum Ersten, zum Zweiten, zum Dritten: Drei vermittelt immer ein Bild der Geschlossenheit, während mehr uns schon den Überblick verlieren lässt und etwas Beunruhigendes hat, weil man sich mehr als drei Elemente schwer merken kann. Wenn Sie in Zukunft gute Redner beobachten, werden Sie merken, wie häufig diese Dreiklänge verwenden, um strukturiert zu wirken, aber auch, um Stimmung zu erzeugen.

Eine besondere Form des Dreiklangs ist das „Trikolon“, eine rhetorische Figur, die Barack Obama sehr häufig einsetzt. Diese spezielle Dreierfigur setzt sich aus drei Wörtern, drei ähnlich aufgebauten Sätzen oder drei gleich beginnenden Absätzen zusammen, und er erzielt damit eine starke suggestive Wirkung: „Ihr habt dafür gestimmt, dass die Bitterkeit und der Kleingeist und die Wut, die Washington gelähmt haben ...“, „Sie war so begeistert, so leidenschaftlich, so inbrünstig bei der Sache“, „die Zyniker, die Lobbyisten und die Interessenvertreter“. Auch wiederholt er Satzanfänge, Satzenden und Teile in der Satzmitte. Mit diesen Dreiklängen werden seine Reden rhythmischer, einprägsamer und kraftvoller. Und Sie können das in Ihre Reden natürlich auch einbauen!

3. Der Schlusssatz

Der Schlusssatz ist immer eine positive, zum Handeln auffordernde Formulierung.

Nikolaus B. Enkelmann

Dies ist der wichtigste Punkt Ihrer Rede, der Höhepunkt. Damit beweisen Sie, ob Sie eine echte Führungskraft sind oder einfach nur nette Worte produzieren. Hier gilt es, eine ganz klare Handlungsaufforderung zu formulieren. Fordern Sie Ihr Publikum mit positiven Formulierungen auf, etwas Bestimmtes zu tun. Empfehlen Sie den Menschen etwas Konkretes. Sagen Sie den Zuhörern klar und deutlich, was sie tun sollen, was ihre nächsten Schritte sind. Natürlich werden nicht alle Ihrer Aufforderung folgen, doch es darf gar nicht das Ziel sein, alle zu überzeugen. Wenn nur die Hälfte der Zuhörer Ihrer Aufforderung folgt, dann waren Sie schon sehr, sehr gut!

Der letzte Satz ist also der wichtigste! Üben Sie diesen Satz intensiv und vermasseln Sie sich den Abgang nicht durch Formulierungen wie „Danke für Ihre Aufmerksamkeit“ oder Ähnliches. Es ist eine Tatsache, dass die Mehrzahl von Rednern und Vortragenden den Schluss nicht optimal nützt, um ihre Botschaft zu verkünden, eine Handlungsaufforderung zu setzen und sich so dauerhaft in der Erinnerung ihres Publikums zu verankern. Arbeiten Sie den letzten Satz gut aus, lernen Sie ihn auswendig und üben Sie den Schluss ausgiebig. Sie können damit Ihre Wirkung enorm steigern.

Profitipps für noch mehr Wirkung

- Fangen Sie erst zu sprechen an, wenn alle Augen auf Sie gerichtet sind.
- Blicken Sie zu Beginn Ihrer Rede nicht unruhig im Publikum herum, sondern suchen Sie sich eine Person, die Sie sympathisch finden, und sprechen Sie die ersten Sätze mit Blickkontakt zu dieser Person. Die anderen Anwesenden werden sich ebenso angesprochen fühlen und Sie wirken ruhig und konzentriert.
- Sorgen Sie dafür, dass Sie vor Ihrem Vortrag namentlich vorgestellt werden; wenn das nicht möglich ist, dann stellen Sie sich selbst nach der Einleitung kurz vor.
- Steigen Sie gleich in Ihre Einleitung ein – in der Sie Zustimmung sammeln, das heißt nichts Neues erzählen, sondern die innere Zustimmung Ihrer Zuhörer holen und sich durch positive Formulierungen als Sympathieträger positionieren. „Sehr geehrte Damen und Herren, unser Unternehmen hat in den letzten Wochen bewiesen, dass wir auf dem richtigen Weg sind. Sie, Sie allein haben das möglich gemacht. Lassen Sie uns heute gemeinsam über die Herausforderungen der Zukunft sprechen und wie wir unseren Kunden noch mehr bieten können. Unsere Kunden sollen von uns begeistert sein. Mit drei Neuerungen soll unser Service und damit

unser Unternehmen zukunftssicher gemacht werden." Nun leiten Sie auf den Hauptteil über, der aus drei Punkten bestehen sollte.

- Holen Sie bei Ihrem Vortrag nicht zu sehr aus, beschränken Sie sich auf das Wesentliche, darauf, was Sie zur Erreichung Ihres Zieles brauchen.
- Belehren Sie nicht. Das Publikum wird es Ihnen mit seiner Sympathie danken, denn niemand lässt sich gern schulmeistern. Zeigen Sie den Zuhörern, dass Sie deren Kompetenz schätzen. „Sehen wir uns nun die erforderlichen Punkte an ..." statt „Ich werde Ihnen nun erklären, wie Sie vorgehen sollen ...".
- Betonen Sie das Gemeinsame und erwähnen Sie Trennendes nur bedingt beziehungsweise schwächen Sie es ab. Die Rede Barack Obamas 2009 in Kairo ist ein Musterbeispiel dafür, wie selbst ein brisantes Thema wie das Verhältnis der Vereinigten Staaten zum Islam in eine Aneinanderreihung von Gemeinsamkeiten und integrierenden „Wir"-Formulierungen münden kann.
- Versuchen Sie nicht, zu beweisen, dass Sie der oder die Klügste sind.
- Halten Sie sich kurz und kommen Sie rasch zum Punkt. Denken Sie daran, dass nach zehn Minuten die Konzentration der Zuhörer abnimmt.
- Machen Sie Pausen!
- Betonen Sie immer wieder Gemeinsamkeiten.
- Verwenden Sie speziell zu Beginn und am Schluss das Wörtchen „ich" sehr sparsam. Verwenden Sie stattdessen „wir" und „Sie". Sprechen Sie über das Publikum und nicht über sich: „Wir werden diese Herausforderungen meistern", „Sie können dazu beitragen ...", „Sehen Sie sich diese Entwicklung an ...", „Gehen wir nun zum nächsten Punkt ...".
- Verwenden Sie positive Formulierungen: „Arbeiten wir gemeinsam am Erfolg ..." statt „Vermeiden wir künftig Misserfolge ..."; „Denken Sie an die Chancen der Zukunft ..." statt „Vergessen Sie die Fehler der Vergangenheit ...".

- Sprechen Sie in Bildern und erzählen Sie Geschichten. Storys sprechen die Menschen auf der Gefühlsebene an, mit Storys können sich die Menschen identifizieren und sie merken sich die Inhalte besser.
- Bauen Sie Zitate ein.
- Wechseln Sie zwischen längeren und kurzen Sätzen. Dadurch halten Sie die Spannung.
- Entschuldigen Sie sich nicht und entwerten Sie sich nicht, indem Sie sich selbst schlecht oder klein machen.
- Verwenden Sie Moderationskarten (DIN A5 quer) mit Stichworten, auf die Sie beim Hauptteil Ihres Vortrags bei Bedarf blicken können.
- Lernen Sie den Anfang und den Schluss Ihrer Rede auswendig, damit Sie bei diesen wichtigen Teilen Ihrer Rede das Publikum anblicken können. Dies ist sehr wichtig für die Wirkung Ihrer Rede!
- Der letzte Satz ist der Wichtigste – beenden Sie Ihre Rede mit einer Handlungsaufforderung! „Lassen Sie uns gemeinsam die neuen Leitlinien mit Leben füllen!", „Tragen Sie gleich Ihren Namen in das Anforderungsformular für unseren aktuellen Katalog ein!", „Gehen Sie gleich zu unserem Stand im Foyer und lassen Sie sich die DVD mit der Präsentation überreichen!", „Sprechen Sie unseren Herrn Freundlich für eine persönliche Beratung an."
- Haben Sie immer einen Plan B für den Fall, dass die Technik ausfällt, Ihre Redezeit aus irgendwelchen Gründen verlängert oder verkürzt wird.

Ihre Wirkung, Ihre Ausstrahlung, Ihr Einfluss auf andere wird durch die Fähigkeit, erfolgreich zu sprechen, besonders gefördert. Es gibt kein anderes Mittel, mit dem Sie sicherer nach oben kommen als durch Wortmeldungen, Reden und Vorträge. Rhetorik ist der Schlüssel zur Macht und verstärkt Ihre charismatische Wirkung. Wenn Sie sich intensiv mit den Charisma-Faktoren beschäftigt haben und wissen, dass diese sich durch den Körper, die Stimme und die Augen ausdrücken, dann haben Sie das gesamte Wissen, das Sie brauchen, um ein Redner, eine Rednerin mit grandioser Ausstrahlung zu werden. Sie werden sehr rasch erste Erfolgserlebnisse haben – jeder kleine Auftritt wird Ihnen mehr Mut geben. Sie werden von Ihren Mitmenschen Anerkennung und Bewunderung ernten. Und Sie werden in allen Ihren Lebensbereichen, ob im Beruf oder im Privatleben, erfolgreicher sein, als Sie sich das vielleicht je erträumt haben.

Wenn Sie davor zurückschrecken, weil Sie befürchten, sich zu blamieren, den roten Faden zu verlieren oder kritisiert und angegriffen zu werden, wenn Sie schon bei der bloßen Vorstellung, vorne zu stehen und etwas zu sagen, nervös werden und Ihr Herz zu rasen beginnt, dann springen Sie ins kalte Wasser. Wir verlieren unsere Angst nur, wenn wir genau das tun, wovor wir Angst haben. Und das trifft auf das Thema Reden vor größeren Gruppen ganz besonders zu. Jeden Tag gibt es Gelegenheiten, das zu üben. Ergreifen Sie bei der nächsten Firmenbesprechung das Wort, melden Sie sich bei Vereinsversammlungen, übernehmen Sie beim nächsten Familientreffen die Tischrede. Es gibt sehr viele Möglichkeiten, das Sprechen in der Öffentlichkeit zu trainieren. Und Sie werden sehr rasch feststellen, dass andere Sie für Ihren Beitrag schätzen werden, und viele Sie für Ihren Mut, vor Publikum zu sprechen, bewundern werden. Ihre Wirkung und Ihr Einfluss auf andere wird merklich zunehmen, man wird Sie bei anderen Gelegenheiten aktiv einladen, zu sprechen, wird auf Ihre Meinung hören.

Lernen Sie von Rednern und Vortragenden

Schauen Sie sich immer wieder Reden und Vorträge anderer an, gute wie weniger gute. Gehen Sie gezielt auf Veranstaltungen und beobachten Sie die Auftritte. Nehmen Sie sich dazu die folgende Checkliste mit, auf der Sie sich Notizen machen können.

Name ______________________________

Thema der Rede ______________________________

Körper		hektisch	normal	ruhig – sicher
	Haltung			
	Gang			
	Füße / Stand			
	Gestik			
Augen	Augenlider			
	Blickkontakt			

Stimme	Stimmlage / Klangfarbe	zu hoch	normal	tief – harmonisch
	Lautstärke	zu leise	normal	optimal
	Geschwindigkeit	zu schnell	normal	ruhig – langsam
	Pausen	keine	wenige / zu kurz	viele / lange
	Modulation	keine	schwach	optimal
	Aussprache	undeutlich	deutlich	sehr klar
	Satzlänge	sehr lang	normal	kurz

Gesicht Mimik	Ausdruck	ängstlich	neutral	optimistisch
		überheblich	gleichgültig	offen interessiert
	Lächeln	gar nicht	zu wenig	optimal
Kleidung	professionell	zu leger	zu aufgetakelt	optimal

Wirkung auf die Zuhörer (Strahlt der Redner folgende Punkte aus?)		keine	schwach	stark
	Vitalität, Kraft, Energie			
	Lebensfreude / Begeisterung			
	Zuversicht / Mut			
	Ruhe / Konzentration			
	Empathie / Mitgefühl			
	Glaubwürdigkeit			

Rede-Aufbau		keine / kein	gut	sehr gut
	Einleitung			
	Hauptteil			
	Schlussappell			

Elemente der Rede		ja	nein	optimal
	roter Faden			
	Fakten			
	Storys			
	Zitate			
	Symbole / Metaphern			
	Dreiklänge			
	Humor			
	Folien/Bilder			
Dauer / Länge		zu lang	zu kurz	optimal
Wirkung der Rede auf den Zuhörer		negativ – keine	schwach	intensiv – positiv

Immer besser werden durch Wiederholung

Das Erfolgsgeheimnis vieler berühmter Redner ist die Wiederholung. Sie halten im Grunde immer wieder dieselbe Rede, die dabei immer besser wird. Vielleicht werden manche Teile etwas abgewandelt, je nach Anlass, Publikum und aktuellem Bezug, aber im Prinzip sind viele Reden und Vorträge gleich oder einander sehr ähnlich. Erarbeiten Sie sich zum Beispiel unterschiedliche Vorträge zu Ihrem Fachgebiet und Sie können diese auf diversen Kongressen und Veranstaltungen halten. Sie können sich damit bei vielen Gelegenheiten als Experte darstellen, kommen mit anderen Experten ins Gespräch und können so Ihre Reputation, Ihren guten Ruf aufbauen.

> **Tipp:** Sammeln Sie alle Reden, die Sie je halten, und bauen Sie sich so Ihr persönliches Archiv auf.

Nützen Sie die Macht des Vorbildes

Aufgabe

Wer wirkt positiv?

- Schreiben Sie Ihre drei größten Vorbilder auf.
- Finden Sie mindestens fünf Menschen mit einer sehr positiven Wirkung auf andere. Studieren Sie diese.

Nie war es so einfach, von erfolgreichen Menschen zu lernen, wie heute. Studieren Sie erfolgreiche, charismatische Menschen und lernen Sie von ihnen. Sie schärfen damit Ihre Beobachtungsfähigkeit und Ihre Menschenkenntnis. Und je mehr Sie sich mit diesen Menschen beschäftigen, umso mehr positive Eigenschaften werden Sie unbewusst übernehmen. Dabei helfen Ihnen die Spiegelneurone, Nervenzellen im Gehirn, die während der Beobachtung eines Vorganges ein Simulations- oder Kopierprogramm auslösen, das zu Reaktionen führt, als würden Sie selbst den Vorgang aktiv erleben. Wenn Ihnen jemand sympathisch ist, werden Sie die spiegelneuronalen Angebote besser annehmen, als wenn Sie jemanden nicht sympathisch finden, suchen Sie sich daher nur solche Vorbilder, die Sie mögen.

Keine Angst, Sie werden dadurch keine Kopie Ihrer Vorbilder, sondern Sie nehmen sich von allen nur das Beste und verbinden es mit Ihren individuellen Stärken, Talenten und Fähigkeiten.

Seien Sie großzügig, denn Sie werden feststellen, dass Ihre Vorbilder nicht perfekt sind. Das ist nämlich unmöglich, schließlich sind es auch nur Menschen, und auch das beste Vorbild hat mal einen schlechten und mal einen besonders guten Tag. Wir sollten bei all dem vielen Wissen, über das Sie jetzt verfügen, nicht zu kritisch werden, denn damit schaden Sie sich auf Dauer nur selbst. Konzentrieren Sie sich auf die Stärken Ihrer Vorbilder und akzeptieren Sie deren Schwächen. Zudem werden Sie erleben, dass man charismatischen Persönlichkeiten ihre Fehler verzeiht, denken Sie nur mal an Bill Clinton und Monika Lewinsky: Jemand anderen hätte diese Affäre den Kopf gekostet.

Dank Fernsehen und Internet stehen uns eine Menge von Quellen zur Verfügung, Menschen mit Ausstrahlung zuzuhören und sie zu sehen. Suchen Sie sich Lieblingsvorbilder und studieren Sie sie:

- Womit ziehen diese Menschen die Aufmerksamkeit auf sich?
- Wie nutzen diese ihre Füßen, ihre Augen und ihre Stimme?
- Wie viel Kraft, Ruhe und Lebensfreude strahlen diese aus?
- Was gefällt Ihnen besonders gut?
- Welche positiven Werte verkörpern und vermitteln sie?
- Wie vermitteln sie dem Publikum diese Werte?
- Welche Eigenschaften unterscheiden sie von der Masse?
- Welche Identifikationsmerkmale haben sie?
- Was macht ihre Einzigartigkeit aus?
- Wie lautet ihr Motto, ihre Botschaft?
- Was ist ihre Masche, die Menschen zu gewinnen?
- Was können diese Menschen am besten?

- Für welches Spezialgebiet stehen diese Menschen?
- Was wirkt besonders gut und was gar nicht?

Sehen Sie sich Talkshows und Gesprächsrunden an und beobachten Sie die Moderatoren und die Gäste. Wie treten sie auf, was haben sie an, wie ist ihre Körpersprache, wie ihre Körperhaltung, wie sprechen sie, lassen sie die anderen ausreden oder unterbrechen sie? Was fällt Ihnen sonst noch auf?

Aufgabe

Ihre Vorbilder

- Wer sind Ihre Vorbilder? Privat, beruflich?
- Was an diesen Menschen fasziniert Sie? Welche Eigenschaften, Handlungen, Erfolge?
- Was haben Sie von ihnen gelernt?
- Was möchten Sie noch lernen?
- Was werden Sie ab sofort tun, um noch mehr von diesen Vorbildern zu profitieren?

Wir haben schon viele charismatische Persönlichkeiten kennengelernt und alle davon sind Vorbilder für unglaublich viele Menschen. Welche Vorbilder haben Sie? Und was schätzen Sie an diesen Menschen, was fasziniert Sie an ihnen und was haben Sie von ihnen gelernt und möchten Sie künftig noch lernen? Jeder Mensch braucht gute Lehrer und wertvolle Vorbilder. Zudem ist es der leichteste Weg, zu lernen. Wer nicht die Größe besitzt, andere zu bewundern, ist entweder selbst total verunsichert oder grenzenlos eitel. Beides sind keine guten Ratgeber auf dem Weg in eine erfolgreiche Zukunft.

Aufgabe

Schlüpfen Sie in neue Rollen

Versetzen Sie sich versuchsweise wie ein Schauspieler in neue Rollen. Studieren Sie einen anderen Typ ein, üben Sie diese Rolle und setzen Sie sie um. Ziehen Sie anschließend Bilanz: Was an dieser Rolle hat Ihnen gefallen? Haben die Menschen anders auf Sie reagiert?

Dabei helfen Fragen wie: Würde sich mein Vorbild so kleiden? Wie würde mein Vorbild in dieser Situation reagieren? Was würde mein Vorbild in dieser Situation sagen? Wie würde mein Vorbild dieses Ereignis kommentieren? Wie würde mein Vorbild sein Mitgefühl ausdrücken? Zu welchen Handlungen würde mein Vorbild die Menschen auffordern?

Bei dieser Verwandlungsübung geht es nicht darum, ein anderer Mensch zu werden oder eine Kopie von jemandem zu sein, sondern zu entdecken, was alles in uns steckt, und auf diese Weise der zu werden, der wir sein könnten. An unsere eigene Rolle haben wir uns im Laufe der Zeit so gewöhnt, dass es zunächst sehr, sehr ungewohnt ist, in eine neue Rolle zu schlüpfen. Doch der Mensch wächst mit seinen Aufgaben, und dazu gehört es einfach auch, in neue Aufgaben und Rollen hineinzuwachsen. Schließlich sind Sie ein Mensch, der nie aufhört, sich zu entwickeln. Und indem Sie immer mal wieder in andere Rollen schlüpfen, können Sie Ihre Möglichkeiten ausloten.

Je klarer Ihre Botschaft, umso größer Ihre Ausstrahlung

Wir treffen immer wieder Menschen, die uns auf den ersten Blick oder nach der ersten Begegnung sehr sympathisch sind. Später aber stellt sich heraus, dass alles nur eine hübsche Fassade ist, hinter der nichts steckt, ganz nach dem Motto „Mehr scheinen als sein“. Was diesen Menschen fehlt, ist Inhalt, eine Botschaft, eine dauerhafte Vision, mit der sie uns überzeugen und an sich binden.

Ihre Botschaft, Ihre Vision ist ein ganz wichtiger Faktor Ihrer langfristigen charismatischen Ausstrahlung. Schließlich wollen wir ja keine Eintagsfliegen sein. Um Ihre Botschaft zu formulieren, sollten Sie sich mit der Zukunft beschäftigen. Ihr Anliegen muss dauerhaft sein, nur so wird Ihr Charisma glaubwürdig und langfristig wirken.

Ist Ihnen schon einmal aufgefallen, dass bei der TV-Show „Wetten, dass ...?“ die Prominenten, die als Wettpaten auftreten, auf die Frage „Wird der Kandidat die Wette gewinnen?“ mit Ja antworten und für den Kandidaten wetten? Das hat damit zu tun, dass die Prominenten bei einem Nein die Sympathien der Zuschauer aufs Spiel setzen und sich unbeliebt machen würden. Lieber riskieren sie, die Wette zu verlieren und ihren Wetteinsatz einlösen zu müssen – was sie auch wieder sympathisch erscheinen lässt, weil sie zeigen, dass sie keine Spielverderber sind. Dahinter steht ein Prinzip, das auch Sie für Ihre Botschaft beherzigen sollten: Eine gute Botschaft ist immer für etwas und nicht gegen etwas. Für etwas zu sein ist positiv und Sie zeigen Handlungsbereitschaft. Für etwas zu sein, zeigt, dass Sie an die Zukunft glauben, und es zeigt Ihre Bereitschaft, sich aktiv für etwas einzusetzen, auch wenn es riskant ist. Eine gute, positive Botschaft wird auf andere eine aktivierende Wirkung haben. Gegen etwas zu sein ist einfach, aber es bringt keine positiven Handlungen hervor und wird auch andere nicht zu positiven Handlungen inspirieren.

Für die Botschaft spielt auch der Faktor Zeit eine wichtige Rolle: Sie müssen sich dauerhaft, für einen sehr langen Zeitraum, für Ihre Sache einsetzen, nicht nur ein paar Wochen. Wer alle paar Wochen seine Meinung, seinen Beruf oder seine Partner wechselt, strahlt einfach keine Zuverlässigkeit aus. Stehen Sie beständig zu Ihrem Anliegen, dazu, was Sie verändern möchten, und behalten Sie dabei immer den Nutzen anderer im Blick.

Aufgabe

Wofür stehen Sie?

Ein charismatischer Mensch denkt voraus – und stellt eine Aufgabe in den Mittelpunkt, etwas, das getan werden muss, das Handlung erfordert. Welches sind die wichtigsten Probleme und Herausforderungen, die Sie in der der Vergangenheit gemeistert haben? Finden Sie es heraus und Sie werden Ihre Ausstrahlung verbessern, denn Sie bekommen ein Bewusstsein für Ihre Erfolge, Ihr positives Selbstbild wird gestärkt und Sie bekommen Hinweise darauf, womit Sie sich künftig profilieren können.

Finden Sie heraus, welche Probleme Sie in der Zukunft lösen wollen, lösen müssen. Schreiben Sie die wichtigsten drei Herausforderungen auf. Hier geht es um Ihre Ziele, hin bis zu einer großen Vision.

Lassen Sie uns das an einem Beispiel nachvollziehen: Jürgen Maier, Filialleiter einer Bank in einer Kleinstadt, hat sich schon als Schüler und Student durch kostenlose Nachhilfe für Kinder aus sozial benachteiligten Familien engagiert. Einige dieser Kinder von damals begleitet er als Mentor noch heute, indem er sie bei der Stellensuche und bei der Weiterbildung unterstützt und ihnen bei vielen Alltagsfragen mit Rat und Tat zur Seite steht. Gemeinsam mit anderen Unternehmen in der Stadt hat er eine Stiftung gegründet, die generationenübergreifende Wohnprojekte fördert, in denen auch seine Schützlinge mit ihren Familien einziehen. Jürgen Maier wird mehr und mehr von Kommunen und Organisationen eingeladen, über seine Erfahrungen mit dem Wohnprojekt zu sprechen, und kann sich auch beruflich als Finanzierungsexperte für solche Vorhaben profilieren.

Seine drei Grundherausforderungen:

- Jungen Menschen mehr Chancen bieten
- Generationen zum Nutzen aller zusammenbringen
- Finanzierungsmodelle entwickeln und Banken neue Geschäftsmodelle eröffnen

Finden wir nun einen positiven Slogan für jedes der großen Probleme.

Jürgen Maier steht für:

- Mehr Chancen für begabte Kinder
- Integration von Generationen
- Entwicklung innovativer Immobilienfinanzierung mit hohem gesellschaftlichen Nutzen

Erinnern Sie sich an die Geheimnisse der positiven Wirkung? Nutzen war eines davon. Und bei Jürgen Maier steht der Nutzen sehr stark im Vordergrund. Und wenn auch er etwas davon hat, dann besteht eine echte Win-Win-Situation. Es geht nicht darum, sich aufzuopfern, sondern der Welt Gutes zu tun und selbst davon zu profitieren. Was er davon hat? Ein sehr gutes Image in seiner Gemeinde, starke und viele Beziehungen in seiner Gemeinde, Netzwerke mit anderen Unternehmen, berufliche Profilierung, Erfolg – für sich und für seine Familie. Vielleicht bekommt er eines Tages sogar noch das Bundesverdienstkreuz verliehen.

Aufgabe

Woraus resultiert das Charisma von Jürgen Maier?

Gehen Sie die Charisma-Faktoren aus Kapitel 4 durch und überlegen Sie, welche der Faktoren bei unserem Herrn Maier besonders ausgeprägt sind.

Ihre Botschaft muss mit etwas verbunden sein, woran Sie wirklich glauben und womit Sie sich über einen langen Zeitraum hinweg so identifizieren können, dass Sie diese Botschaft, diese Vision, buchstäblich „verkörpern".

Aufgabe

Finden Sie Ihre Botschaft

Wahrscheinlich arbeiten Sie immer mal wieder an beruflichen Projekten, sodass sich daraus kurz- beziehungsweise mittelfristige Ziele ableiten lassen. Formulieren Sie hier zunächst aus, wie das ideale Endergebnis aussehen würde, und leiten Sie daraus Ihre Kernbotschaft ab. Gewöhnen Sie sich an, dies immer schriftlich auszuarbeiten, denn dann werden die Inhalte viel greifbarer.

Beenden Sie bitte folgende Sätze:

- Ich bin Experte für ...
- Meine Aufgabe besteht darin, ...
- Ich will Menschen helfen, ...
- Mein größtes Ziel ist es, ...

Wenn Sie noch nicht genau wissen, wo Ihre Lebensreise hingeht, und Sie noch auf der Suche nach einem wertvollen Ziel sind, dann unterstützen Sie zunächst Menschen, die ganz genau wissen, was sie wollen. Es ist besser, eine große Persönlichkeit aktiv zu unterstützen und dabei selbst mitzuwachsen, als deprimiert dazusitzen und auf eine Erleuchtung zu warten.

Verkaufen Sie sich selbst am besten

Die Wenigsten von uns haben gelernt, sich selbst positiv zu „verkaufen“. Und zum Verkaufen gehört auch, sich selbst anderen wirkungsvoll und interessant vorzustellen. Und zwar so knapp und kurz, dass Ihre Selbstdarstellung rasch beim Empfänger ankommt – denn wie ich ja schon öfter erwähnte, die Aufmerksamkeitsspanne ist kurz. Für diesen Zweck gibt es eine Form, sich vorzustellen, die nach dem Ort, an dem sie angeblich entstanden ist, benannt ist: der Elevator Pitch oder die „Aufzugspräsentation“. Als in den Achtziger und Neunziger Jahren immer mehr aufstrebende

Unternehmen in der IT-Branche auf Suche nach Investoren waren, entwickelte sich diese Form der Kurzpräsentation, in der in 90 Sekunden – solange eine Liftfahrt in die oberen Etagen eines Wolkenkratzers dauert – das Konzept vorgestellt werden musste. Vorzugsweise in bildlicher Sprache, emotionalisierend und die wichtigsten drei Argumente auf den Punkt gebracht.

Aufgabe

Verkaufen Sie sich!

- Schreiben Sie Ihre eigene Vita, mit der Sie vorgestellt werden möchten.
- Und dann packen Sie das Wesentlichste in einen Elevator Pitch – 90 Sekunden über Sie selbst! Überlegen Sie sich genau, was andere über Sie wissen sollten.

Machen Sie Mut und Hoffnung

Die größten Menschen sind jene,
die anderen Hoffnung geben können.

Jean Jaurès

Wer sind die wahren Helden? Menschen, die auch unter härtesten Bedingungen zuversichtlich bleiben, die in den größten Krisen die Chancen erkennen und zu nützen wissen, die immer das halbvolle statt das halbleere Glas sehen. Charismatische Menschen tun genau das, sie konzentrieren sich auf das, was sie bewegen und bewirken wollen und können, sie gehen mit fliegenden Fahnen voran. Wer andere positiv beeinflussen will, muss genau dies tun: Lust auf die Zukunft machen, ein Bild von einer besseren Zukunft malen und den Menschen Mut und Hoffnung geben. Ein wahrer Charismatiker wirkt antidepressiv auf andere und gibt ihnen die Kraft, sich auch in schlechteren Zeiten auf das Gute zu konzentrieren. Auf diese Weise hat schon so mancher Unternehmer das Ruder herumgerissen und gemeinsam mit den Mitarbeitern eine neue Perspektive entwickelt. Und viele Einzelpersonen, denen das Schicksal hart zusetzt, zeigen es uns immer wieder vor, dass man auch aus der größten Krise wieder hochkommen und seinem Leben einen neuen Sinn geben kann. Weisen Sie andere bei jeder Gelegenheit auf solche Vorbilder hin oder nützen Sie Gelegenheiten wie Netzwerk-Veranstaltungen, um solche Menschen einzuladen und sie ihre Story erzählen zu lassen.

Arbeiten Sie immer weiter an Ihrer Wirkung

Es ist eine Tatsache, dass die Menschen im Laufe der Geschichte niemals solche Möglichkeiten hatten, sich zu verwirklichen, wie wir sie heute haben. Die Optionen für Bildungswege, Berufswahl, Formen von Beziehungen, Orte, an denen wir leben wollen, und vieles mehr waren nie zahlreicher als heute. Leider bringen diese vielen Wahlmöglichkeiten auch mit sich, dass die Menschen aufgrund der Fülle an Angeboten sich oft nur schwer oder falsch entscheiden, sich von falschen Ratschlägen leiten lassen oder falschen Idealen hinterherjagen. Doch es ist nie zu spät: Man kann zu jedem Zeitpunkt in seinem Leben etwas ändern. Widerstände sind oft nur vorgeschoben und bei näherer Betrachtung existieren sie nur in unserem Kopf.

Viele charismatische Menschen haben keine geradlinige Biografie. Viele haben an gewissen Punkten ihres Lebens alles auf eine Karte gesetzt oder völlig neu angefangen. Rückschläge und Fehlentscheidungen sind für solche Menschen vor allem eine Erfahrung, aus der sie lernen. Und beim nächsten Mal machen sie es besser. Lernen Sie von diesen Menschen, wie sie mit Widerständen umgehen oder welche Visionen sie antreiben und wie sie ihre Ziele anpeilen.

Von vielen meiner Seminarteilnehmerinnen und -teilnehmern weiß ich: Wenn sie sich mit dem Thema Erfolg und den Grundlagen für eine positive Wirkung zu beschäftigen anfangen, dauert es meist nicht lang, bis sich erste sichtbare Erfolgserlebnisse einstellen. Ihre Kommunikation verändert sich, sie verleihen ihrer Partnerschaft und ihren Beziehungen neues Leben, haben im Beruf mehr Erfolg und fühlen sich rundherum immer besser. Oft sehe ich sie nach einigen Monaten oder Jahren wieder und vor mir stehen strahlende, selbstbewusste Menschen, die mir begeistert von ihrem glücklichen Leben berichten.

Diese Menschen zeichnet eines aus: Sie sind bereit, zu lernen und sich weiterzuentwickeln. Sie sind bereit, für sie passende Vorbilder zu finden und sich von diesen Vorbildern etwas abzuschauen. Sie sind bereit, sich immer wieder aus ihrer Komfortzone zu erheben und mit Begeisterung und Zuversicht neue Perspektiven und Visionen zu entwickeln und ihre Ziele konsequent zu verfolgen. So entwickeln sie auf ganz natürliche Weise ihre Persönlichkeit, ihre gewinnende Ausstrahlung, ihr Charisma. Ihr Leben lang.

Ich spreche in diesem Buch immer wieder von der „Arbeit“ an Ihrer gewinnenden Ausstrahlung, an Ihrer positiven Wirkung, an Ihrem Charisma. Da Sie zu diesem Buch gegriffen haben, gehe ich davon aus, dass der Begriff „Arbeit“ Sie nicht abschreckt, denn eigentlich ist meine Botschaft ja eine freudvolle: Die Arbeit am eigenen Charisma macht Spaß und wird Ihr Leben positiv beeinflussen, Sie werden einfach erfolgreicher und glücklicher, wenn Sie die Möglichkeiten nützen, die sich Ihnen durch Ihr gewinnendes, bezauberndes Wesen bieten.

Das ist das ganze Geheimnis.

Machen Sie sich die Charisma-Faktoren immer wieder von Neuem bewusst, beobachten Sie charismatische Menschen und lernen Sie von ihnen. Überprüfen Sie immer wieder, ob Sie in Zusammenhang mit dem einen oder anderen Charisma-Faktor etwas verändern sollten und ob der Gesamteindruck, den Sie von sich vermitteln, noch Ihrer Situation, Ihrer beruflichen Position, Ihrem Alter oder generell Ihren Lebensumständen entspricht. Überprüfen Sie Ihre Ziele auch immer wieder und passen Sie sie an Ihre aktuelle Situation an. Wir alle leben nur von unserer Wirkung auf andere – und wer nicht wirkt, verliert.

Fake it till you make it!

Nur was gedacht wurde, existiert.

Nikolaus B. Enkelmann

Eine besondere Form der Selbstbeeinflussung und damit der Autosuggestion ist es, sich so zu verhalten, als wäre ein gewünschter Zustand schon Wirklichkeit. Stellen Sie sich zum Beispiel vor, Sie hätten bereits alle Fähigkeiten und Eigenschaften entwickelt, die Sie für die Erreichung Ihrer Ziele benötigen. Denken Sie an eine spezielle Situation, in der Sie mit Ihrer Ausstrahlung, mit Ihrer Wirkung die Aufmerksamkeit auf sich ziehen wollen. Stellen Sie sich in allen Einzelheiten vor, wie Sie gehen, welche Körperhaltung Sie einnehmen, wie Sie sprechen, wie Sie sich mit anderen unterhalten, wenn Sie absolut sicher wären. Lassen Sie dieses Bild auf sich wirken und dann sprechen Sie laut und deutlich:

„Ich ziehe die Aufmerksamkeit aller Anwesenden magisch auf mich."

Verinnerlichen Sie dieses Bild und versetzen Sie sich immer wieder in Gedanken in diese Situation, als wäre sie Realität. Ihr Auftreten und Ihr Verhalten werden mehr und mehr Ihrer Vorstellung angepasst, und je häufiger Sie dies visualisieren, umso leichter gelingt es Ihnen, sich in realen Situationen so zu zeigen, wie Sie sich das zum Ziel gesetzt haben. Menschen, die sich auf Erfolg einstellen, strahlen diese Erfolgszuversicht und -orientierung auch aus. Und Ihr Unterbewusstsein hilft Ihnen dabei, Ihre Vorstellungen Wirklichkeit werden zu lassen.

Setzen Sie Videotraining ein

Eine wirkungsvolle Methode, am eigenen Charisma und an den verschiedenen Fähigkeiten zu arbeiten, die zu mehr Charisma führen, ist Videotraining. In unseren Seminaren in Königstein spielt Feedback durch Videotraining eine wichtige Rolle, denn die Aufnahmen ermöglichen es, die eigene Wirkung zu überprüfen und sofort zu sehen, was schon gut rüberkommt und wo Verbesserung möglich ist. Videotraining ermöglicht es, durch Üben Details zu verbessern, aber auch, das Gesamtbild zu zeigen, das jemand vermittelt. Wenn möglich, sollten Sie also regelmäßig mit Videotraining arbeiten, um Ihr Charisma, Ihre Wirkung und Ausstrahlung zu vermehren. Was ist das Besondere an Videotraining?

- Wie wirken Sie auf andere? – Videotraining erlaubt spontane Selbsterkenntnis.
  Menschen kennen ihre Wirkung nicht und weichen oft vor sich selbst aus, so hört zum Beispiel keiner gern seine Stimme auf Tonband und manche Leute schauen sich nur ungern selbst im Spiegel an.
- Jeder Mensch hat Talente – diese brauchen jedoch Wachstumsreize zur Entwicklung: Bilder sind solche Wachstumsreize, und sehr wirkungsvoll ist es, das eigene Verhalten auf dem eigenen Video in Bild und Ton selbst zu erleben. Unser Unterbewusstsein nutzt diese Wachstumsreize und korrigiert unbewusst beziehungsweise automatisch unser Verhalten.

Sie zeigen durch die Bereitschaft, sich mit Ihrer Persönlichkeit zu beschäftigen und Ihre Wirkung auf andere zu verbessern, den Willen, das Beste aus Ihren Talenten und Fähigkeiten zu machen. Das ist eine wichtige Zutat zu einem wirklich erfolgreichen und erfüllenden Leben. Das Wissen dazu liegt für jeden Menschen griffbereit – gehören Sie zu jenen, die die Chance ergreifen!

Einfach mehr Charisma – das Wichtigste in Kürze

- Die wichtigsten drei Punkte, die unbedingt stimmen müssen, sind Kraft, Ruhe und Lebensfreude. Diese drei Faktoren sind wesentlich für eine gewinnende Ausstrahlung.

- Das Zusammenspiel der Charisma-Faktoren stimmig zu gestalten ist die Kunst.
- Strahlkraft und Anziehungskraft müssen wie ein Muskel trainiert werden, damit Ihre Wirkung auf andere begeisternd wirkt.
- Alles, was Ihr Selbstwertgefühl verbessert, ist gut für Ihr Charisma. Die Sprache Ihres Körpers ist die Grundlage Ihrer charismatischen Ausstrahlung. Mit der Körpersprache eines Siegers werden Sie andere wirklich beeindrucken.
- Die Stimme ist ein unglaublich wichtiges Instrument, um andere zu beeinflussen und seine eigene Wirkung zu verstärken, deshalb sollten Sie Ihre Stimme gut kennen und ständig trainieren.
- Um auf andere anziehend zu wirken und sie zu beeindrucken, ist die Sprache Ihrer Augen ganz wichtig.
- Nach dem Prinzip „Ein König muss aussehen wie ein König“ gilt es, der Aufgabe und dem Beruf, dem Anlass und den persönlichen Zielen entsprechend gekleidet zu sein. Kleiden Sie sich heute schon für Ihre Position von morgen.
- Kontaktfähigkeit öffnet Ihnen viele Türen. Je weniger Sie sich davor scheuen, auf andere Menschen zuzugehen, je geschickter Sie im Umgang mit anderen sind, umso leichter wird es für Sie, Ihre Ziele zu erreichen.
- Die Kunst beim Zuhören ist, das Selbstwertgefühl der anderen zu stärken, indem man sich für sie interessiert.
- Ermutigen Sie andere bei jeder Gelegenheit. Loben ist das mächtigste Instrument, um andere Menschen zu motivieren.
- Mit Ihren Worten und Ihren Taten überzeugen Sie andere von sich. Ihre Botschaft wird mit Ihrem Namen verbunden und Sie werden zu einer einflussreichen Persönlichkeit, mit der man sich gerne identifiziert.
- Charismatische Menschen bitten sehr oft um Hilfe und Unterstützung.

- Danke zu sagen erzeugt ebenso eine positive Wirkung auf andere wie Lob.
- Charismatische Menschen zeigen Flagge, sie vertreten ihre Meinung und nehmen einen Standpunkt ein.
- Wer Menschen zum Lachen bringt, der kann auch ihre Herzen bewegen. Trainieren Sie also unbedingt Ihren Humor-Muskel.
- Charisma basiert sehr häufig auf gut erzählten Geschichten und auf der Fähigkeit der charismatischen Persönlichkeit, Geschichten zu erzählen.
- Was immer Sie zu sagen haben, sagen Sie es positiv.
- Scheuen Sie sich nicht, Gefühle zuzulassen und zu zeigen.
- Ein guter Name ist Ihr größtes Kapital.
- Rhetorik ist der Schlüssel zur Macht und verstärkt Ihre charismatische Wirkung. Ihre Wirkung, Ihre Ausstrahlung, Ihr Einfluss auf andere wird durch die Fähigkeit, erfolgreich zu sprechen, besonders gefördert. Es gibt kein anderes Mittel, mit dem Sie sicherer nach oben kommen als durch Wortmeldungen, Reden und Vorträge.
- Nie war es so einfach, von erfolgreichen Menschen zu lernen, wie heute. Studieren Sie erfolgreiche, charismatische Menschen und lernen Sie von ihnen.
- Ihre Botschaft, Ihre Vision ist ein ganz wichtiger Faktor Ihrer langfristigen charismatischen Ausstrahlung.
- Ein wahrer Charismatiker wirkt antidepressiv auf andere und gibt ihnen die Kraft, sich auch in schlechteren Zeiten auf das Gute zu konzentrieren.
- Eine besondere Form der Selbstbeeinflussung und damit der Autosuggestion ist es, sich so zu verhalten, als wäre ein gewünschter Zustand schon Wirklichkeit.
- Eine wirkungsvolle Methode, am eigenen Charisma und an den verschiedenen Fähigkeiten zu arbeiten, die zu mehr Charisma führen, ist Videotraining.

6 Die Gesetze der Beeinflussung

Jedes Wort ist eine Beschwörung.

Novalis

Sie haben nun schon oft gelesen, dass man mit Charisma, mit einer positiven Wirkung, andere Menschen beeinflussen kann. Mehr noch, wenn wir die Menschen nicht beeinflussen, dann werden es auf jeden Fall andere tun, nämlich die Medien, die Werbung und andere Menschen. Vielleicht haben Sie erkannt, dass es durchaus etwas Erstrebenswertes ist, andere Menschen positiv zu beeinflussen. Wenn Sie also Geld für ein neues SOS-Kinderdorf in Afrika sammeln wollen, müssen Sie in der Lage sein, die Herzen der Menschen zu berühren. Nichts anderes ist die Beeinflussungskunst.

Die meisten Menschen allerdings betrachten Beeinflussung immer noch als etwas Negatives, als Manipulation, als Ausdruck unlauterer Absichten. Doch wie sieht es denn in der Realität aus? Wir alle stehen ständig unter Einfluss, und das nicht nur durch ein offensichtlich der Beeinflussung dienendes Instrument, nämlich die Werbung. Wir werden nicht nur von Werbung im Fernsehen oder von Plakaten auf der Straße beeinflusst. Wir werden in jedem Gespräch mit anderen beeinflusst, mit jedem Buch, das wir lesen, mit jedem Statement, das wir in den TV-Nachrichten verfolgen. Die Bestellung im Restaurant erfolgt aufgrund einer Beeinflussung: Wir haben die Tafel am Eingang gelesen oder der Ober empfiehlt uns die Spezialität des Tages. Die Verkäuferin in der Boutique goutiert mit einem Kompliment unseren guten Griff bei der Auswahl der Bluse, und die Freunde erzählen uns begeistert von dem Film, den sie am Wochenende im Kino gesehen haben.

Die Werbung bedient sich prominenter Personen, die uns bestimmte Produkte empfehlen – diese sogenannten Testimonials, häufig Schauspielerinnen oder Schauspieler oder Sportler, sollen ihre Ausstrahlung auf die Produkte, für die sie werben, übertragen. Und selbst Ihr zweijähriger Sohn, der sich bisher standhaft weigert, zu sprechen, zeigt, dass er schon etwas von Beeinflussungskunst versteht, wenn er an der Supermarktkasse so lange und laut brüllt, bis er endlich das heißgeliebte Überraschungsei bekommt. Wenn Sie einen guten Arzt, Vermögensberater oder Installateur suchen, dann verlassen Sie sich meist auf das, was andere Ihnen empfehlen. Ja, auch das ist Beeinflussung. Das alles beeinflusst uns dabei, was wir wahrnehmen, was wir glauben, wofür wir uns entscheiden, was wir kaufen. Alle Informationen und Dinge, die wir in unserem Gedächtnis gespeichert haben, kommen von außen. Wir werden zu 85 Prozent von unserer Umwelt beeinflusst.

Wie stark ist Ihre Suggestivkraft?

Andere zu beeinflussen ist ein ganz normaler, ein ganz natürlicher Vorgang, denn das ganze Leben ist ein Prozess gegenseitiger Beeinflussung. Sie beeinflussen bei jeder Begegnung Ihren Partner, Ihre Kinder, Ihre Mitarbeiter, Ihre Kollegen und so weiter. Die spannende Frage lautet nur: Wie groß ist Ihr persönlicher, positiver Einfluss auf andere? Wenn eine graue Maus etwas sagt, dann hat das ein ganz anderes Gewicht, als wenn eine charismatische Person die gleichen Worte ausspricht.

In diesem Zusammenhang passt ein sehr wichtiges Konzept, nämlich das von der „Suggestivkraft“ eines Menschen. Je stärker ein Mensch seine Umwelt durch seine persönliche Wirkung beeinflussen kann, umso größer ist seine Suggestivkraft. Die Suggestivkraft ist also die Fähigkeit, das Denken, Fühlen, Wollen und Handeln einer Person zu beeinflussen. Es geht dabei auch um die Haftkraft und gar Heilkraft Ihrer Wirkung und Worte. Wie bleibend also ist der Eindruck, den Sie hinterlassen, und wie stark beeinflussen Sie das Verhalten der anderen?

Aufgabe

Wer hat Einfluss?

Beobachten Sie in den nächsten Tagen einmal, wer in Ihrem Umfeld am meisten Einfluss auf andere hat. Bei wem reagieren die Mitarbeiter positiv und bei wem gelangweilt, auf wen hören die Kinder oder der Hund? Wer beeinflusst Sie selbst am stärksten und wessen Versuch einer Einflussnahme lässt Sie völlig kalt?

Wie hängen Erfolg und Einfluss zusammen?

Erfolg ist von Einfluss nicht zu trennen. Wenn Sie Ihre Ziele erreichen möchten, müssen Sie andere beeinflussen. Und jeder lässt sich gern beeinflussen, wenn dies zu seinem Vorteil geschieht. Auch Sie. Wobei es natürlich wichtig ist, zwischen positivem und negativem Einfluss zu unterscheiden. Dies gelingt leicht, wenn Sie genau wissen, was Ihre Ziele sind und wie Sie diese erreichen möchten. Wenn Sie Selbstvertrauen haben und sich selbstbewusst von Ihren Visionen leiten lassen. Und wenn Sie sich Ihrer Verantwortung gegenüber jenen, die Sie beeinflussen möchten, bewusst sind.

Ein weiterer wichtiger Faktor für eine starke Suggestivkraft ist ein unerschütterliches Selbstbewusstsein. Denn wie sollen andere an Sie glauben, wenn Sie selbst sich nur für einen mäßig begabten Durchschnittsmenschen halten? Zielklare und sehr selbstbewusste Menschen setzen sich rigoros über alle großen und kleinen Selbstzweifel hinweg. Eine wirklich mitreißende Ausstrahlung besitzen Menschen, denen der leidenschaftliche Überschwang aus dem Gesicht und aus jeder Geste springt. Von diesen lässt man sich in der Regel sehr gerne beeinflussen. Und auch Verliebte zapfen an der Quelle der Begeisterung.

Und so gelingt es Erfolgsmenschen scheinbar ganz automatisch, immer neue Siege zu erringen. Als pessimistischer Zauderer haben Sie leider gar keine Chance. Sie sollten sich daher geistig und emotional immer wieder auf Erfolg programmieren. Reden Sie sich selbst ermutigend zu!

Aufgabe

Was motiviert Sie?

Stellen Sie für Ihr persönliches Training der Selbstmotivation fünf Aussagen zusammen, die auf Sie eine positive Wirkung haben.

Sie sehen, Sie können sich sogar selbst beeinflussen! Und wenn Sie die folgenden Gesetze der Beeinflussung beachten und anwenden, dann werden Sie zu einem Meister der Beeinflussung anderer und können Ihre einzigartige Persönlichkeit, Ihre Ausstrahlung, Ihre Wirkung, die Faszination, die von Ihnen ausgeht und die andere an Sie bindet, stetig verstärken und Ihr Charisma immer mehr ausbauen.

Die Gesetze der Beeinflussung

1. Das ganze Leben ist ein Prozess gegenseitiger Beeinflussung.

- Kein Wesen ist so beeinflussbar wie der Mensch.
- Wir beeinflussen unser Umfeld und damit jeden Menschen, dem wir begegnen, in jedem Augenblick.
- Wir beeinflussen andere primär durch unsere Körpersprache, unsere Augen und unsere Stimme.
- Wir beeinflussen andere zudem durch die Wahl unserer Worte.

Der Mensch ist zu 85 Prozent von seiner Umwelt beeinflusst, und das trifft auch auf Sie zu. Von Geburt an stehen wir unter dem Einfluss anderer und beeinflussen diese. Sich dies bewusst zu machen und sich entsprechend zu verhalten, ist ein wichtiger Schritt hin zu mehr persönlicher Wirkung, zu mehr Ausstrahlung, zu mehr Charisma. Ihre Körpersprache, Ihre Augen und Ihre Stimme sind die wichtigsten Werkzeuge, mit denen Sie Ihre Mitmenschen beeindrucken, fesseln, faszinieren können. Und wenn Sie Ihre Inhalte mit positiver Sprache und mit klaren Worten ausdrücken, werden Sie auch in der Sache überzeugen, Vertrauen aufbauen, Beziehungen herstellen, erfolgreich sein.

2. Andere Menschen machen uns erfolgreich.

- Der isolierte Mensch gelangt niemals zum Erfolg.
- Wir brauchen Menschen, die an uns glauben und die bereit sind, uns zu unterstützen.
- Große Ziele kann man nur im Team erreichen
- Wir werden nicht groß, indem wir andere klein machen.
- Wir brauchen die Sympathie anderer Menschen (allerdings und zum Glück nicht aller).

Was erhöht die Sympathie? Der bekannte Sozialpsychologe Elliot Aronson fand sieben Faktoren: Wir mögen Menschen, die

- uns nahe sind,
- ähnliche Ansichten haben,
- uns selbst ähnlich sind,
- Bedürfnisse haben, die wir befriedigen können,
- unsere Bedürfnisse befriedigen,
- über Fähigkeiten und Kompetenzen verfügen,
- angenehm sind und schöne Dinge tun und
- uns mögen.

Sympathie entsteht so gesehen durch betonte Zustimmung, Ähnlichkeit und Gemeinsamkeiten.

Wir sind nicht allein auf der Welt, wir sind soziale Wesen, wir sind auf das Miteinander angewiesen, auf das wechselseitige Geben und Nehmen. Das bedeutet nicht, dass wir uns wahllos mit anderen zusammentun sollen oder erwarten dürfen, dass jeder uns sympathisch findet. Unsere Potenziale werden wir dort am besten entfalten können, wo wir geschätzt, gefördert und auch gefordert werden. Wo man an uns glaubt und uns unterstützt, wo Fehler nichts Negatives sind, sondern die Möglichkeit zu lernen, und wo man die inneren Werte vor die oberflächlichen Äußerlichkeiten stellt. Positive Wirkung, Anziehungskraft, Faszination zwischen Menschen entsteht nur in der Interaktion. Bauen Sie sich ein Umfeld auf, in dem Sie sich wohlfühlen, mit Menschen, die Ihnen sympathisch sind und denen Sie sympathisch sind. Wenn Sie erfolgreich sein wollen, müssen Sie sich mit erfolgreichen Menschen umgeben, mit einem Umfeld, in dem Sie mit Ihrer Erfolgsorientierung willkommen sind und in dem man Sie unterstützt. Je größer Ihre Ziele, umso mehr brauchen Sie die Unterstützung von tüchtigen Menschen, darum ist es so wichtig, solche Menschen rechtzeitig zu finden und immer wieder auf den gemeinsamen Erfolg zu programmieren. Selbst ein Michael Schumacher, der auf den ersten Blick ein Einzelkämpfer zu sein scheint, hat ein unglaublich großes Support-Team um sich herum aufgebaut, und das Beste ist, dass er nie vergessen hat, wie wichtig jeder Einzelne in seinem Team ist.

3. Titel verleihen Macht.

- Ein Mensch mit Autorität hat mehr Einfluss.
- Der Status beeinflusst unser Urteilsvermögen.
- Ärzten, Richtern, Geistlichen, Professoren, Lehrern glaubt man einfach mehr.
- Menschen reagieren mit einer mechanischen Unterordnung und stellen weniger in Frage.
- Vorabinformationen über einen Menschen beeinflussen alle weiteren Urteile.

Der Status einer Person wirkt sich bewusst und unbewusst auf das Urteil aus – man könnte auch sagen: das Vorurteil –, das wir über diese Person fällen. Der Titel und das Image eines Menschen weisen auf einen bestimmten Status hin und beeinflussen unser Verhalten gegenüber dieser Person. Wir schreiben dieser Person Autorität zu und lassen uns mehr oder weniger bewusst von ihr beeinflussen, ordnen uns unter, lassen uns überzeugen, übernehmen eine Meinung. Titel verleihen Macht, aber auch die Verantwortung, ihnen gerecht zu werden. Ein Titel ist Schall und Rauch, wenn die Person, die ihn trägt, nicht in der Lage ist, ihn mit ihrer Persönlichkeit auszufüllen.

4. Ihr Name ist eine Suggestion.

- Ihr Name erzeugt immer eine Wirkung.
- Ihr Name ist ein Versprechen.
- Markennamen aktivieren im Gehirn das Belohnungszentrum.
- Erfolg ist ohne Vertrauen und ohne Autorität nicht möglich.
- Je bekannter Ihr Name, umso größer sind Vertrauen und Autorität.
- Experten machen sich einen Namen auf einem Gebiet.
- Ihr Prestige ist abhängig von Ihrer Aufgabe, Ihrem Image, Ihrem Ruf und damit Ihrem Namen.
- Kein Wort hört der Mensch so gern wie seinen eigenen Namen.
- Sogar ähnliche Namen wirken sympathischer.
- Man kämpft nicht gegen den Stärkeren, sondern verbündet sich mit mächtigen Namen.

Der Einfluss eines Menschen hängt vom Klang seines Namens ab und davon, was die Menschen damit verbinden, damit unbewusst assoziieren. „Sich einen Namen zu machen“ ist unerlässlich für jeden Menschen, der im Leben weiterkommen will, der erfolgreich sein will. Kommt man bereits mit einem „großen Namen“ auf die Welt, wird man von vornherein mit bestimmten Merkmalen verbunden. Wie der Titel führt auch der Name zu einer Beurteilung, zu Vorurteilen, zu einer Statuszuweisung, daher ist es wichtig, die eigene „Marke“ stets zu pflegen. Je bekannter Ihr Name wird, umso leichter wird Ihr Leben, denn dann müssen Sie nicht mehr beweisen, dass Sie gut sind. Schon allein durch die Bekanntheit bekommen Sie einen unglaublichen Vertrauensbonus.

5. Zu seinem Vorteil lässt sich jeder gern beeinflussen.

- Der Mensch interessiert sich zunächst einmal immer für seinen eigenen Vorteil.
- Denken Sie immer an den Nutzen für den anderen. Stellen Sie die Wünsche und Bedürfnisse des anderen in den Mittelpunkt.

- Geschenke, Gefälligkeiten und Empfehlungen für andere verleihen Ihnen spätere Einflussmöglichkeiten.
- Kluge Ärzte nutzen zum Beispiel den Placeboeffekt zum Vorteil der Patienten.
- Eine Suggestion ist ein Psycho-Serum, das genauso wirksam sein kann wie eine Tablette oder ein Medikament.
- Gerade der gute Verkäufer, der gute Redner bedient sich der Suggestivkraft.

„Was ist für mich drin?", fragt sich jeder bewusst oder unbewusst, wenn er von etwas oder jemandem beeinflusst wird. „Was kann ich für mein Gegenüber tun?", sollte sich jeder fragen, der andere beeinflussen will. Der Vorteil liegt immer im Auge des Betrachters, daher sollten Sie sich in Ihr Gegenüber einfühlen, um herauszufinden, was es wirklich braucht. Mit Ihrer Empfehlung, Ihrer Gefälligkeit, Ihrem Geschenk öffnen Sie das Herz des anderen. Sie zeigen, dass Sie sich mit seinen Bedürfnissen und Wünschen beschäftigt haben, dass Sie sich für ihn interessieren. Ärzte nützen den Placeboeffekt, um Patienten zu helfen. Sie machen sich damit die Macht der richtigen Einstellung zunutze: Wer glaubt, dass ihm ein Medikament hilft, dem hilft häufig allein dieser Glaube, wie in vielen Experimenten nachgewiesen wurde. Wer glaubt, ein Wirkstoff macht kräftiger, der wird im Krafttest nachweislich stärker sein, auch wenn er nur pures Wasser zu sich genommen hat. Entscheidend sind: das Gefühl und die Aufmerksamkeit, die man bekommt. Wer von seinem Vorteil überzeugt ist, lässt sich gerne beeinflussen und motivieren.

6. Worte haben große Macht und starke Wirkung.

- Alle Menschen brauchen Bestätigung und Anerkennung.
- Lob und Anerkennung haben eine Langzeitwirkung.
- Zustimmung erzeugt Vertrauen.
- Die ständige Wiederholung einer Idee wird erst zum Glauben, dann zur Überzeugung.

- Dabei sollten Sie immer daran denken: Das Wort verändert den, der es spricht, und den, der es hört.
- Prophezeiungen sind unglaublich mächtig.
- Eine Prophezeiung wirkt im Unterbewusstsein.
- Fragen sind Suggestionen, die das Unterbewusstsein öffnen.
- Alle Suggestionen und Fragen lenken Gedanken in die gewünschte Richtung.

Achten Sie immer auf Ihre Worte, denn Worte sind sehr machtvoll. Verwenden Sie positive Formulierungen, loben und danken Sie, ermuntern Sie andere durch Worte. Nützen Sie die Macht von Fragen, denn mit Fragen können Sie mehr über Ihr Gegenüber erfahren, über seine Wünsche und Träume, und so finden Sie heraus, was Sie für den anderen tun können. Wiederholen Sie wichtige Botschaften immer wieder, um die Menschen zu überzeugen. Nur durch die Wiederholung beginnt eine Idee zu wirken. Gleiches gilt für Prophezeiungen. Es macht einen Unterschied, ob ein Arzt sagt: „Von nun an geht es bergauf" oder ob er dem Patienten einredet: „Von nun an geht es bergab".

Die Macht der Suggestion

Der französische Apotheker Emil Coué (1857–1926) war seiner Zeit weit voraus. Coué war während seiner Arbeit auf ein ungewöhnliches Phänomen gestoßen, das Heilungsprozesse beschleunigte.

In Nancy betrieb Coué eine gutgehende Apotheke. Eines Tages kam ein verzweifelter Patient zu ihm, bei dem alle Behandlungen der Ärzte fruchtlos blieben, und bat Coué, ihm zu helfen: „Die Ärzte können mir nicht mehr helfen. Zu Ihnen, Herr Coué, habe ich das größte Vertrauen. Stellen Sie mir eine Arznei zusammen. Sie müssen mir helfen." Dieser Hilferuf brachte Coué in arge Verlegenheit. Doch der Patient war unglaublich hartnäckig und ließ einfach nicht locker. In seiner Not mixte der Apotheker schließlich völlig wirkungslose Substanzen zu einer angeblichen „Medizin“ zusammen und gab dem Mann noch folgende Worte mit auf den Weg: „Mit dieser Medizin werden Sie sicher ganz schnell gesund.“ Schon kurze Zeit später gesundete der Mann und dankte Coué überschwänglich für seine Rettung.

Coué selbst war Zeuge des Placeboeffekt geworden, und er hatte das Prinzip der Suggestion erkannt. Emil Coué erkannte, dass sich der Geist unter Umständen als viel mächtiger erweist als Medikamente. Ein Experiment bestätigte das Phänomen. Der Hälfte seiner Kunden gab er das Medikament mit einem positiven Kommentar, der anderen Hälfte ohne. Wenn der Kunde überzeugt war, dass die Medizin gut wirken würde, selbst wenn es ein Placebo war, dann hatte sie auch die heilende Wirkung.

Von Stund’ an gab er den Patienten nicht nur Medizin, sondern auch guten Zuspruch mit auf den Weg: „Das ist eine hervorragende Arznei! – Der Doktor hätte Ihnen gar nichts Besseres verordnen können! – Damit geht es mit Ihnen wieder schnell bergauf!“

Die Coué-Methode ist genauso genial wie einfach. Noch heute ist eine seiner positiven Autosuggestionen sehr verbreitet: „Es geht mir von Tag zu Tag und in jeder Hinsicht immer besser und besser.“

Was Sie sich und anderen einreden, ist tief im Unterbewusstsein verankert und beeinflusst alle zukünftigen Gedanken und Entscheidungen. Denken Sie daran, mit Ihren Worten beeinflussen Sie aber auch sich selbst, achten Sie also auch aus diesem Grund auf die Wahl Ihrer Worte und nützen Sie die Kraft der Wiederholung auch für sich selbst.

7. Gefühl ist alles: Sprechen Sie die Sprache der Herzen.

- Bilder, Geschichten und Metaphern sagen mehr als Zahlenketten.
- Wer diskutiert, verliert. Diskussionen sind reine Zeitverschwendung.
- Ein Beweis ist eine „intellektuelle Vergewaltigung“.

- Jede wirksame Botschaft geht vom Herzen aus und wendet sich an das Herz.
- In der rechten Gehirnhälfte entsteht das „Ja“.
- Worte wirken immer!
- Worte erzeugen Bilder und Assoziationen
- Ihre Worte gestalten Ihr Schicksal, Ihre Zukunft.
- Alle wichtigen Entscheidungen treffen wir aus dem Gefühl.

Im Streit zwischen Gefühl und Intellekt siegt immer das Gefühl. Einfluss hat der, der es versteht, die Gefühle der Menschen anzusprechen, wer es versteht, Geschichten zu erzählen, und Bilder zeigt, die die Menschen mitten ins Herz treffen. Menschen vertrauen ihrem Bauchgefühl mehr als dem Verstand. Der Verstand tritt immer hinter das Gefühl zurück, wenn es um Entscheidungen geht. Und wenn Sie Ihren Einfluss nützen wollen, um Menschen zu Entscheidungen zu motivieren, um ein „Ja!“ von ihnen zu bekommen, dann sprechen Sie in Bildern und erzählen eine Story. Einflussreiche Persönlichkeiten sind meisterhafte Redner. Und diese stehen nicht auf dem Podium, um zu beweisen, dass sie Recht haben, sondern um Botschaften zu formulieren, denen die Menschen aus ganzem Herzen zustimmen können. Die Sprache der Herzen ist eine gestaltende Sprache, sie bringt die Menschen zusammen, gibt ihnen Kraft und Energie und schafft positive Veränderung. Auch bei dem, der sie verwendet. Wer gerne streitet oder diskutiert, hat es schwer, denn im Grunde genommen will man damit anderen die eigene Meinung aufdrängen und sie zwingen, sich unterzuordnen. Doch wer Menschen begeistern kann, der kann auf Zwang verzichten.

8. Stimmung ist immer ansteckend.

- Alles, was wir ausstrahlen, kommt als Echo auch zurück.
- Nur was in uns brennt, können wir in anderen entfachen.
- Wenn Sie eine Glocke anschlagen, schwingt die andere Glocke im gleichen Ton mit.

- Sie können in anderen nur das zum Schwingen bringen, was in Ihnen selbst schwingt (Resonanz).
- Ihre Stimme überträgt Ihre Gefühle. Je tiefer und harmonischer Ihre Stimme ist, umso größer ist Ihr suggestiver Einfluss und Ihre Glaubwürdigkeit.
- Wer „für etwas ist“, ist immer stärker als ein „Anti“.
- Zustimmung aktiviert Kräfte. Ablehnung vernichtet Lebenskräfte.

Begeistern, motivieren, die Menschen von etwas überzeugen und für eine Sache gewinnen: Wer selbst nicht an seine Botschaft glaubt, wird sie anderen langfristig nicht glaubhaft vermitteln können. Doch wer für etwas steht, wer seine Überzeugung mit jeder Faser seines Körpers ausdrückt, der wird die Menschen für seine Ideen und Vorhaben gewinnen. Positive Wirkung erzielt man allerdings nur mit positiven Visionen. Wer sich nur darauf bezieht, was nicht funktioniert, wer andere und ihre Überzeugung nur schlechtredet, wer „dagegen“ ist, wird keine positive Strahlkraft entwickeln können, sondern den Energiefluss blockieren. Wichtig für die Vermittlung der positiven Botschaft: die Stimme, denn sie macht Stimmung!

9. Nur Konzentration erzeugt Faszination.

- Hektik zerstört jede Faszinationskraft.
- Vertrauen wächst im Treibhaus der Ruhe.
- Je ruhiger eine Person ist, desto mehr richtet sich ihre Energie auf das, was sie sagt.
- Je reiner der Ton, desto reiner das Echo.
- Je größer die Konzentrationskraft, desto faszinierender ist Ihre Anziehungskraft. Sie müssen Aufmerksamkeit erzielen und erhalten können.
- Durch den bewussten Einsatz Ihrer Augen erhöht sich die Suggestivkraft Ihrer Worte um 25 Prozent.
- Eine konzentrierte Botschaft enthält nicht zu viele Inhalte, sondern betont das Wesentliche.

In der Ruhe liegt die Kraft – dieses bekannte Sprichwort bringt es auf den Punkt: Nur langsam ist sexy! Wer andere wirklich beeindrucken und beeinflussen will, muss seine Botschaft in Ruhe überbringen. Konzentriert auf das Wesentliche, auf die Kernaussage, die durch die Wiederholung immer mehr an Kraft gewinnt. Langsames Sprechen, nicht zu viel auf einmal sagen, einfache Worte wählen: So erzeugt man Vertrauen und gewinnt man die Aufmerksamkeit.

10. Ein König muss aussehen wie ein König.

- Der erste Eindruck wird sehr stark vom äußeren Erscheinungsbild geprägt.
- Kleidung und Accessoires müssen zur Position passen.
- Benimmregeln einzuhalten zeugt von Respekt und Achtung gegenüber anderen.
- Ein König hat das Verhalten eines Königs.
- Souveräne Beherrschung der Spielregeln ist die Grundlage für Erfolg und Aufstieg.

„Nur Dumme urteilen nicht nach dem, was sie sehen", so Oscar Wilde in *Das Bildnis des Dorian Gray*. Menschen glauben, was sie sehen! Dem ersten Eindruck kann sich niemand entziehen, doch läuft der Prozess meist unbewusst ab. Zwischen weniger als einem Sechstel einer Sekunde und 90 Sekunden dauert der Rundum-Check. Milliarden von Nervenzellen arbeiten zusammen, wenn wir jemanden zum ersten Mal begegnen, und das Erste, was uns beeinflusst, sind die Augen. Körpersprache und Kleidung vermitteln uns Informationen zum Status und zur Position, verstärkt durch das Auftreten, das Benehmen. Benimmregeln sind keineswegs aus der Mode, sie sind für den Aufstieg in die Chefetagen und den Erfolg nach wie vor ausschlaggebend. Wer souervän auftritt und Selbstbewusstsein zeigt, hat den größten Einfluss auf seine Mitmenschen.

11. Dank ist eine starke positive Suggestion.

- Dank macht unsere Mitmenschen zu Wiederholungstätern.
- Dankbarkeit macht unvergesslich.
- Dankbarkeit zeigt wahre Größe.
- Dankbaren Menschen verzeiht man Fehler.

Zeigen Sie Dankbarkeit! Bedanken Sie sich so oft wie möglich, mit Worten, mit kleinen Gesten. Dank ist ein sehr wirkungsvolles Instrument, Menschen zu beeinflussen, denn Sie geben dem anderen damit ein gutes Gefühl. Dank macht den anderen glücklich und er motiviert. Wer sich oft bedankt, dem hilft man gern.

12. Erwartungen beeinflussen alles!

- Menschen haben immer Erwartungen.
- Erwartungen verraten, was wir erwarten und woran wir glauben. Erwartungen sind Gedanken.
- Erwartungen führen zu einer selektiven Wahrnehmung und Interpretation.
- Erwartungen beeinflussen unser Denken, Fühlen und Handeln.
- Die Erwartungshaltung bestimmt die Wirkung und das Ergebnis.
- Erwartungen sind extrem beeinflussbar.
- Optimismus und Pessimismus sind generalisierte Erwartungen.

Unsere Reaktionen werden ganz stark von Vorinformationen beeinflusst, denn diese wirken direkt auf unsere Erwartungen. Eine völlig neutral schmeckende rote Substanz schmeckt nach Himbeere, wenn wir vorher darüber informiert werden, dass sie nach Himbeere schmeckt. Ein Mensch wird von uns als intelligenter eingestuft, wenn er uns als Professor vorgestellt wird. Ein Aspirin, das 50 Cent kostet, wirkt besser als dasselbe Aspirin, das nur einen Cent kostet. Wenn uns jemand sagt, ein Film hätte exzellente Kritiken bekommen, werden wir ihn mit anderen Augen sehen, als wenn wir die Information bekommen hätten, der Film sei ein Flop. Wenn wir erwarten, dass eine Sache gut ausgeht, geht sie gut aus, wenn wir erwarten, sie geht schief, wird sie das in der Regel auch. Unsere Einstellung beeinflusst unsere Sicht der Dinge. Wem wir unser krankes Kind anvertrauen, wem wir auf den Mount Everest folgen würden, wem wir unser Geld überlassen, wem wir etwas zutrauen, hängt von unseren Erwartungen ab, die auf Vorinformationen beruhen, die alles andere als objektiv sind. Wichtig ist auch, wie diese Vorinformationen präsentiert werden – die blumige Beschreibung eines exotischen Gerichts wird uns ein besseres Geschmackserlebnis verursachen als ein kurzer Name auf der Karte, der nichts aussagt. Präsentieren Sie sich als Persönlichkeit also so, wie Sie möchten, dass der andere Sie wahrnimmt. Steuern Sie die Erwartungen, die an Sie gerichtet sind, bewusst, indem Sie sich bei allem, was Sie an Informationen über sich geben, überlegen, welche Erwartungen Sie damit in anderen wecken. Sie steuern Ihre eigenen Erwartungen und zugleich die Erwartungen all jener Menschen, denen Sie begegnen. Je größer Ihr Charisma, umso stärker beeinflussen Sie die Einstellungen und Erwartungshaltung der Menschen.

Nutzen Sie die Gesetze der Beeinflussung jeden Tag

Die Charisma-Faktoren sind eng verbunden mit der Macht des Einflusses, ihre Wirkkraft beruht auf den Gesetzen des Einflusses:

Charisma-Faktor 1: **Vitalität, Kraft, Energie**
Charisma-Faktor 2: **Ruhe und Konzentration**
Charisma-Faktor 3: **Lebensfreude und Begeisterung**
Charisma-Faktor 4: **Emotion**
Charisma-Faktor 5: **Empathie**
Charisma-Faktor 6: **Entschlossenheit**
Charisma-Faktor 7: **Die Botschaft**
Charisma-Faktor 8: **Professionalität**
Charisma-Faktor 9: **Stimmigkeit**
Charisma-Faktor 10: **Meisterhaft sprechen**

Charismatische Menschen sind einflussreiche Menschen. Sie begeistern und motivieren andere durch ihre Botschaft, durch ihre Vision und durch ihr Vorbild. Jede Interaktion zwischen Menschen ist immer auch Beeinflussung, niemand kann sich dem entziehen. Indem Sie die Gesetze der Beeinflussung immer wieder anwenden, steigern Sie Ihre Wirkung auf andere und werden mehr und mehr Einfluss gewinnen – zu Ihrem Nutzen und zum Nutzen der anderen. Nützen Sie diese Macht, gewinnen Sie andere durch Ihre Ausstrahlung, bezaubern Sie mit Ihrem Charisma und werden Sie eine einflussreiche, erfolgreiche Persönlichkeit.

7 Solche Menschen braucht die Welt

Persönlichkeiten, nicht Prinzipien,
bewegen das Zeitalter.

Oscar Wilde

Es gibt unglaublich viel zu tun. Die Menschen suchen nach Orientierung in einer komplizierten Welt, nach jemandem, der für sie die Komplexität reduziert und Übersichtlichkeit herstellen kann, der Vertrauen verdient und schenkt und Sicherheit gibt. Wer den Menschen wirklich zuhört, ihre Bedürfnisse und Gefühle in Worte fassen und all dies gekonnt ansprechen kann, der wird Einfluss gewinnen.

In der Zukunft werden Menschen gebraucht, die Verantwortung übernehmen, sowohl in der Familie, in der Wirtschaft wie in der Politik. Was vielfach fehlt, sind die charismatischen Persönlichkeiten, die weniger auf den kurzfristigen persönlichen Erfolg schielen, sondern sich für langfristige positive Entwicklungen im sozialen Miteinander einsetzen und dies auch leben. Vorbilder, die glaubwürdig und integer sind und die in der Lage sind, andere zu überzeugen, zu begeistern und zu motivieren.

Jeder kann eine solche charismatische Persönlichkeit sein, unabhängig von Herkunft und Status. Und auch Sie können sich die Geheimnisse von Charisma erschließen, trainieren und sie sich zunutze machen: Ihre Erfolgsorientierung; Ihre Ziele und Ihre Träume; das gekonnte Wechselspiel von Geben und Nehmen; das Zusammenspiel Ihrer Persönlichkeit, Ihrer Botschaft und Ihres Publikums; den Nutzen, den Sie anderen bringen; Ihre Innere Haltung und der erste Eindruck, den Sie in anderen entstehen lassen.

Jeder kann seine Charisma-Faktoren ausbauen und so seine Wirkung, seine Ausstrahlung und seinen Einfluss verstärken. Trainieren Sie jeden Tag, nehmen Sie jede Gelegenheit wahr, Ihre Persönlichkeit ins rechte Licht zu rücken, lesen Sie immer wieder in diesem Buch, machen Sie die Übungen und haben Sie Spaß daran, sich ständig weiterzuentwickeln. Lernen Sie von den Besten und wenden Sie Ihr Wissen täglich an.

Aufgabe

Womit fangen Sie an?

Machen Sie sich eine Liste der für Sie wichtigsten drei Punkte, mit denen Sie sofort starten werden.

Ergreifen Sie jede sich bietende Gelegenheit, vor Menschen aufzutreten, vor Menschen zu sprechen. Es wird Ihnen immer leichter fallen und Ihr Einfluss wird merklich zunehmen. Aufgrund der Vielfalt in unserer Medienlandschaft ist es heute nicht mehr so schwer wie noch vor zwanzig Jahren, ins Fernsehen oder ins Radio zu kommen. Wenn Sie sich als Experte für ein Thema einen Namen machen, wird man nach einiger Zeit aktiv an Sie herantreten, Sie um Statements bitten und Ihre Meinung hören wollen. Seien Sie für solche Gelegenheiten vorbereitet. Sie werden sich einen Namen machen und bald aktiv angesprochen werden, bei Initiativen mitzumachen, Vorträge zu halten, sich einzubringen. Sie werden privat wie im Beruf ganz neue Möglichkeiten finden, sich einzubringen, sich weiterzuentwickeln, erfolgreich und glücklich zu werden.

Menschen mit Ausstrahlung ziehen die Aufmerksamkeit auf sich. Persönlichkeit zu zeigen ist wichtig für Ihre Karriere, aber auch für Ihre persönliche Weiterentwicklung als Mensch, für Ihre charakterliche Weiterentwicklung.

Glaube führt zur Tat. Konzentration führt zum Erfolg.
Wiederholung führt zur Meisterschaft.

Nikolaus B. Enkelmann

Wir leben alle nur von unserer Wirkung auf andere. Alles, was Sie für Ihr Selbstwertgefühl tun, ist gut für Ihre Ausstrahlung. Je mehr Sie an der Entfaltung Ihrer charismatischen Begabung arbeiten, umso mehr stärken Sie Ihre einzigartige Persönlichkeit. So werden Sie für viele Menschen zu einem Vorbild und wachsen Schritt für Schritt über sich selbst hinaus. – Verantwortung zu übernehmen zahlt sich aus.

Aus dem kleinsten Gedankenfunken kann
ein leuchtendes Feuer werden.

Nikolaus B. Enkelmann

Ja, wir können auf dieser Welt etwas bewegen und verändern. Und dafür brauchen wir Menschen mit Mut, Leidenschaft – und mit Charisma!

Danksagung

Ein gutes Buch benötigt immer eine lange Vorlaufzeit und den Wunsch, den Dingen wirklich auf den Grund zu gehen. So auch dieses Buch, denn ich wollte unbedingt begreifbar machen, was das Geheimnis einer faszinierenden Ausstrahlung ist. Ohne die interessanten Begegnungen mit vielen mächtigen und erfolgreichen Menschen wäre es schwer gewesen, dem Geheimnis auf die Spur zu kommen. Daher gilt den Politikern, Managern und Unternehmern, die ich in den vergangenen Jahren persönlich coachen durfte, mein besonderer Dank.

Ein ganz herzliches Dankeschön möchte ich meinem Vater Nikolaus B. Enkelmann aussprechen, der schon seit Jahrzehnten die Gesetze des Erfolges lehrt. Er hat mir wie kein anderer vermittelt, dass die Kunst der Rhetorik der Schlüssel zu Macht, Einfluss und Anerkennung ist. Seine Weisheit und sein einzigartiges Lebenswerk geben mir die Kraft und den Mut, die Menschen immer wieder daran zu erinnern, was wirklich zählt.

Für die unglaublich wertvollen Anregungen und Ideen und ihre tatkräftige Unterstützung möchte ich mich bei der Textkünstlerin Karina Matejcek ganz herzlich bedanken. Charmant, kompetent und äußerst professionell hat sie es verstanden, das geballte Wissen in die rechte Form zu gießen, und so dem Diamanten erst den rechten Schliff verliehen. Ohne sie wäre dieses Buch nicht möglich gewesen. Vielen, vielen Dank!

Ebenso gilt mein Dank dem Linde Verlag, der mich dabei unterstützt, mein Wissen mit den Menschen zu teilen. Allen voran der unglaublich engagierte und stets inspirierende Dr. Oskar Mennel, der an mich und dieses Projekt von Anfang an geglaubt hat. Es ist eine Ehre und ein unvergesslicher Genuss, mit und für diesen außergewöhnlichen Bücherprofi arbeiten zu dürfen. Vielen lieben Dank für Ihre unermüdliche Ermutigung und gewaltige Unterstützung.

Der größte Dank geht schließlich an den liebsten Menschen in meinem Leben, meinen Mann, besten Freund und unerschütterlichen Motivator Alexander.

Vielen Dank!

Literatur

Alessandra, Tony: Charisma. Seven Keys to Developing the Magnetism that Leads to Success, Business Plus 2000

Anderson, C./Keltner, D./John, O.: Emotional convergence between people over time. Journal of Personality and Social Psychology, Vol. 84, 2003, S. 1054–1068

Antongiavanni, Nicholas: The Suit. A Machiavellian Approach to Men's Style, Harper Business 2006

Ariely, Dan: Denken hilft zwar, nützt aber nichts. Warum wir immer wieder unvernünftige Entscheidungen treffen, Knaur Taschenbuch Verlag 2010

Aronson, Elliot, zit. n.: Ruch, Floyd L./Zimbardo, Philip G.: Lehrbuch der Psychologie, Springer Verlag 1975, S. 332

Azoulay, Vincent: Xénophon et les grâces du pouvoir. De la charis au charisme. L'Université Paris I, Publications de la Sorbonne, Paris 2004

Bass, Bernard M./Avolio, Bruce J. (Hrsg.): Improving organizational effectiveness through transformational leadership, Thousand Oaks, CA: Sage Publications 1994

Beck, Gloria: Verbotene Rhetorik. Die Kunst der skrupellosen Manipulation, Piper 2007

Benton, D. A.: Executive Charisma. Six Steps to Mastering the Art of Leadership, McGraw-Hill 2003

Bono, Joyce E./Ilies, Remus: Charisma, positive emotions, and mood contagion, Leadership Quarterly, Vol. 17, 2006, S. 317–334

Bourdieu, Pierre: Die feinen Unterschiede. Kritik der gesellschaftlichen Urteilskraft, Suhrkamp 1987

Bourdieu, Pierre: Leçon sur la leçon, Paris 1982

Cathelin, Annie: Le Mouvement Raëlien e son prophète. Approche sociologique complex du charisme, L'Harmattan 2004

Cerwinka, Gabriele; Schranz, Gabriele: Beim Ersten Eindruck gewinnen. Professionell agieren in Alltag und Business, Linde Verlag 2006

Conger, Jay A./Kanungo, Rabrindra N.: Charismatic Leadership in Organizations, Thousand Oaks, London: Sage Publications 1998

Conger, Jay A.: Charismatic Leadership: The Elusive Factor in Organizational Effectiveness, San Francisco: Jossey-Bass Publishers 1998

Dorna, Alexandre: Le leader charismatique, Desclée de Brouwer 1998

Enkelmann, Claudia E./Enkelmann, Nikolaus B.: Name-Power. Nie mehr ein Nobody, Gabal Verlag 2005

Enkelmann, Claudia E.: Die Venus-Strategie. Ein unwiderstehlicher Karriereratgeber für Frauen. 2., aktualisierte und erweiterte Auflage, Redline Wirtschaft 2007

Enkelmann, Nikolaus B./Tschernutter, Manfred: Mehr als überzeugen. Suggestivtechniken erfolgreich einsetzen im Berufs- und Privatleben, Linde Verlag 2006

Enkelmann, Nikolaus B.: Charisma. Beruflichen und privaten Erfolg durch Persönlichkeit, mvg Verlag 1999

Enkelmann, Nikolaus B.: Der Kennedy-Effekt. Mit Charisma zu Macht und Einfluss, Redline Wirtschaft 2002

Enkelmann, Nikolaus B.: Rhetorik Klassik. So überzeugen Sie andere, Gabal Verlag 1999

Gardner, William L./Avolio, Bruce J.: The Charismatic Relationship: A Dramaturgical Perspective, Academy of Management Review, Vol. 23, 1998, S. 32–58

Gladwell, Malcolm: Blink! Die Macht des Moments, Piper Verlag 2009

Goffman, Erving: Wir alle spielen Theater. Die Selbstdarstellung im Alltag, Piper Verlag 2009

Guzmán, Isabel: Was haben die, was wir nicht haben? In: P. M. Perspektive 03/2003

Herbst, Ludolf: Hitlers Charisma. Die Erfindung eines deutschen Messias, S. Fischer 2010

House, Robert J./Shamir, Boas: Toward the Integration of Transformational, Charismatic and Visionary Theories. In: Chemers, M. M./Ayman, R. (Hrsg.): Leadership Theory and Research: Perspectives and Directions, San Diego: Academic Press 1993, S. 81–107

House, Robert J.: A 1976 Theory of Charismatic Leadership. In: Hunt, J. G./ Larson, L. L. (Hrsg.): Leadership: The Cutting Edge, Carbondale, Edwarsville: Southern Illinois University Press 1977, S. 189–207

Howell, Jane M./Avolio, Bruce J.: The ethics of charismatic leadership: Submission or liberation? Academy of Management Executive, 6, 1992, S. 43–54

Kleinschmidt, Carola: Erfolgsgeheimnis Charisma. In: P. M. Magazin 04/2010

Klinzing, Hans G./Aloisio, Gerada B.: Does the Improvement of Nonverbal Skill Flow on to Changes in Personality Dimensions? Six Experimental Investigations on the Effects of Nonverbal-Behavior Training in Laboratory Settings on „Charisma", Directiveness, Extraversion, Locus-of-Control Orientation, and Self Efficacy, 31st Association of Teacher Education in Europe (ATEE) Conference 2006

Le Bon, Gustave: Psychologie der Massen, Kröner 1982

Leanne, Shel: Sag's wie Obama. Ausstrahlung, Rhetorik und Visionen des neuen US-Präsidenten, Linde Verlag 2009

Riggio, Ronald E.: The Social Skills Inventory (SSI): Measuring nonverbal and social skills. In: Manusov, V. (Hrsg.): The sourcebook of nonverbal measures: Going beyond words, Mahwah, NJ: Lawrence Erlbaum Associates 2005, S. 25–33

Schmidt-Tanger, Martina: Charisma-Coaching. Von der Ausstrahlungskraft zur Anziehungskraft, Junfermann 2009

Schweich, Thomas A.: Staying Power. 30 Secrets Invincible Executives use for Getting to the Top – and Staying There, McGraw-Hill 2003

Shamir, Boas et al.: Correlates of Charismatic Leader Behavior in Military Units: Subordinates Attitudes, Unit Characteristics and Supervisors Appraisals of Leader Performance. In: Academy of Management Journal, Vol. 41, 1998,S. 387–409

Shamir, Boas/Arthur, Michael B./House, Robert J.: The Rhetoric of Charismatic Leadership: A Theoretical Extension, a case study and implications for research. In: Leadership Quarterly, Vol. 5 (1), 1994, S. 25–42

Trankovits, Laszlo: Die Obama-Methode. Strategien für die Mediengesellschaft. Was Wirtschaft und Politik von Barack Obama lernen können, Frankfurter Allgemeine Buch 2010

Twentier, Jerry D.: Heute schon gelobt? Mehr Glück und Zufriedenheit durch motivierende Worte, mvg Verlag 1999

Weber, Max: Wirtschaft und Gesellschaft. Grundriß der verstehenden Soziologie, J. C. B. Mohr (Paul Siebeck) 1972

Wirth, Hans-Jürgen: Narzißmus und Macht. Zur Psychoanalyse seelischer Störungen in der Politik, Psychosozial-Verlag 2002

Wolf, Axel: Charisma. Die außeralltäglichen Gabe. Psychologie Heute, Oktober 2005, S. 20–27